福建省社会科学研究基地福建农林大学马克思主义中国化研究中心资助

福建农林大学2021年度科技创新专项基金项目（社科类，CXZX2021019）

中国语境下的
网络公共交往伦理研究

童谨 著

中国社会科学出版社

图书在版编目 (CIP) 数据

中国语境下的网络公共交往伦理研究／童谨著. —北京：中国社会科学
出版社，2022.3
ISBN 978 – 7 – 5203 – 9822 – 0

Ⅰ.①中…　Ⅱ.①童…　Ⅲ.①互联网络—公共关系—社会交往—
伦理学—研究　Ⅳ.①C912.31

中国版本图书馆 CIP 数据核字 (2022) 第 035224 号

出 版 人	赵剑英	
责任编辑	田　文	
责任校对	张　婷	
责任印制	王　超	

出　　版	中国社会科学出版社
社　　址	北京鼓楼西大街甲 158 号
邮　　编	100720
网　　址	http://www.csspw.cn
发 行 部	010 – 84083685
门 市 部	010 – 84029450
经　　销	新华书店及其他书店

印　　刷	北京君升印刷有限公司
装　　订	廊坊市广阳区广增装订厂
版　　次	2022 年 3 月第 1 版
印　　次	2022 年 3 月第 1 次印刷

开　　本	710×1000　1/16
印　　张	16.5
字　　数	271 千字
定　　价	88.00 元

前　言

　　网络空间漫无边际、富有韧性，蕴含着社会的蓬勃生命力。这种生生不息的活力，包含善意、理性和创造力，常常通过网民们丰富多样的网络公共交往展现出来，尤其在危机之际震撼人心。网络公共交往体现了网民对公共议题的关心、对于公共性的追求。如何葆有网络公共交往的品质，从而持续激发生机勃勃的社会活力，应对危机，促进人和社会的文明发展？网络公共交往伦理的研究不可缺席。

　　结合人类文明发展的视角思考网络空间，眼下看似寻常的网络公共交往有其深意。本书致力于探索网络公共交往伦理，共分为六章。第一章（导论）阐释网络空间、网络公共领域和网络公共交往等基本概念，厘清我国网络公共交往的现状以及相关的伦理问题。第二章分析网络公共交往实践主体（网民）的内涵，阐释网民概念所包含的公民身份，提出一种作为理想类型的网民概念——"全球本土化网民"。第三章探寻网民进行网络公共交往实践所需的权利保障。初步探讨信息权利的价值基础以及保护信息权利的伦理原则，阐释维护网民信息权利、追求网络善治的制度伦理。第四章区分网络公共交往德性的层次，着重分析慎独自律、宽容、慎思明辨等重要的网民德性。第五章探讨人在科技时代的历史责任，阐述网络公共交往的实践目的。广泛而良好的网络公共交往创造多元的网络公共领域，营造人类共同的意义世界、共同应对人类面对的问题，有益于人和社会在网络时代的发展。第六章结合分析网络公共交往的局限，探讨网络公共交往的实现途径。摆脱网络公共交往的局限，既需要国家与社会共同建设网上和网下相连接、维护权利的支持系统，在此基础之上，也需要网民们广泛地积极实践网络公共交往，从而促进个人、现代权力系统和社会的文明发展。

　　面对浩瀚的网络，犹如面对璀璨的星空。希望这本书能采撷一掬星光，有助于激发进一步的思考和创造的活力。由于能力、精力有限，书中的错误缺点难免，敬请各位读者朋友指正。

目　　录

第一章　导论

自从 20 世纪 90 年代中期我国接入互联网之后，互联网在我国迅猛发展。与此同时，作为社会和国家之间沟通的重要渠道，公共领域借助网络的力量也获得了新的发展。我国网络空间中已出现了网民们关注公共利益、追求一定公共性的网络公共交往。网民们的网络公共交往是形成网络公共领域的基础，造就了丰富多样的网络公共领域。目前的网络公共领域依然有诸多需要改进的地方，但它的出现已得到了学术界普遍的认同。

良好的网络公共领域有助于生活世界和现代权力系统之间的良性沟通，葆有社会的活力并促进国家治理。但目前"网络谣言""网络暴民"和"网络水军"等破坏网络公共领域的现象不时见诸报端。在日常生活中，我们时而会在网上见到这类不良的现象。与日常生活的感受相一致，我国学术界普遍认为：我国网络公共领域亟须改善，网络公共领域的基础——网民的网络公共交往的品质亟须提高。

造就健康活泼的网络公共领域以促进人与社会的文明发展，需要网民们践行立足于法治的网络公共交往伦理，积极开展网络公共交往。网络公共交往伦理既是网民建构良好网络公共领域的实践依据，也是实现网络善治所需要的理论基础。因此，网络公共交往伦理研究成为我国网络伦理研究以及网络道德建设中一项重要的基础课题。

目前学术界对于网络公共领域研究的深度、广度与日俱增，研究主要从概念、表现形态、面临的瓶颈、网络治理等角度展开。但是，对于贯穿网络公共领域建构过程中的理论基础——网络公共交往伦理本身，相关的系统研究严重不足。网络公共交往伦理研究散见于对网络公共领域、网络活动的多学科研究中，亟待系统而深入的探究。

着眼于网络公共交往的主体——网民，当下有不少问题亟待探索：网民概念可能具有何种内涵？网民需要哪些信息权利的支持，以便开展网络公共交往？哪些德性有益于网民进行良好的网络公共交往？网络公共交往的实践目的是什么？当一个普通人面对网络空间，能期望什么、能做什么、应怎么做，从而收获网络时代的生命意义？如何实现良好的网络公共交往从而促进人与社会的文明发展？如此等等。对这些问题的好奇，也成为研究的动因。

本书在既有研究的基础上，在我国语境下①，着眼于网民的网络实践，围绕着网络公共交往的实践主体、外在的权利依托、内在的德性要求、实践目的以及实现途径，对网络公共交往伦理进行比较系统、深入的研究，以期为网络公共交往实践、网络善治提供一定的理论依据，为丰富我国的网络伦理研究、促进我国网络伦理研究往纵深细化方向发展抛砖引玉。

第一节　国外相关研究现状述评

第一，国外学者的相关研究表明，网民的网络公共交往的品质是塑造良好网络公共领域的关键因素。在相关的著述中，网民进行具有一定公共性的网络活动，即网络公共交往，具体表现为网上政治参与或创造网络公共资源。例如，莱斯格指出，网络公共领域受到了私人领域的挤压，网民应当努力创造网络空间中的公共资源；同时我们应当合理规制那些实际上影响网络空间的力量，包括市场、架构（代码）、法律和社会规范等，使网络空间本身的架构具有公共性，成为开放的、面向创新、有益于公民协商交流的数字化空间。②

郑永年认为，互联网的发展使数字化的公民参与成为可能，中国网民通过数字化集体行动与国家进行合作互动，对公共权力行使监督权和建议

---

① 在本书里，"中国语境"主要包括两方面的含义。一是理论资源方面，笔者尝试结合本土伦理理论（譬如道家和儒家）的一些基本思想，探讨如何实现良好的网络公共交往。挖掘中华传统文化中具有普遍性的内容，在网络时代加以阐发，这也是我国网络伦理研究所应当做的。二是所关心的问题方面，笔者更关注我国社会的网络伦理问题，但期望寻找具有普遍性的理解和立足本土的实践方法。

② 参见［美］劳伦斯·莱斯格《思想的未来：网络时代公共知识领域的警世喻言》，李旭译，中信出版社2004年版，第71、91—99、262页；劳伦斯·莱斯格：《代码》，李旭等译，中信出版社2004年版，第266—271、277—283页。

权，能在国家的政治和政策中引入积极的变化。①

杨国斌对中国网民的网络行动的研究显示："中国网络空间的抗争性表明，中国网民不但是文化消费者，同时也是积极的文化争论型公众。"②他认为，网络行动是网民通过网络技术开展的抗争性活动。日常生活中，网络社区是网民们实践想象能力，并对现实进行批判的地方。网民对于现实的批判通过语言和行动表达出来，这个表达过程体现了对"公民性价值"（如关爱、同情、责任等），以及道德理想的珍视和追求。换言之，网络行动的动力是公众对于自由、团结和正义的追求，网络行动是追求理想化社会愿景的"乌托邦冲动"的表现形式。在日常生活中积极进行网络行动的网民，既需要使用网络（包括网络媒体）的技能，也需要相应的德性和能力，如"如坚持不懈的毅力、创新的眼光、长期的计划，甚至包括参与跨国活动的技能"等。③

舍基认为，信息技术的发展提供了众多网上的社会化工具，便于网民在日常生活中形成各种各样的网络群体。网民使用这些网上的社会化工具，通过共享、合作和集体行动（协调一致地行动），能与网上志同道合的陌生人互惠互利，同时创造新的社会价值。网络群体的行动既能够创造新的网上公共资源，也能够维护公民权利。由于网络群体可能被用于不良的目的，网民的群体行动应当努力避免负面的效应。④

关于如何提高网民的网络公共交往的品质、从而塑造良好的网络公共领域，目前国外学者的相关研究常见以下两种情况：一是研究如何营造有利于网民进行公共交往的环境，如相关的制度设置、网络平台的设计、网络群体的组织方法等。二是分析网络公共领域或网络交往的实际情况，指出存在的问题。由于网民是网络公共交往的主体，是网络公共领域中最活跃的要素，于是这些研究都强调网民个体应当具有相关的公民德性（vir-

---

① 参见［新加坡］郑永年《技术赋权：中国的互联网、国家与社会》，邱道隆译，东方出版社2014年版，第138—165页。

② 参见［美］杨国斌《连线力：中国网民在行动》，邓燕华译，广西师范大学出版社2013年版，第130页。

③ 参见［美］杨国斌《连线力：中国网民在行动》，邓燕华译，广西师范大学出版社2013年版，第5、108、154—155、192—194页。

④ 参见［美］克莱·舍基《人人时代：无组织的组织力量》，胡泳、沈满琳译，浙江人民出版社2015年版，第14—17、39—43、112—113、150、169页。

tue，即美德）。但这种强调对于网民个体而言，往往"点到为止"——即点明相关公民德性的重要性，但网民个体具体"怎么做"才能培育相关的德性，则较少展开，需要进一步的研究。

此外，关于网络公共领域的相关讨论，学者们普遍重视网上的政治公共领域，但出现了一个变化：日常生活中，政治公共领域之外的多种网络群体里，网民的公共交往及其所创造的公共性也日渐受到关注。① 这也提示我们：今后的研究应结合网络空间里出现的新情况，将公共领域及其公共性的内涵做相应的扩展，以便为探讨网络公共交往打下一定的理论基础。

第二，鉴于网络空间的全球性，网民作为网络公共交往的主体，其公民身份具有新的内涵。国外学者主要从两个角度分析网民的公民身份。

研究角度一：认为网民概念包含一定的"世界公民"的含义。例如，格尼娅科—科奇科斯卡在分析计算机伦理学的内涵时，提出网络空间的全球性使得网络行动的影响不局限于具体地域，而是实际地或潜在地具有全球性；未来网络行动的伦理规则应当是一种全球伦理。她的见解意味着：网络行动的主体（网民）具有某种伦理意义上的、世界公民的内涵。② 卡普罗则强调网络空间的全球性以及网民的自主，将网民视为通过数字化信息进行网上活动的世界公民。③ 席尔森等认为，探讨全球数字公民身份（global digital citizenship，全球数字化公民身份）是一个复杂的问题。随着越来越多的国家使用网络，各种文化背景在各国的数字公民教育中相互借鉴。我们需要明确哪些道德规范适用于从全球视角建构数字公民身份，这

① 例如，Alexey Salikov 提出，如今社交媒体中出现的网络公共领域与哈贝马斯对公共领域的理想化理解不相符。社交媒体中，众多的讨论往往不是理性的对话，并非旨在达成共识、寻找理性的、解决问题的方案。况且，社交媒体的出现导致私人领域和公共领域之间界限模糊。他借鉴阿伦特的古典公共领域概念，提出应当重新考虑对于公共领域的理解。譬如，有的网络公共领域虽不是为了进行理性的讨论，却显示了网民的个性，旨在引起他人的注意、争取获得他人的认可。Alexey Salikov, "Hannah Arendt, Jürgen Habermas, and Rethinking the Public Sphere in the Age of Social Media", *Sociologiceskoe Obozrenie*, 2018, 17 (4): 88 – 102.

② ［美］克里斯提娜·格尼娅科—科奇科斯卡：《计算机革命与全球伦理学》，载［美］特雷尔·拜纳姆、［英］西蒙·罗杰森主编《计算机伦理与专业责任》，李伦、金红、曾建平、李军译，北京大学出版社 2010 年版，第 256—263 页。

③ Rafael Capurro, "Ethical Challenges of the Information Society in the 21st Century", *International Information & Library Review*, 2000, 32 (3): 257 – 276.

需要广泛和多元的对话。①

　　研究角度二：认为网民是特定国家的公民。这是比较常见的研究视角。例如，莫斯伯格等借鉴社会学家 T. H. 马歇尔的公民身份要素理论，从经济机会、公民政治参与等方面，分析美国的数字公民身份（digital citizenship）的具体内容。他们将经常使用网络的人称为"数字公民"。数字公民具有网上参与社会的能力，而这种能力在信息时代，与个人能否分享一个社会通常的文明生活相关。因此，成为数字公民的权利实际上成为一种类似政治权利、经济权利和社会权利的公民基本权利。②

　　曼佐利等对近十年来有关数字公民研究（西班牙语和英语的研究文献）的分析表明：许多国家已意识到进行数字公民教育的重要性。数字公民教育主要包括三方面的内容：一是公民参与的民主知识和行为规范，二是公民的社会交往能力，三是公民使用网络的相关能力。③ 换言之，公民成为网民的相关权利、公民使用网络参与公共事务的能力，不但被多国重视，而且日渐成为网络时代公民教育的新内容。

　　这两个角度的相关研究分别提出了网民公民身份的部分内涵，为我们进一步探索网民的公民身份，以及如何培育良好的网络公共交往，奠定了一定的研究基础。

　　第三，学者们普遍认为，实现广泛而良好的网络公共交往，既需要通过制度设置一定的公民权利支持网民的网络行动，也需要网民自觉担负网络公共交往的责任。换言之，网民应当享有适用于网络空间的公民权利，同时也应当履行在网络空间中的公民义务。

　　例如，斯皮内洛比较详细地分析了网民权利的价值基础，认为应当以对人类生存和发展必不可少的核心价值，规制网络空间的权力结构以保护网民的权利（如表达权、隐私权等），并具体提出了自主原则、无害原则、

---

① Michael Searson, Marsali Hancock, Nusrat Soheil, Gregory Shepherd, "Digital Citizenship Within Global Contexts", *Education and Information Technologies*, 2015, 20 (4): 729 – 741.

② Karen Mossberger, Caroline J. Tolbert, Ramona S. McNeal, *Digital Citizenship: The Internet, Society, And Participation*, Cambridge, Mass.: MIT Press, 2008, 1 – 2.

③ Cristina Hennig Manzuoli, Ana Vargas Sánchez, Erika Duque Bedoya, "Digital Citizenship: a Theoretical Review of the Concept and Trends", *Turkish Online Journal of Educational Technology*, 2019, 18 (2): 10 – 18.

有利原则和公正原则等保护网民权利的伦理原则。①

　　莱特等通过对网络论坛设计的实证研究，指出科学合理的论坛设计能够促使网民们进行深思熟虑的公共讨论。但技术无法保证网民一定会进行批判性的理性反思，关键在于网民们自觉地运用给定的技术进行慎重的讨论。②

　　艾克斯坦德提出，互联网本身具有复杂性和多样性，不应被笼统地视为一个公共领域。不过，网上已经存在许多鼓励对话的网站，我们能够拥有一些可管理运作的网络公共领域。网络公共领域需要专家和公众的共同参与，在保证多元观点的同时纠正虚假错误的信息。网络时代，参加网上的公共讨论（如网络论坛）应是公民公共生活的一部分。③

　　桑斯坦指出网络协商群体在聚合信息时可能遇到的种种问题，包括"放大错误、串联效应、信息死角和群体极化"等。在网络协商群体中，进行健康的信息聚合需要的条件包括：设置支持批判思考的规范、领导者的审慎、科学合理地聚合群体成员观点的方法（如适当的激励措施、协商前的匿名投票和德尔菲法等），以及众多的网民自愿分享知识、真诚地行动。④

　　埃斯认为，虽然通过网络交流创造理想的公共领域面临困难，但现实中的一些事例表明，国家、国际组织和网民个人依然有可能通过努力促成网络平台的积极变革。在现代科技时代，我们需要担负起责任，发展人类的繁荣美好的生活所需要的美德。⑤

　　国外学界的相关研究为本研究打下比较坚实的研究基础，同时也激发了进一步的思考：面对日常生活中网络公共领域的多样性，公共领域的内

---

　　① 参见［美］理查德·斯皮内洛《铁笼，还是乌托邦——网络空间的道德与法律》，李伦等译，北京大学出版社 2007 年版，第 5—7、21—23 页。

　　② Scott Wright, John Street, "Democracy, Deliberation and Design: the Case of Online Discussion Forums", *New Media and Society*, 2007, 9 (5): 849 – 869.

　　③ Nathan Eckstrand, "Complexity, Diversity and the Role of the Public Sphere on the Internet", *Philosophy and Social Criticism*, 2019, 46 (8): 961 – 984.

　　④ 参见［美］凯斯·R. 桑斯坦《信息乌托邦：众人如何生产知识》，毕竞悦译，法律出版社 2008 年版，第 221—235、240—243 页。

　　⑤ Charles Ess, "Democracy and the Internet: A Retrospective", *Journal of the European Institute for Communication and Culture*, 2018, 25 (Special SI): 93 – 101.

涵应如何扩展？这种扩展对网络公共交往意味着什么？网民作为网络公共交往的主体，应当具有哪些延伸到网上的公民权利？网民具有何种意义上的"世界公民身份"？网民个体具体应当"怎么做"，才能在网络行动中培育公共交往的德性，从而创造良好的网络公共交往？

第二节　国内相关研究现状述评

第一，国内学者普遍在研究网络公共领域的同时，分析网络公共交往的不足。相关的主要问题包括：网民对公共利益的关注不够、参与讨论时理性缺失等。从早期对博客社区的分析，到近期对于微博的研究，学者们均发现了同样的问题。

例如，王丽娟等认为，在博客社区中构建公共领域面临着主体、议程和商谈三方面的理性缺失问题。参与网民的理性缺失，表现为缺乏批判性导致出现话语狂欢。博客社区作为媒介的议程设置缺乏公共性，娱乐和隐私而不是公共议题成为最受关注的内容。商谈的理性缺失源于缺乏制衡机制，因此博客社区里公共意见分散，无法形成合理的对话交流的环境。面对构建公共领域的障碍，我们需要"提高公众素质，完善议程设置，优化商谈机制"。①

早期博客社区存在的这些"理性缺失"问题，也出现在新的社交媒体当中。例如，对于微博，金福宇等指出，微博的议题娱乐化倾向严重，用户等级区分制度、网民行为理性缺位等因素，使得微博难以承担建设公共领域的重任。② 魏冰认为，微博在构建公共领域的过程中出现困境，包括娱乐化严重、"开放性多余，批判性不足"等问题。③ 刘子潇提出，微博虽然提供了公众互动的平台，但"网民知识结构以及自身素质参差不齐，使得理性批判无法得到保证"；微博上的"意见领袖"具有比草根群体更大的影响力，是话语的强势方，并且可能导致微博用户在观点上的群体

①　王丽娟、丁桃：《理性的缺失——试议在博客社区中建构公共领域的现实障碍》，《新闻传播》2007 年第 9 期。

②　金福宇、冯卓文：《论微博能否被视为公共领域》，《科技传播》2019 年第 8 期。

③　魏冰：《微博舆论场与公共领域建构的可行性和困境》，《西部广播电视》2018 年第 6 期。

极化。①

第二，国内学者普遍留意网民的国家公民身份。鉴于网络公共交往和网络公共领域的良好发展有益于培育网民的公民意识，（包括网民政治参与在内的）网络公共交往的品质备受学者关注。

宋志国认为，我国公民进行网络政治参与的方式日渐丰富，除了网络论坛、博客之外，还有参与网络问政、网络信访和网络调查等多种方式；参与人数日益增加，参与议题的范围扩大，从经济建设、社会发展到科技发展等多个方面，公民政治参与的程度日渐加深。为了发挥公民政治参与的积极影响，应当"加强教育，提高公民政治参与的素质与能力"，健全公民政治参与的网络道德规范和进行法治建设等。②

孙光宁等指出，网络提供了便捷的平台，激发了公民政治参与的热情。网民通过网络行使表达权，发表自己的言论，提出建议。在网络中，近年来公民的自我维权的意识得到发展，但是忽视他人权利的情况也常常出现。这说明培育网民的公民意识时，对于公民的权利和义务应当给予同等的重视。他提出，为培育公民的民主意识，除了缩减数字鸿沟、综合治理网络信息垃圾之外，还需要"培育健康的网络文化，规范网络伦理道德"，结合传承我国的优秀传统文化，加强网络伦理研究，从而提高人们的网络伦理意识。③

罗亮认为，网络公共领域存在非理性表达、群体极化等问题，对网络公共领域应当进行结合法律、技术和道德自律的综合治理。由于网络的虚拟性、开放性等特点，应当以强化自律（包括行业自律和网民自律）作为网络治理的根本途径。④

国内学者不但关注网民的国家公民身份，而且着眼于网络空间的全球性和全球治理，拓展了网民的公民身份的内涵。

熊威在研究我国网络公共领域建设时，认为网络技术使得全球范围的

① 刘子潇：《微博建构公共领域的实践困境》，《传媒》2018 年第 2 期。
② 宋志国：《网络公共领域公民政治参与研究》，《人民论坛》2015 年第 21 期。
③ 参见孙光宁等《网络民主在中国：互联网政治的表现形式与发展趋势》，知识产权出版社 2015 年版，第 13、90—100 页。
④ 参见罗亮《网络空间的民主生活实践：民主视野下的网络公共领域及其治理研究》，中国社会科学出版社 2017 年版，第 239—242 页。

讨论空间成为可能，网络公共领域具有扩展到全世界的潜能。为了应对未来网络公共领域的发展趋势，网络公共领域的治理应当走向"网络世界主义治理"，即应当突破小社群的局限性、从"全人类"的角度出发，各国政府、民众和各组织机构进行协调，组成不同的共同体对跨越国界的网络公共领域进行综合治理。①

郑云翔等指出，解决或避免网络空间出现的诸如网络欺凌、网络侵权等社会问题，需要实施数字公民教育、增强数字公民素养（digital citizenship，即数字公民身份）。"数字公民素养的主要内容包括数字理解、数字素养、数字使用和数字保护四个部分，其中数字理解包括数字公民身份认同与管理、数字意识、数字情感与价值观，数字素养包括数字技术知识和数字技能，数字使用包括数字参与、数字交往与协作、数字商务，数字保护包括数字安全、数字健康、数字权责与法律。"② 其中，"数字参与"系指公民运用信息技术，参与本国或世界的公共事务。他们认为，数字公民素养是科技发展对于公民素养提出的新要求，培养"全球数字公民"有益于提升我国教育的国际竞争力。

但是，也有学者质疑作为"世界公民"的网民，由于将精力放在虚拟世界中，反而可能是具体国家的消极公民。③

金周英则着眼于人类社会的可持续生存和发展，认为人类社会在工业文明之后应当追求"物质、精神、政治文明相互协调并与生态文明、星际文明相融合的"全球文明以及共产主义社会，即追求人类持续繁荣和永久和平的目标。为了追求更好的人类文明形态，我们需要相应的全球治理，即基于"合作、协商、自主自律"的治理。适应全球文明的精神文明意味着人们应当具有环保意识，以及"世界主义、和平主义、全球正义、全球公民"等理念。④ 从全球治理的角度来看，世界公民（或称为"全球公民"）并非消极的国家公民，而是具有全球意识、关心人类文明发展的、积极的国家公民。

---

① 参见熊威《网络公共领域研究》，中国政法大学出版社 2016 年版，第 228—231 页。

② 郑云翔、钟金萍、黄柳慧、杨浩：《数字公民素养的理论基础与培养体系》，《中国电化教育》2020 年第 5 期。

③ 许英：《互联网·公共领域与生活政治——刍议数位民主》，《人文杂志》2002 年第 3 期。

④ 参见金周英《人类的未来》，湖南科学技术出版社 2019 年版，第 121—131、153—155 页。

　　我国学者普遍关注网民的国家公民身份，重视网民的公民意识的培育。不过，着眼于网络空间治理、从"世界公民"的角度思考网民概念和网络公共交往的研究，则相对薄弱。虽然有学者在提到全球治理时，尤其论及网络和技术时，涉及了网民概念所蕴含的世界公民身份，但较少展开研究。

　　第三，网民进行网络公共交往需要一定的权利支持才能顺利进行，因此，网络公共交往的权利基础也是众多学者关注的内容。这方面的研究存在学科的交叉。法学界的相关研究一般包括法理学研究和法律实务研究，侧重对网民的某种具体权利的分析。伦理学界的相关研究一般立足实际的法治基础，结合对伦理原则的分析，拓展网民信息权利的内容。

　　严耕等认为网络主体应具有：通讯权、隐私权、裁决的权利、访问权、管理的权利等，并提出网络道德的原则包括全民原则（平等和公正）、兼容原则、互惠原则、自由原则等。① 赵兴宏认为，网络主体具有通讯权、隐私权、访问权、管理的权利和其他权利等。他提出："网络道德原则的分类，依所涉及的对象范围的不同，可以分为全民原则、个体原则；依具体内容划分，可以分为平等原则、公正原则、兼容原则、互惠原则、自由原则、自主原则、无害原则、承认原则等。"②

　　段伟文指出，网络信息权利包括：网络信息访问和发布权、知识产权、隐私权、信息安全权和保持文化多样性的权利等。他提出一个网络信息权利的伦理原则体系，包括：无害原则、行善原则、公正原则、自主原则和知情同意原则等。③ 李晓辉认为信息权利包括："信息财产权、知情权、信息隐私权、信息环境权、信息传播自由权和信息安全权等"。④

　　人类的生存和发展离不开一些核心价值（基本善），例如生命、知识等。人类的核心价值为网民信息权利奠基。但这些人类核心价值的具体内容，在具体时代里各有不同。要分析或拓展网民的信息权利，则需要进一步阐释人类核心价值的内容。此外，人类核心价值的重要性排序，在不同的具体语境里，也存在先后缓急。对于信息权利的伦理原则的阐释和运

---

① 参见严耕等《网络伦理》，北京出版社 1998 年版，第 172、188—203 页。
② 参见赵兴宏《网络伦理学概要》，东北大学出版社 2008 年版，第 49—57、108 页。
③ 参见段伟文《网络空间的伦理反思》，江苏人民出版社 2002 年版，第 122—143 页。
④ 李晓辉：《信息权利研究》，知识产权出版社 2006 年版，第 33 页。

用，则旨在分析人类核心价值的先后排序，从而协调互为"道德异乡人"的网民们的网络信息权利。

总体来看，在目前的相关研究中，基本的善、网民信息权利和信息权利的伦理原则之间的具体关系，以及信息权利的伦理原则的具体应用，亟待进一步探索。

第四，国内学者普遍关注网络公共交往对于网民德性的要求。

例如，陈共德强调作为最低层次全球共识的网络底线伦理的重要性，认为自律、慎独是网络道德的主要特点，并分析了新闻媒体、互联网等从业者的自律要求。① 刘丹鹤认为对于网络空间的规制应是自律和他律的统一，网络道德是网民对网络活动的道德自律，培育网民的网络道德需要从"慎独"开始。②

朱锋刚强调，在大数据时代，面对海量信息和网络数据收集、行为预测，主体为维护自由和尊严，不沦为数据和机器的仆从，需专注于内心德性，不受外在事物的干扰。儒家的慎独工夫强调主体恪守原则，专注于内，以"礼"而行，以适当的行动维护人的自由和尊严。在大数据时代，谈儒家慎独"不仅是可能的，而且是必需的"③。

我国学者普遍赞同自律是网络道德的重要内容，亦普遍重视儒家的"慎独"理论。目前的研究更多地强调道德自觉的重要性和自律教育，较少结合网络公共交往主体（网民）的交往行动本身具体阐释"慎独"理论。

学者们重视宽容和公共领域的关系。彭立群指出，宽容和公共领域相互促进。我国在实现现代化的过程中，公共领域应培育理性的人际关系，凝聚全民族的共识。在公共领域里，政治权力、媒体、公众和发言者的关系应当是宽容而和谐的；公民应秉持宽容、理性和灵活的态度，勇于自我启蒙，发出自己独立的声音。④ 李永刚认为，现代公共生活充满了冲突和不一致，宽容是交往的美德，是人们应对多元的生存处境的规则。宽容不

① 陈共德：《互联网精神交往形态分析》，博士学位论文，中国社会科学院，2002年。

② 参见刘丹鹤《赛博空间与网际互动——从网络技术到人的生活世界》，湖南人民出版社2007年版，第172—180页。

③ 朱锋刚：《论大数据时代的儒家慎独工夫何以可能》，《人文杂志》2016年第10期。

④ 参见彭立群《公共领域与宽容》，社会科学文献出版社2008年版，第261—270页。

是纵容、懦弱或冷漠。个体层面上，宽容指人们尊重多元权利、相互忍让；国家层面上，宽容意味着对所有人的权利一视同仁。①

除了宽容之外，理性思考、平等协商等相关品质（及其蕴含的能力）一致被学者们视为网络公共交往所需的、主要的网民德性。

胡泳强调，培育充满活力的公共话语有助于实现较为理想的公共空间，并提出理想的公共话语的六条原则："正式的民主程序""落到实处的理性""反思性""互惠性""认识差别"和"中和"（持中的态度）。②

朱鹮灏认为，在网络场域中，为了促进交往的公共性，网民应在理性思考的基础上参与公共讨论，并应当具有协商与妥协的意识。当出现价值或目标的分歧、冲突时，应当平等对话，经过沟通和协调，互相了解对方的偏好和论证逻辑，适当妥协，从而解决分歧。③

王凌、肖婕芳认为，为解决网络公共领域的话语建构面临的困境，应当提高网络公众的交往伦理认知。我国网络公共领域的对话伦理，既不是熟人交往模式，也不应是强调主客二分（张扬个人主体而将他人视为客体）的交往模式，而应是建立在交互主体性之上的对话伦理："要求公众在网络公共领域的交往中将中国的情理与西方的对话伦理结合起来，按照一定的语言规则进行话语交谈，并达成一定道德共识，形成一种平等、开放、仁爱、宽容的伦理精神。"④ 她们提出，对以语言交流为主要媒介的网络公共领域，维护良好的交往秩序，需要提高网民的言语道德品质。

目前国内外研究表明，提升网络公共领域品质，规范网络公共交往主体（网民）的交往行动是关键。因此，从伦理学的角度对网民的网络公共交往进行比较系统、深入的探讨很重要。总体看来，需要进一步研究的基础内容至少包括：一是网络公共交往主体（网民）蕴涵的国家公民和世界公民双重身份的内涵。二是网络公共交往所需的信息权利的主要内容、价值基础和伦

---

① 参见李永刚《我们的防火墙：网络时代的表达与监管》，广西师范大学出版社 2009 年版，第 244—248 页。

② 参见胡泳《众声喧哗：网络时代的个人表达与公共讨论》，广西师范大学出版社 2008 年版，第 280—283 页。

③ 参见朱鹮灏《网络公民社会研究》，中国社会科学出版社 2014 年版，第 200—202 页。

④ 王凌、肖婕芳：《网络公共领域话语建构的道德困境与对策》，《宁夏社会科学》2017 年第 5 期。

理原则。三是网络公共交往的德性要求的层次和具体内容。四是综合探索网络公共交往的实践目的以及如何实现网络公共交往实践。

第三节　关于三个基本概念的阐释

本研究涉及网络空间、网络公共领域和网络公共交往等基本概念。在进入具体研究之前，先尝试对这些基本概念加以阐释。网络以及网络活动仍然在不断地发展变化，因此对于这些基本概念的理解依然是开放性的。

一　网络空间

随着互联网的发展和普及，网络空间一词日渐走出科幻小说的背景，成为现代社会生活里的常用语。网络空间（cyberspace）最早出现于加拿大的科幻作家威廉·吉布森于 1982 年发表的作品《整垮珂萝米》[1]，指人的大脑神经系统与计算机网络连接之后产生的电子神经系统。这种电子神经系统是一个数字化信息构成的虚拟世界。1999 年出现的《黑客帝国》科幻电影系列，则描绘了这种虚拟世界。不论是相关的科幻小说还是科幻电影，均具有反乌托邦的批判意识；作品所设想的未来数字化的虚拟世界意象阴冷、充满欺骗和暴力，体现了对人类社会未来发展的深切忧虑。由此可见，网络空间一词自出现之初，就具有反思科技发展和社会发展的强烈批判意识。

运用"网络空间"一词表达数字化信息构成的信息世界，意味着对互联网乃至互联网未来的发展形态保持开放。目前"脑—机接口技术"还处于研究发展阶段，我们在日常使用互联网的过程中，一般还未通过"脑—机接口"连接上网。[2] 但我们上网时所面对的已是一个数字化信息构成的

---

[1] 参见［加拿大］威廉·吉布森《全息玫瑰碎片：威廉·吉布森短篇杰作选》，李懿、梁涵等译，新星出版社 2014 年版，第 185—211 页。

[2] 何晖光认为："当新技术用在人身上的时候一定会引起很多争议。如果将脑—机接口用在残疾人身上，可以弥补他的缺陷；如果用在正常人身上，那就会带来人与人之间的能力差异，这就带来了人工智能的伦理问题。人工智能的伦理方面有几个关键点，即不仅要公平、可靠、安全，而且还要保护隐私，具有透明性和可解释性。"如果"脑—机接口技术"和互联网的融合是一种发展方向，那么如何发展才会合乎伦理、有益于人类社会？这是一个有待探讨的问题，但不是目前本书研究的主题。参见何晖光《脑—机接口的前沿进展》，《世界科学》2019 年第 12 期。

信息交流环境。随着现代科技的发展，"网络"和"空间"未来都可能有不同的形态，"网络空间"的内涵和外延将会不断地发展。① 使用"网络空间"一词，能时常提醒我们：这个虚拟世界依然在不断地发展；对于网络空间、现代科技的发展需要加以批判的思考，反思和探索人类社会应当如何文明地发展。

网络空间不等于大众传播媒介。虽然一提起网络空间，人们容易想起各种各样的网络媒体，包括各种网站、社交媒体（例如论坛、微博、QQ、微信、快手、抖音）等事物。大众传播媒介具有"社会公器"的公共性，不但形成网络舆论，而且总是面向社会公开发布信息。但是，随着互联网的普及，网络空间已经成为现代生活中常规的信息交流环境，其中自然地包含了许多人们进行私人信息活动的地方。例如，有的网民可能在网络上独处，不与他人打交道，或在网上留下信息但选择不公开。由于公民权利的网络延伸，这些私人的网络活动依法受到保护，并不向社会公开。② 网络空间实际上存在着不公开的、私人信息活动的地方，若将网络空间仅看作一个大众传播媒介③，恐怕不妥当。

网络空间既是现代科技造就的信息交流环境，也是网民们共同活动所造就的社会活动空间，是网络公共交往赖以产生的地方。建立在信息技术之上，通过网民们的活动，网下社会生活的方方面面，不断地以数字化信息的形式呈现在网络空间里。传统媒体的内容、个人日常生活的各种表达，大量的信息（尽管不是全部的信息）被吸纳、整合进入网络

---

① 胡泳将 cyberspace 译为"电控空间"，这个译法显示数字化信息的世界是由电力驱动的。笔者认为，鉴于"网络"和"空间"未来可能发展出不同的形态，由网络和空间两个词组合起来的"网络空间"，更能体现这个数字化信息世界的形态的开放性和内容的丰富性。参见胡泳《众声喧哗：网络时代的个人表达与公共讨论》，广西师范大学出版社 2008 年版，第 73—78 页。

② 尤其随着大数据技术的发展和运用，网上个人信息的保护与个人的安全和发展息息相关。"被遗忘权"这类信息权利也日趋受到重视。"被遗忘权是指信息主体对已被发布在网络上的，有关自身的不恰当的、过时的、继续保留会导致其社会评价降低的信息，要求信息控制者予以删除的权利。"胡秋林：《被遗忘权的时间衡量》，《现代交际》2019 年第 3 期。

③ 胡泳认为互联网具有媒体特性，将"各种基于数字技术、集制作者/销售者/消费者于一体、消解了传统的信息中介的媒体系统称为'共有媒体'"。共有媒体包括 12 类：电子邮件列表、讨论组、聊天系统、博客、播客、维基系统、社会性软件与虚拟社区、协同出版、XML 联合、对等传播、视频分享和大型多人在线角色扮演游戏等。参见胡泳《众声喧哗：网络时代的个人表达与公共讨论》，广西师范大学出版社 2008 年版，第 85、90—113 页。

空间。① 在这层意义上，作为人类有史以来最大的、即时的信息交流环境，网络空间已经成为现代社会生活的重要的空间。亿万网民在这个社会活动空间里，进行包括网络公共交往在内的各类网络活动。全体网民的活动共同创造了网络空间这一数字化的社会活动空间。

信息活动是人类活动的基本层面，人们在现代社会生活中离不开获取信息、处理信息的过程。由于现代社会生活的信息活动的需要，网络空间作为现代社会生活的重要的信息来源、最大规模的信息交流环境，日渐与网下的社会生活紧密连接。网上和网下的社会生活的连接，成为现代社会生活的常态。

二 网络公共领域

随着我国的现代化进程，经济与社会的迅速发展，我国业已出现了现代公共领域，网络公共领域是其中的一种类型。当网民们就丰富的公共议题，在网上进行多种多样的公开讨论，在事实上已经形成了大大小小、品质各异的网络公共领域。本书使用网络公共领域这一概念，主要借鉴了哈贝马斯的公共领域概念，着眼于公共领域的交往属性及其追求公共性的重要作用。

在网络空间里的各种媒体中，已经出现了网络公共领域。尽管已经出现的网络公共领域品质不一，但网络媒体对社会生活的影响、干预能力日渐增强。"这种干预能力，一方面的表现是，网络媒体成为了下情上达与上情下达的一种对话渠道，另一方面的表现则是，网络成为了汇聚社会公众意见、形成舆论并影响社会生活的一种手段。可以说，网络媒体成为了一种公共话语空间，并由此而在社会生活中发挥重要作用。虽然目前它还不能成为一种理想的'公共领域'，网络舆论的作用也并非总是积极的，但是，网络在社

---

① 卡斯特认为，互联网的出现，将书写文化和视听文化等各种人类的沟通模式整合起来，成为一个互动的网络系统。"或者换句话说，通过'超文本'（Hypertext）和'元语言'（Meta-Language）的形成，历史上首次将人类沟通的书写、口语和视听模式整合到一个系统里。通过人脑两端，也就是机械与社会脉络之间的崭新互动，人类心灵的不同向度重新结合起来。……新电子传播系统的出现，具有通达全球、整合所有的沟通媒介以及潜在的互动性等特点，它正在改变我们的文化，而这项改变会行之久远。"参见［美］曼纽尔·卡斯特《网络社会的崛起》，夏铸九、王志弘等译，社会科学文献出版社2006年版，第308—310页。

会生活中扮演的角色已经让人无法忽视与回避，在中国尤其如此。"①

　　确切地说，网络公共领域是网络空间的一部分，但不等同于网络媒体。首先，网络空间中存在众多属于网络私人活动的地方。即使在网络媒体中，也存在属于私人的地方，例如只对私人开放的网络博客、微信这类空间。其次，在网络媒体之外的网络空间里，也会出现关于某些公共议题的讨论。例如在一些手机软件里的发言区，公共讨论也可能会出现。再次，并非网络媒体的所有部分都必须成为直接关注公共议题的公共领域，正如网络媒体也存在不少娱乐信息。尽管如此，网络媒体作为大众传播媒介，总体上依然具有"社会公器"的公共性，具有形成舆论和舆论监督的重要作用。由此，关注公共利益、追求公共性的网络公共领域依然应当成为网络媒体的重要组成部分。

　　如今，网络公共领域涉及政治、经济、科技、文化等社会公共生活的方方面面，具体类型复杂多样。在我国，丰富多彩的网络公共领域已经出现：国家机构、社会各界人士、各社会组织、团体在网上以各种形式和网民交流互动，讨论公共议题；网民在网络空间尤其网络媒体中，例如在某个网络社区、某个网络软件的讨论区、某个 QQ 群、某个微博回复区、某个微信朋友圈等，以各种形式讨论公共议题。

　　（一）扩展公共领域概念的必要性

　　哈贝马斯曾考察了古希腊城邦公民的古典公共领域、欧洲封建社会贵族的代表型公共领域以及资产阶级公共领域等，并提出现代复杂社会中已经出现了丰富多样的公共领域。② 网络公共领域的出现，印证了现代社会

---

① 彭兰：《中国网络媒体的第一个十年》，清华大学出版社 2005 年版，第 276 页。

② 哈贝马斯认为："在复杂社会中，公共领域形成了政治系统这一方面和生活世界的私人部分和功能分化的行动系统这另一方面之间的中介结构。它所代表的是一个高度复杂的网络。从空间上说，这个网络区分为这样一些多样的、相互重叠的领域：国际的、全国的、地区的、社区的、亚文化的。在内容上，它根据不同的功能视角、议题重点、政治领域等等而分成一些或多或少专业化的、但一般公众仍然可以进入的公共领域（比方说这样一些方面的公共领域：通俗科学的、文学的、教会的、艺术的、女性主义的、'另类'的、健康的、社会的或科学政策的）。根据交往密度、组织复杂性和所涉及范围，它又分成不同层次——从啤酒屋、咖啡馆和街头的插曲性［epi-sodisch］公共领域，经过剧场演出、家长晚会、摇滚音乐会、政党大会或宗教集会之类有部署的［veranstaltet］呈示性公共领域，一直到由分散的、散布全球的读者、听众和观众所构成的、由大众传媒建立起来的抽象的公共领域。但是，尽管有那么多分化，所有这些由日常语言构成的子类公共领域，都是相互开放和渗透的。"［德］哈贝马斯：《在事实与规范之间：关于法律和民主法治国的商谈理论》修订译本，童世骏译，生活·读书·新知三联书店 2011 年版，第 460—461 页。

公共领域的多样性。

尽管现代复杂社会的公共领域类型多样，但哈贝马斯提出的公共领域的定义，却更像是政治公共领域的定义："所谓'公共领域'，我们首先意指我们的社会生活的一个领域，在这个领域中，像公共意见这样的事物能够形成。公共领域原则上向所有公民开放。公共领域的一部分由各种对话构成，在这些对话中，作为私人的人们来到一起，形成了公众。……当他们在非强制的情况下处理普遍利益问题时，公民们作为一个群体来行动；因此，这种行动具有这样的保障，即他们可以自由地集合和组合，可以自由地表达和公开他们的意见。当这个公众达到较大规模时，这种交往需要一定的传播和影响的手段；今天，报纸和期刊、广播和电视就是这种公共领域的媒介。当公共讨论涉及与国家活动相关的问题时，我们称之为政治的公共领域（以之区别于例如文学的公共领域）。……'公共意见'这一词汇涉及对以国家形式组织起来的权力进行批评和控制的功能。……公共领域是介于国家与社会之间进行调节的一个领域，在这个领域中，作为公共意见的载体的公众形成了，就这样一种公共领域而言，它涉及公共性的原则——这种公共性一度是在与君主的秘密政治的斗争中获得的，自那以后，这种公共性使得公众能够对国家活动实施民主控制。"①

在此基础上，许英总结了哈贝马斯的公共领域的概念："公共领域首先是我们社会生活中的一个领域，它原则上向所有人开放。在这个领域中作为私人的人们来到一起，他们在理性辩论的基础上就普遍利益问题达成共识，从而对国家活动进行民主的控制。"②

在这一公共领域的概念中，政治公共领域的重要性彰显出来，而文学的公共领域等其他类型的公共领域被淡化了。公众在公共领域的行动所面对的是国家权力，行动目的旨在追求具有普遍性的公共利益，以及"对国家活动进行民主的控制"。

哈贝马斯的公共领域概念，具有如下几个要点：第一，公共领域是原则上对所有公民开放的公共场所。第二，人们自愿来到这个公共场所，作

---

① ［德］哈贝马斯：《公共领域》，汪晖译，载汪晖、陈燕谷主编《文化与公共性》，生活·读书·新知三联书店 2005 年版，第 125—126 页。

② 许英：《互联网·公共领域与生活政治——刍议数位民主》，《人文杂志》2002 年第 3 期。

为公民行使表达权，就公共利益进行理性的讨论，形成公共意见（趋向并可能形成共识）。第三，公共领域通过形成公共意见（趋向并可能形成共识），影响决策的形成，并对国家权力的行使进行舆论监督。这个概念作为公共领域的概念，具有浓厚的政治公共领域的色彩。在这个公共领域概念中，公民追求公共利益的方式，换言之，追求公共性的方式，主要是行使表达权，对国家权力进行舆论监督和影响决策或立法。

正如哈贝马斯已经提醒我们的，现代复杂社会中已经出现了丰富多样的公共领域。结合网络公共领域的多样性，本书尝试进一步思考：问题一，人们在丰富多样的现代公共领域里，是否都以上述方式来追求公共利益（公共性）？问题二，丰富多彩的现代公共领域进行舆论监督的、所力图影响决策的，是否仅限于国家权力？

关于问题一，已有学者注意到社会生活中实际发生的变化，并立足社会实践，对于公共领域、公共性的概念提出了调整。今田高俊提出，公共性可以分为言论系谱的公共性和实践系谱的公共性。公共性不但包含哈贝马斯式的"言论系谱的公共性"，即公众着眼于公共利益，通过讨论形成公共意见（乃至形成共识），从而对国家权力进行舆论监督、影响决策或立法；还应当包含"实践系谱的公共性"，即公民聚集起来，参与公益活动、为社会提供公共服务等，以实际行动体现对于公共利益的关心。①

丰富多彩的现代公共领域里，人们追求公共性的方式是多样的，公共领域的类型不局限于政治公共领域。着眼于公共利益，不仅政治公共领域应当受重视，追求公共性的公共领域都应当受到重视。由此，虽然政治公共领域依然非常重要，但公共领域的概念应当相应地扩展，包含各种类型的公共领域。

现实生活中，网络公共领域的多样性也说明：网民们追求公共性的不同方式，造就了各种公共领域；如果仅仅以追求"言论系谱的公共性"来看待网络公共领域，恐怕难以把握网络公共领域中丰富的网络活动以及追求公共性的多种方式。②

---

① ［日］今田高俊：《从社会学观点看公私问题——支援与公共性》，载［日］佐佐木毅、［韩］金泰昌主编《社会科学中的公私问题》，刘荣、钱昕怡译，人民出版社 2009 年版，第 60 页。
② 请参见第五章第二节，五 "网络公共交往促进形成改善社会的合力"。

例如，一些网民在网上自己组织起来开展一些公益活动，帮助他人、改进社会的某个方面，以实际行动追求一定"实践系谱的公共性"。在追求公共性的意义上，网民们此时所创造的相应的网络空间应当是一种公共领域，但这样的公共领域并不直接面对国家权力而行动。多元的网络公共领域的事实存在，直观地提醒我们需要扩展对于公共领域概念的理解。

关于问题二，由于现代社会公共生活的不同领域存在不同的权力（例如政治权力、经济权力、科技权力和社会权力等），综合地来看，现代公共领域进行舆论监督的、所力图影响决策的，不应仅限于国家权力，而是构成了现代权力系统的各种权力。

由此，综合哈贝马斯和今田高俊的理论，公共领域的概念应当扩展：一方面，公众追求公共利益的方式不限于追求"言论系谱的公共性"，至少还应当包括追求"实践系谱的公共性"。另一方面，从对于国家权力的舆论监督，扩展为对现代权力系统的舆论监督。

借鉴许英对哈贝马斯的政治公共领域概念的总结，本书尝试扩展公共领域的概念："公共领域是我们的社会生活中的一个领域，它原则上向所有人开放。在这个领域中作为私人的人们来到一起，他们在理性讨论的基础上，就公共利益问题形成公共意见（可能形成共识），以适当的方式合作，共同追求公共性。在追求言论系谱的公共性时，他们对现代权力系统进行舆论监督、影响决策或立法，从而对现代权力系统进行民主的控制，促进现代权力系统的文明运作。在追求实践系谱的公共性时，他们通过参与公益活动、为社会提供公共服务等方式改进社会，促进社会的文明发展。"

（二）网络公共领域的特点

与网下的公共领域相比较，网络公共领域具有一些显著的特点：

第一，更具开放性。相比传统的公共领域，网络公共领域的参与更为便捷，实际上更为开放。随着我国社会的发展，网络迅速普及，事实上使得更多的人能够参与网络公共领域。网络空间相比传统媒体，准入门槛相对较低，"即公民无差别地享有出入网络空间的自由，并且是在排除了处于现实社会生活角色所包含的性别、年龄、收入、教育程度等"[1] 因素之

① 熊威：《网络公共领域研究》，中国政法大学出版社 2016 年版，第 42 页。

后。换言之，网络公共领域中依然有各种规则的限制，但这些限制往往不是对于网民现实身份的限制。这种更大的开放性，既使得网络公共领域更为活跃，参与者众多，但也使得网络公共领域品质不一、良莠不齐。

第二，技术性。网络公共领域建立在信息技术基础之上，网络公共领域中的讨论和行动，都凭借数字化信息进行。一方面，这带来了一定的、参与网络公共领域的准入门槛。虽然网络普及迅速，技术门槛明显降低，但数字鸿沟依然存在。① 这也说明网络公共领域原则上对所有人公开，但实际上还有待改进。另一方面，相比传统的公共领域，网络公共领域具有信息技术的优势，既能够为网民提供更丰富的信息，也使得更多的网民能够便捷地参与网络公共领域，进行互动交流。

当然，对于信息技术的依赖，也带来了网络公共领域的一种脆弱性。当服务器停止服务、重要的数据被删除甚至断电时，某个网络公共领域也随之消失。

第三，流动性。正是由于依靠信息技术，众多的网络公共领域呈现出一种流动性，随着网络空间在社会生活中的延展而拓展开来。网民们对于信息技术的创造性使用，能够在不同的信息技术产品里迅速创造出各种网络公共领域。网络公共领域的流动速度之快、流动规模之大、信息之丰富，网下的公共领域恐怕难以望其项背。② 这种流动性体现了人类通过信息技术的合作潜力，也提醒我们：良好的、可持续的网络公共领域是有待于网民们努力合作、创造并维护的，否则"其兴也勃焉，其亡也忽焉"。

网络公共领域作为社会公共生活的数字化信息交流环境，网民们作为公众在这里进行网络公共交往，即针对涉及公共利益的公共议题，表达自己的看法，进行公共讨论，以一定的行动追求公共性。③

一方面，网民们的公共交往造就了网络公共领域，使得网络公共领域不仅是公共生活的空间（space），而且是蕴含着公共性追求的领域（sphere）。如果没有网民们良好的网络公共交往，网络公共领域就失去了

---

① 请参见第六章第一节，一"数字鸿沟依然存在"。

② 譬如，某网络账号短短数天之内增加数百万的"粉丝"（网民），或者某"热搜"栏目一天之内增加成千上万的讨论，或者一夜之间，某有影响力的网络账号名下数年积累的图文信息及其讨论区被屏蔽或删除。这些场景并不鲜见。

③ 请参见第一章第三节，三"网络公共交往"。

公共性这一根本的内涵，而仅仅成为网民们公开活动的某个场所。另一方面，网络公共领域这样的公共生活空间的存在，有助于网民个体融入网上的公民参与活动，进行网络公共交往。在这层意义上，网络公共领域和网民们的网络公共交往实则是一体两面。

因此，当本书表达"网民在进行网络公共交往的同时创造和发展了网络公共领域"这层意义时，会使用"网络公共交往/领域"的表达方式。但由于本书关注探究网络公共交往，当论及网络公共领域时，也主要是结合网络公共交往来进行分析。

（三）网络公共领域的作用

网络公共领域的具体表现各不相同，但同为公共领域具有如下作用。

第一，网络公共领域成为社会问题的"预警系统"与"传感器"，具有社会泄压阀的作用。

哈贝马斯认为，公共领域作为调节国家、社会和公民之间关系的中介，与生活世界中的私人领域紧密联系，"人们在生活史中感受其共鸣的那些社会问题，经过私人方式处理以后，成为公共领域的新鲜而有活力的成分"。[1] 网下的公共领域具有这种传导社会问题的作用，而网络公共领域凭借数字化信息，则更加便捷快速地传递了关于各种社会问题的相关信息。通过网络公共领域，网民们比较便捷地在网上进行公共讨论，表达对于公共议题的感受和见解。网民们的公共讨论形成的网络舆论，包括对于维护公民权利的意见和建议、对于现代权力系统的种种思考等数字化的公共意见，经过网络公共领域以及相应的信息技术（如大数据技术），能够迅速和现代权力系统联系起来。

在这层意义上，网络公共领域成为国家治理不可缺少的信息交流环境。如果网络公共领域所传导的信息真实、丰富，能够反映社会生活的实际情况和问题，则为国家治理的相关决策提供了重要的参考信息。

第二，与成为社会问题的"预警系统"与"传感器"、发挥社会泄压阀作用相联系，网络公共领域具有论证现代权力系统的合法性的作用。

网络公共领域的开放性，使网民和现代权力系统能够便捷地联系起

---

[1] ［德］哈贝马斯：《在事实与规范之间：关于法律和民主法治国的商谈理论》修订本，童世骏译，生活·读书·新知三联书店 2011 年版，第 452 页。

来，形成"共同在场"的状态。一方面，网络公共领域形成网络舆论，督促现代权力系统参与公共讨论。某个权力通过文明的网络公共交往，依法解决具体问题，方能显示权力的合法性，并作为公共权威为网民所认同。另一方面，网民通过网络公共交往，以网络公共领域为中介，将现代权力系统和生活世界紧密连接起来，不断地将来自于生活世界的信息（包括感受、经验和知识），以合法的方式导入现代权力系统，以期维护自身权利、监督和约束各项权力。流水不腐，户枢不蠹。现代权力系统在不断地接收新信息，与网民们一起进行国家治理的过程中，需要不断地更新、发展自身。①

第三，网络公共领域在汇聚网民关注公共议题的同时，还具有汇集社会的善意和资源的作用。网民们在网络公共领域中关注公共议题时，为了维护具体个体的某项权利（即帮助他人），往往不但追求"言论系谱的公共性"，有时也直接连接社会中存在的善意和资源，开展公益活动或提供社会服务。网民这种追求"实践系谱的公共性"的行动，可能与现代权力系统相连接，也可能不相连接，但这种行动有助于动员社会的力量，公民们守望相助，从而形成普遍的社会支持系统。

第四，通过追求"言论系谱的公共性"和"实践系谱的公共性"，网络公共领域作为信息交流环境，构成了网络时代人类共同的意义世界的一部分。这一点尤其体现在网民们在各种类型的网络公共领域中，分享感受、经验和知识，共同创造网上的公共信息资源。②

（四）弱网络公共领域和强网络公共领域

根据构成网络公共领域的网络公共交往③的品质不同，本书尝试将网络公共领域区分为弱网络公共领域和强网络公共领域。

与弱网络公共交往一致，弱网络公共领域体现了网络空间的"社会泄压阀"作用，网民们在其中的公共讨论是零散的，并不深入，往往是情绪宣泄。正如我们在日常生活中许多网络新闻的回复区里所见到的那样。弱网络公共领域与网民们的私人生活世界紧密相连，是形成一部分网络舆论的网络

---

① 请参见第五章第二节，四"网络公共交往促进公开性"。
② 请参见第五章第三节，四"营造人类共同的意义世界"。
③ 关于弱网络公共交往和强网络公共交往的区分，请参见第一章第三节，三（二）"弱网络公共交往和强网络公共交往"。

公共空间。一方面，网民们往往在众多的日常网络浏览中，偶尔留意某个公共议题并简单发言。尽管如此，这些内容也构成了网络舆论的一部分。另一方面，网民们也可能是在网上的某个公共空间，提出一些思考，与他人讨论某个公共议题，却并不关心、也不进行比较深入的、形成建议或共识的公共讨论。这种网上的公共讨论体现了网民的公民意识，在一定程度上促进了网民的思考，但是对于网民作为公民的行动能力则影响有限。

与强网络公共交往一致，在强网络公共领域中，网民参与公共讨论则需要调动自身更多的理性思考能力和行动能力。追求"言论系谱的公共性"的强网络公共领域，与现代权力系统联系紧密，将网络舆论中的公共议题、意见和建议，与相关决策或立法的程序相连接。而追求"实践系谱的公共性"的强网络公共领域，则积极汇集社会中的善意和资源，开展公益行动或提供某种社会服务。

显然，强网络公共领域关心公共利益，旨在通过积极行动追求公共性。尤其追求"言论系谱的公共性"的强网络公共领域，针对公共议题展开积极讨论，以形成建议和共识，影响决策或立法，因此需要参与的网民们在公共交往中，更多地关心网络公共领域的规范性的要求，即探讨如何更好地进行网络公共交往以发挥网络公共领域的作用。

现代复杂社会中众多网络公共领域在具体表现形态方面，可能各有不同，但在规范性的意义上则具有重要的基本共同点。本书在借鉴前人的研究基础上，结合网络公共领域的作用，尝试归纳网络公共领域的一些规范性的要求，以期为改进现实生活中的网络公共领域与网络公共交往，提供一些参考：

1. 网络公共领域原则上对所有社会成员开放，社会成员具有合法权利对公共议题发言。

2. 关于公共议题的相关信息在网上应依法公开，传递公共信息的渠道应当畅通。

3. 参与网络公共领域的社会成员人人平等，有合法权利进行交往，不受压制地进行自由讨论。

4. 网络公共交往就公共议题展开讨论，借鉴交往行动的有效性要求[①]，

---

① 请参见第一章第三节，三（一）"网络公共交往的有效性要求"。

或形成公共意见，或寻求达成有利于实现公共利益的共识，提出建议或行动方案。

5. 寻求共识的程序应是合法建构的，由此得出的共识应得到参与者的共同遵守。

6. 在网络公共领域中汇集社会的善意和资源的行动应是合法的。

弱网络公共领域由于与网民们的私人生活世界联系紧密，体现"社会泄压阀"的作用，参与的网民更关心网络公共领域的规范性要求中的 1 和 3，即期望网络公共领域保持开放，参与的网民个体基于合法的权利，人人平等，能够不受压制地参与公共讨论。例如，网民在微博的留言区里平等地自由讨论，并不留意这样的公共讨论是否形成共识或建议。

然而，当某个弱网络公共领域向着强网络公共领域发展时，换言之，当某个弱网络公共领域里的网民们就某个公共议题积极讨论，追求达成共识或提出建议，朝着影响决策或促进立法的方向努力时，就需要考虑如何完善网络公共交往、如何形成强网络公共领域了。此时，网民们需要进一步探索网络公共领域的其他规范性要求（而不仅停留于规范性的要求中的 1 和 3），以完善网络公共交往，从而更好地发挥强网络公共领域的作用。

本书着眼于网络公共领域本身的交往品质，即根据参与的网民们在网络公共交往中体现的、追求公共性的努力程度和行动效果，综合判断网络公共领域的强弱。因此，本书所使用的"强网络公共领域"并非特指社会公共生活的某类具体领域。例如，"强网络公共领域"并不等于网络政治公共领域①，但包括组织良好的、积极建言的网络政治公共领域。

（五）我国网络公共领域存在的不足

网络公共领域依靠信息技术，能够提供更便捷的交流方式和丰富的信息，具有比传统的大众传媒造就的公共领域更优越的方面。但目前我国网络公共领域依然存在一些问题，归结起来，主要是个别公共权力和商业力量的影响，以及网络公共领域内部网民的网络公共交往本身存在的问题。②

第一，个别公共权力对网民批判场域的销蚀。

①　参见谈火生、吴志红《哈贝马斯的双轨制审议民主理论》，《中国政协理论研究》2008 年第 1 期。

②　请参见第一章第三节，三（三）"我国网络公共交往存在的不足及相关思考"。

马军指出，"政府做出了开放姿态应对网络呼声，这是我们政府职能转变的体现。……但有些地方依然存在不能及时回应网络舆论、不善于同网民平等对话等问题。……一些地方目前对于不当的网络政治参与行为主要采取'堵'的办法，而不是去疏导；从是否便于政府管理的角度出发，而不考虑网民网络政治参与的需求。对一些不法行为进行打击的同时，也对正常的网络表达制造了障碍。"①

许鑫认为，"……网络监管当然是必要的，问题是我国政府对网络的监管尚未脱离传统的注重信息封堵的思维模式，这就使得网络在信息公开和公共讨论的顺利开展方面面临诸多限制。"② 熊威提出，对互联网管制"一刀切"、将传统的硬性管理方法直接用于网络公共领域，并不适合网络本身的发展。③

总的来看，问题在于：个别公共权力对待网络舆论、进行网络监管的方式，还未能达到现代化治理的要求。日常生活中存在一些不合理的现象，例如，有的热点新闻评论区显示已有成千甚至上万条回复，但具体内容却被屏蔽。这类做法伤害了网民的知情权，削弱了网民参与公共讨论的积极性。

根据罗亮的分析，对于网络舆论的功能，普通网民和有的政府官员在观念上存在着不同，"前者更看重网络公共领域的参与、表达和监督的功能，而后者则更看重网络公共领域的宣传和教育功能"④。这种观念差异的存在和传统管理方式的惯性，使得有的政府官员对于网络公共领域的回应不足，应对网络舆论的方式生硬。

为了实现国家治理（包括网络善治），我国政府在网络公共领域中的角色实际上正在逐渐转变。邱雨、申建林等学者指出："在网络公共领域中，政府从公共领域的作用客体变为了公共领域的参与者；政府还通过在网络空间中开设、建立一些公共交往平台而成为网络公共领域的建构者；针对网络公共领域发展过程中存在的失范和乱象问题，政府也成为保障公共领域良性发展的治理者。……政府通过对网络公共领域的参与、建构和

① 马军：《中国网络公共领域构建初探》，《前沿》2015 年第 4 期。
② 许鑫：《网络时代的媒介公共性研究》，人民出版社 2015 年版，第 159 页。
③ 参见熊威《网络公共领域研究》，中国政法大学出版社 2016 年版，第 107—109 页。
④ 罗亮：《网络空间的民主生活实践：民主视野下的网络公共领域及其治理研究》，中国社会科学出版社 2017 年版，第 204 页。

治理,不仅从以往时代公共领域的批判对象变为公共领域的话语交往者,而且从以往时代倾向于压制公共领域发展的傲慢作风变为主动推动政民互动平台建立以及保障公共领域良性发展的服务作风。"①

随着政府在网络公共领域中的角色转变,参与网络公共领域的各方的观念也需要相应地转变——网络善治来自国家和社会良好的协同合作,网络公共领域的公共性应当通过参与各方的公共交往得以实现。为了建设服务型政府,保护网民的权利并促进网民积极参与国家治理,公共权力应当率先垂范,依法进行网络治理,自觉接受网络舆论的监督,以文明的网络治理方式,对待网络舆论。

实现网络善治,需要继续完善法治,需要网民们(包括现代权力系统内外的网民)普遍形成法治思维;但徒法不足以自行,网络善治还需要立足于法治的网络公共交往伦理,需要这类伦理在网络公共领域的交往实践中德润人心,推动网络公共领域文明有序地发展。

第二,商业化对公共议题的侵轧。

随着注意力经济的发展,企业对于网民注意力的争夺日渐激烈。② 在经济利益的推动下,娱乐信息在网络空间中大量出现,兼之商业信息的大数据推送,使得网民一旦上网,就容易置身于商业信息的海洋。

首先,信息过载可能带来网民分散精力的不良后果。相比传统媒体,网络空间提供了除商业信息之外丰富的信息。但海量的网络信息良莠不齐,需要网民花费精力加以甄别。更有甚者,"信息过剩一旦发生,信息就不再对生活质量有所帮助,反而开始制造生活压力和混乱,甚至无知。如果信息超出人类的承受能力,它就会破坏我们自我学习的能力,使作为消费者的我们更容易受到侵害,使作为共同体的我们更缺乏凝聚力"③。面对过量、杂乱的信息,网络中的公共讨论经常难以集中进行。

其次,在海量信息尤其娱乐信息面前,关心公共利益的公共议题容易被边缘化。哈贝马斯曾批判当代大众传媒塑造了公共领域的假象:"公共

---

① 邱雨、申建林:《参与、建构与治理:网络公共领域的政府之维》,《电子政务》2019 年第 2 期。

② 请参见第四章第二节,四(二)"合理运用注意力"。

③ 〔美〕戴维·申克:《信息烟尘:在信息爆炸中求生存》,黄锫坚等译,江西教育出版社 2001 年版,序言。

领域变成了发布私人生活故事的领域，不论是，所谓小人物的偶然的命运，或者，有计划地扶植起来的明星赢得了公共性；抑或是，与公共相关的发展和决策披上了私人的外衣，加以拟人化，直至无法辨认出来。社会心理学必然导致对人的多愁善感与对机制相应的玩世不恭，这自然就限制了对公共权力的主观批判能力，即便在客观上这种批判仍旧是可能的。"①

　　如今，网络公共领域面临类似的问题。譬如，当某位明星的奢华婚礼在网络媒体的显著位置被长篇累牍地报道，吸引众多网民的注意力时，网络公共领域的关注点恐怕偏离了更重要的内容。一些大众传播媒介在商业利益的驱动下，将私人事件伪装成公共议题，或者将公共议题娱乐化处理，以此吸引网民的注意力。"在商业化的影响下，操纵者会通过各种方法来操纵公共舆论空间。……由于市场规则的介入，网络空间无可避免地具有逐利性质，其公益性质会削弱，原来的大众传媒会变成消费领域，原来的批判领域会变成盈利市场，甚至企业会在盈利目标的导引下，做出关心公共利益的表演。同时，由于民众的消费习惯的引导，公共舆论会迎合受众的需求而伴生出娱乐化倾向。"②

　　在海量的信息尤其娱乐信息面前，关心公共利益的公共议题能否具有足够的竞争力，持续凝聚人们的注意力？一方面，网络空间作为信息交流环境对于网民的影响是显著的，如前文所说的信息过载、公共议题边缘化的情况。但另一方面，网络空间是一种互动式的信息交流环境，这说明网民依然有一定的主体性，能够选择自己的行动：是随波逐流，还是有所创造？并非网络公共空间的出现，就能担保网络公共领域的公共性；某个网络公共领域的公共性，依然需要网民们通过追求公共性的网络公共交往，才能实现。

　　由此，我们从关注网络公共领域存在的问题出发，最终将着眼于网络公共领域中最活跃的主体——网民，正是网民们的网络公共交往最终决定了网络公共领域的品质。

---

① ［德］哈贝马斯：《公共领域的结构转型》，曹卫东等译，学林出版社 1999 年版，第 197 页。
② 储成君：《当代中国网络公共领域的现实境遇与发展思路》，《安庆师范大学学报》（社会科学版）2017 年第 1 期。

三　网络公共交往

从网络出现伊始，对互联网就存在一个乐观的期待：网络空间将有利于人们的交往，成为实现民主的利器。与此同时，也有学者认为网络能够带来社会互动的新契机，不过网络交往的模式却趋向碎片化。①

日常生活中，"碎片化"的网络交往固然常见，但网络公共领域和网络公共交往发展至今，已经出现了强与弱的不同类型。是否能够改变"碎片化"、零散的网络交往，汇聚网民的力量促进社会的文明发展，有赖于网民们的努力，即在进行弱网络公共交往的同时，发展强网络公共交往。

王淑华指出："互联网的公共性包括以下四个基本要素：公共广场、公众、表达沟通和公共利益。"② 进而，本书认为，实现互联网的公共性离不开最基本的网民活动，即网络公共交往。网络空间里基于信息技术的、更加开放的数字化公共场所，只是网民们进行网络公共交往的起点，而网络公共交往的品质如何、网络公共交往所形成的网络公共领域的质量如何——不论是保持互联网的开放性、形成理性沟通的网络公众，还是追求公共利益的实践目的——均有赖于网民们着眼于公共利益，广泛地进行良好的网络公共交往。

网络公共交往是网民日常生活中常见的、基本的网络活动。本书着眼于网民个体，在规范性的意义上，认为网络公共交往是网民着眼于公共利益，通过个体间的交往，追求一定的公共性的网络活动。网络公共交往体现了网民关心公共利益的公民意识。在信息活动层面上，网络公共交往是网民通过数字化信息进行的自主的网络活动；在表现形式上，网络公共交

---

① James Slevin：《网际网路与社会》，王乐成等译，弘智文化事业有限公司 2002 年版，第 240 页。

② 王淑华认为："作为公共广场的互联网从某种程度上类似于古典公共性中所说的城邦社会的广场，它既强调领域的'广度'，还包括打破国界和空间限制的跨国公共广场，广场针对全世界开放，具有公开性和透明性，允许任何人参与，并允许参与者的价值多元；网络公众的实践是公开的，态度是公正的，言论是平等的，表达是自由的；网络公众之间的表达沟通采取的是一种沟通协商的交流方式，这不仅是一种互动沟通的交往过程，而且力图进行反思，以达成理性沟通之共识；网络公众实践的目的是实现公共利益，这种公共利益以公共议题为基础，以共同之善为理念，以网络社群的网络社会运动为表现，甚至能推广至线下的现实社会，最终促进现实社会公共利益的达成。"王淑华：《互联网的公共性》，社会科学文献出版社 2014 年版，第 73 页。

往是网民们公开进行的表达活动，体现公民的表达自由；在行动目的上，网络公共交往的实践着眼于公共利益，追求一定的公共性。

值得留意的是，就表现形式而言，作为网民个体的数字化信息活动，网络公共交往包含三种具体行动：一是个体的网络自处，即网民个体自己在网络空间中处理信息的活动。二是网民就公共议题，通过数字化信息与他人交流。三是网民通过数字化信息与他人合作、行动，追求一定的公共性。网民个体的网络自处，贯穿于网民通过数字化信息与他人交往的过程。① 从网民个体间就公共议题的信息交流，到合作、共同行动以追求一定的公共性，网络公共交往由弱转强。这种转变与网络公共交往的主体（网民）的德性实践息息相关。②

（一）网络公共交往的有效性要求

就内容而言，网络公共交往应当是一种交往行动，即网络公共交往应当满足一定的交往的有效性要求，才能够实现公共交往的公共性的目的。根据哈贝马斯的交往理论，当人们在公共生活中进行的交往满足"真实性""正确性""真诚性"③ 和"可被领会"④ 等四个有效性要求，人们的

---

① 弱网络公共交往包括前两项（个体的网络自处和与他人交流），而强网络公共交往则包括三项，不仅个体网络自处、和他人交流，而且进一步合作、行动以共同追求公共性。相对应于这些行动，弱网络公共交往和强网络公共交往所需的德性及能力是不一样的。请参见第一章第三节，三（二）"弱网络公共交往和强网络公共交往"，第四章第四节，六"三种网络公共交往德性的融合"。

② 请参见第四章第一节"网民德性的层次区分"。

③ 哈贝马斯认为："交往行为概念把语言设定为沟通过程的媒介，在沟通过程中，参与者通过与世界发生关联，并且彼此提出有效性要求，它们可能被接受，也可能被拒绝。这种行为模式设定，互动参与者可以把我们迄今为止所分析的行为者与世界之间三种关联中潜藏的合理性力量动员起来，以便实现相互共同追求的沟通目标。撇开符号表达的完整性不谈，一个追求沟通的行为者必须和他的表达一起提出三种有效性要求，即：——所作陈述是真实的（甚至于只是顺便提及的命题内涵的前提实际上也必须得到满足）；——与一个规范语境相关的言语行为是正确的（甚至于它应当满足的规范语境自身也必须具有合法性）；——言语者所表现出来的意向必须言出心声。也就是说，言语者要求其命题或实际前提具有真实性，合法行为及其规范语境具有正确性，主体经验的表达具有真诚性。……行为者本身在寻求共识，衡量真实性、正确性和真诚性，而且依据的是言语行为与行为者通过表达而与之建立联系的三个世界之间是否吻合（fit-misfit）来加以衡量。这样一种关系分别存在于表达与——客观世界（作为一切实体的总体性并使真实的表达成为可能）之间；——社会世界（作为一切正当人际关系总体性）之间；——以及主观世界（作为自由言语者才特许进入的经验的总体性）之间。"［德］尤尔根·哈贝马斯：《交往行为理论：第一卷，行为合理性与社会合理化》，曹卫东译，上海人民出版社 2004 年版，第 100 页。

④ ［德］尤尔根·哈贝马斯：《交往与社会进化》，张博树译，重庆出版社 1989 年版，第 3 页。

交往才会成为"交往行动"（communicative action）。换言之，在公共生活中，当一个人所表达的内容是真实的，符合社会规范，态度是真诚的，所表达的内容能被人理解，这样的公共交往才是有效的。

在全球性的、充满网络陌生人的网络空间里，面对同一个公共议题，网民可能遭遇来自不同社会文化背景的"道德异乡人"。这种情况下，为了促进沟通以寻找共识，还需要考虑建构共识所需要的基本伦理原则和伦理决策的机制。① 在网络公共交往中，除了"真诚性"（言出心声）是网民自己相对比较容易把握的，"真实性""正确性"和"可被领会"等交往的有效性要求，均需要网民在网上沟通中，通过努力才能够（趋近）实现。也就是说，网民所表达的内容是否真实反映了客观世界，所遵循的社会规范是否合理且能为网络"道德异乡人"所接受，所表达的内容是否能被网络陌生人理解——网民与网络陌生人的有效沟通和合作，是需要双方在网络交往中付出一定的努力才能实现的。

因此，关于网络公共交往，我们不但应思考网民个体在网上如何合理地公开表达（满足交往的有效性要求），还需要扩展开来，进一步探讨：各种公开的网络群体讨论如何设置、如何进行，才能促进合理表达和行动，从而实现一定的公共性。也就是说，我们需要进一步探讨：如何进行个体有德性的网络公共交往实践，如何创造良好的网络群体协商讨论的环境和机制，从而实现网络公共交往的目的。

（二）弱网络公共交往和强网络公共交往

从内容上看，根据网络公共交往满足交往行动的有效性要求以及实现公共性的程度不同，本书将网络公共交往区分为弱网络公共交往和强网络公共交往。

弱网络公共交往和强网络公共交往，犹如网络公共交往"光谱"的两端。从网民简单的回复到提供新信息的严谨发言，从随意的发言到组织良好的讨论，从网络围观到积极行动，弱网络公共交往和强网络公共交往所需要的网民的思考能力和行动能力、所体现的公共交往德性是不一样的。

在形式方面，网民进行弱网络公共交往，表现为在各种网络公共领域中，就公共议题表达主观感受或进行简单的讨论。这是日常生活中最常见

---

① 请参见第三章第三节，三"允许原则"，第三章第三节，五"信息权利的伦理原则的应用"。

的网络公共交往。例如我们在网络新闻之下的回复区里，经常可以看到许多简单的回复，甚至许多回复简化成点"赞"的行为。弱网络公共交往中常见网民宣泄情绪，虽不乏机智的言论，但只是简单的讨论。对于具体的公共议题，弱网络公共交往限于表达主观感受和简单讨论，并不进一步付诸行动，没有尝试比较深入的讨论以形成某种共识，也不尝试以积极的行动解决问题。譬如，某些热点社会事件新闻之下的各种网民回复，即使当时网上回复区里群情激愤，但过了一周甚至更短的时间之后，似乎水过无痕、归于平静。

在内容方面，弱网络公共交往主要表达网民个体的主观感受，以此回应某个公共议题。虽然对于个体主观感受的表达本身，也能够在一定程度上满足交往的四个有效性要求（"真实性""正确性""真诚性"和"可被领会"）。但弱网络公共交往在"公共"（追求公共性）和"交往"（对话交流）两个方面均存在明显不足。

在追求"言论系谱的公共性"方面，对于具体的公共议题，弱网络公共交往在表达个体的主观感受之后，并不期望进行比较深入的对话交流，更不尝试在公共讨论中形成某种解决问题的共识。弱网络公共交往停留在"座谈感受"的阶段，缺少"起而行"即追求公共性的积极行动。网民在弱网络公共交往中仅是初步公开地运用思考能力和行动能力，体现了一定的公民意识[①]，但缺乏追求公共性的积极性。因此，弱网络公共交往不足以培养和发挥网民作为公民的行动能力。弱网络公共交往仅具有最少的"言论系谱的公共性"，而"实践系谱的公共性"则是弱网络公共交往所欠缺的。

弱网络公共交往主要发挥了两种作用：一是网络空间的"社会泄压阀"作用，尽管缺乏进一步的行动，但毕竟在一定的时间段里，形成了一定的网络舆论。二是网民的弱网络公共交往分享了主观感受，形成了社会大数据里的部分数据资源，在这层意义上创造了一部分网上的公共信息资源。

与强网络公共交往相比，弱网络公共交往是更容易实现的，所追求和实现的公共性有限。对于网民个体来说，通过弱网络公共交往疏解情绪和

---

① 请参见第二章第五节，一（一）"公民意识：权利意识和公共精神的适度平衡"。

压力，是常见的方式。但是，倘若网络空间仅有弱网络公共交往，则只是网民们网上发言宣泄，并非网民们以积极的行动真正地参与国家治理（包含社会治理），从而无法以适当的方式有序地推进公共议题，从而改进社会的某个方面。

不论从网民的公民意识和能力成长的角度，还是从国家治理的角度，网民进行一定的强网络公共交往都是有必要的。网民进行强网络公共交往，即针对某个公共议题，积极公开地进行理性思考或开展理性的行动。具体来说，强网络公共交往包括：网民或者参与网上公开的讨论，提出理性的思考（意见或建议）；或者在某个网络群体中，通过适当的议事规则，形成某种共识，甚至进一步积极对接相关的权力系统，积极推动决策或立法；或者开展相关的公益活动、提供相关的公共服务等。例如，对于某些热点社会事件，不仅有网民热议，还有网民积极跟进，形成网络舆论的同时积极行动，甚至改变了相应的政策或法律。强网络公共交往由于包含了积极的行动，通常自然地与网下的公共领域联结起来。

从作用来看，一是，有的强网络公共交往旨在分享感受、经验和知识，创造一定的网上公共信息资源。例如，网民们作为阅读兴趣小组成员公开分享自己的心得。二是，有的强网络公共交往不停留于社会泄压阀的作用，积极参与现代权力系统的合法性论证。不但发挥对于现代权力系统的网络舆论监督作用，更着眼于公共利益，针对公共议题，积极讨论，提出改进的意见和建议，积极影响决策或立法。例如，网民积极参与某级人大在网上的立法征集意见活动。三是，有的强网络公共交往依法汇集社会的善意和资源，开展公益行动、提供一定的社会服务。这种强网络公共交往侧重于积极行动，往往和网下的公共交往紧密联系。例如，网民热心捐助某个网络新闻提及的急需冬衣的人们。①

由此，本书结合前人的研究和对于网络公共交往的现象观察，提出：网络公共交往所追求的公共性，至少包括言论系谱的公共性和实践系谱的公共性；网民通过网络公共交往追求公共性体现为关心公共利益，通过适当的行动维护或行使公民的权利，促进现代权力系统的文明运作和社会的

---

① 关于网络公共交往的实践的典型（"信息积累型"、"协商共识型"和"公益行动型"网络公共交往/领域），请参见第五章第二节，五"网络公共交往促进形成改善社会的合力"。

文明发展。

在日常生活中，弱网络公共交往与强网络公共交往常常不是截然分开的。弱网络公共交往因其比较容易实现，在生活里最为常见。经过网民的适当努力，弱网络公共交往可能转变为强网络公共交往。强网络公共交往是一个培养网民的公民意识、提高相应能力的积极行动过程，需要网民投入一定的精力，积极公开地运用理性思考和行动，涵养公共交往的德性。在公开运用理性这层意义上，强网络公共交往可被视为网络时代的启蒙。

首先是探索网民自我的启蒙。固然，每个人的精力和时间有限，网民在日常网络生活中往往不可能全都进行强网络公共交往。但对于网民个体而言，值得结合自己的兴趣与能力，在某个方面自觉地开展强网络公共交往。这样做意味着网民践行公民的义务，而网民也能够在作为公民的行动中，发展自身的能力。

其次是探索群体的启蒙。当网民们在网上聚集起来进行公共协商讨论，就面临着在网络群体中探索如何公开地运用理性的问题——网民们如何适当地组织协商讨论，如何拓展公共信息资源，如何形成共识、开展行动，等等。在这层意义上，实践强网络公共交往的过程，网民们不仅在进行自我的启蒙，而且探索群体的启蒙。对于社会而言，网民们的网络公共交往尤其强网络公共交往，将社会存在的种种问题和理性的建议、善意和资源汇集起来，在形成网络舆论的同时，与现代权力系统不断地沟通交流，成为促进现代权力系统文明运作和社会文明发展的重要动力。

当网民在日常生活的网络公共交往中，以实际行动探索弱网络公共交往向强网络公共交往的转化，这意味着网民个体自觉地涵养自身的公共交往的德性和相应的能力，寻找网络空间中合理的生活方式。业已出现的一些强网络公共交往，以其蓬勃的生命力和创造力，推动我们透过眼下的日常网络生活，思考网络空间这一人类有史以来最大规模的数字化信息交流环境，尝试探索网络公共交往中可能蕴含的、某些"日用而不知"的"道"。

（三）我国网络公共交往存在的不足及相关思考

在研究我国网络公共领域时，学者们普遍认为：网络公共讨论中存在着对于公共利益的关注不够、理性精神不足的问题。

熊威指出："网络传媒匿名性、去中心、去权威等特征，使得公众在活动平等的信息交流平台的同时也消解了公众抱有的理性批判的精神。……我们可以在网络公共论坛上发现……一些网民偏激的态度、极端的观点、浓厚的个人情感色彩、犀利的言辞和歇斯底里的情绪，使网络公共领域成了网民个人宣泄不满情绪的地方。"[1]

罗亮认为，现实生活中，"网络公共领域是一个始终在感性与理性、狂热与温和、极端与适度之间摇摆的矛盾的舆论对话平台，进而影响了网络公共领域对公共性的建构及其民主功能的发挥"[2]。"非理性网络表达"的典型表现包括："情绪化表达：网络暴民""虚假性表达：网络谣言""娱乐化表达：网络恶搞""无意义表达：言论泡沫"，等等。[3]许鑫则认为，部分网民的非理性情绪使得网络公共讨论的质量不容乐观。"网民的参与意识和公众素养有限，新技术并不能保证网民自动转化为'公众'。"[4]

本书强调，网民的公民意识有待于在实践中提高；良好的网络公共领域有赖于网民们良好的网络公共交往，而良好的网络公共交往本身需要经过网民们努力探索和实践网络公共交往伦理、涵养相关的德性，才能实现。

首先，网络空间有助于提升公民意识，但面对网络空间这一人类有史以来最大的数字化信息交流环境，网民需要继续学习和探索如何发挥它的作用。

根据《第47次中国互联网络发展状况统计报告》，"截至2020年12月，我国网络新闻用户规模达7.43亿，较2020年3月增长1203万，占网民整体的75.1%；手机网络新闻用户规模达7.41亿，较2020年3月增长1466万，占手机网民的75.2%。"[5] 网民们对于新闻的关注，意味着对于公共舆论的一定程度的关心，可以视为朝着弱网络公共交往迈进了一步。

网络公共领域是众多参与者共同创造的，公共利益的关注不够、理性精神不足的问题，也是众多参与者共同导致的。如果进行网络活动的众多

---

[1] 熊威：《网络公共领域研究》，中国政法大学出版社2016年版，第104页。
[2] 罗亮：《网络空间的民主生活实践：民主视野下的网络公共领域及其治理研究》，中国社会科学出版社2017年版，第184页。
[3] 参见罗亮《网络空间的民主生活实践：民主视野下的网络公共领域及其治理研究》，中国社会科学出版社2017年版，第186—193页。
[4] 许鑫：《网络时代的媒介公共性研究》，人民出版社2015年版，第160页。
[5] 中国互联网络信息中心：《第47次中国互联网络发展状况统计报告》，[2021－07－17].http://cnnic.cn/hlwfzyj/hlwxzbg/hlwtjbg/202102/P020210203334633480104.pdf.

网民，只是以消费者心态，将网络公共领域视为话语狂欢的地方，而非以公民意识关注公共议题和公共利益、致力于形成良好的网络公共交往，那么，网络公共交往/领域的品质就不可能真正有所提高。

如果网民的弱网络公共交往不断向着私人交往或娱乐靠拢，而关心公共议题、追求公共性的强网络公共交往/领域没能发展起来，就会出现网络舆论随新闻热点此起彼伏，而大量网上公共讨论最终却不了了之的情况。然而，蕴含于网上公共讨论中的鲜活观点与建议，继之以连接相关各方的积极对话，这些都是制定决策和立法、促进国家治理和社会文明发展亟须的。倘若仅仅停留在弱网络公共交往，网民们的公民意识、公民德性及相应能力的发展恐怕很有限。由此，在网络时代追求国家治理和社会文明，网民们良好的网络公共交往及其造就的网络公共领域不可或缺。

其次，随着法治的发展，非理性的网络表达当中的极端表现会受到法律的相应处罚。于是我们需要进一步思考：如何倡导立足于法治的网络公共交往伦理，如何培育网民的网络公共交往的德性，从而促进弱网络公共交往向强网络公共交往发展。

一方面，需要培育适当的环境，为弱网络公共交往向强网络公共交往发展，提供系统的支持。网络环境方面，需要有助于保障网民信息权利的技术和制度；网下环境方面，则需要有助于公民成为网民的经济条件和保障公民权利的法治。

另一方面，需要网民自我的启蒙，即自觉地探寻和践行立足法治的网络公共交往伦理，涵养网络公共交往德性，在实践中，才可能实现弱网络公共交往向强网络公共交往的转化。这种转化具体从何着手，网络公共交往可能有什么样的境界？探讨网络公共交往伦理，也是一种自我启蒙，旨在寻找有德性的网络生活方式。通过这样的伦理探索，我们可能发现网络空间和网络公共交往之于个人和社会发展乃至人类文明的一些重要意义。

第四节　研究的意义、基本思路和研究方法

网络公共交往伦理既是网民建构良好网络公共领域的实践依据，也是实现网络善治所需要的理论基础。由此，网络公共交往伦理研究既是对我国当前社会需要的回应，亦是我国网络伦理研究的一项重要的基础课题。

但以往网络公共交往伦理研究却较为零散与薄弱。

本书在既有研究的基础上，围绕着网络公共交往的实践主体、外在的权利依托、内在的德性要求、实践目的以及实现途径，对网络公共交往伦理进行比较系统、深入的研究，以期为网络公共交往实践、网络善治提供一定的理论依据，为丰富我国的网络伦理研究、促进我国网络伦理研究往纵深细化方向发展抛砖引玉。

本书着眼于网民的网络活动，集中探讨网络公共交往伦理。基本思路包括：第一，分析网络公共交往的实践主体——"网民"的公民身份内涵。第二，阐释网络公共交往所需的外在权利依托，初步探讨网民信息权利的基本内容和价值基础、伦理原则及其在相关伦理决策中的应用方法。第三，针对网络公共交往的内在德性要求，初步区分网民德性层次并诠释重要的网民德性。第四，分析网民进行网络公共交往的实践目的。第五，结合探究网络公共交往的局限，探索网络公共交往的实现途径。

本研究的研究方法包括：第一，文献综述法：收集和分析国内外多个学科的相关研究资料，对散见其中的现有网络公共交往伦理研究进行梳理和总结。主要从既有的网络伦理、网络政治学、公民伦理、网络心理学、网络传播学等相关研究中汲取理论营养，以充实网络公共交往伦理研究。第二，比较研究法：在分析和比较既有相关研究的基础上，结合网络空间和网络交往的特点，比较系统地进一步阐释网络公共交往伦理。

第二章　网络公共交往的实践主体

网民（网络空间中的公民，netizen，cyber citizen，cybercitizen）如今已是日常用语。[①] 广义的网民系指使用互联网的个人，区别于其他使用互联网的主体，如政府、企业以及其他组织。这是网民的基本含义。日常生活中，人们通常使用的是网民的基本含义，而这一基本含义将"网民"概念视同"网友"概念。

网络空间的出现，方便来自全球各地的人们在网上浏览信息、交流互动，这种类似"有朋自远方来"的交流特点，使得"网友"一词在日常生活中被广泛使用。日常生活中，"朋友"一词蕴含着人与人之间平等的关系。对于互联网这一充满陌生人的虚拟空间，网友概念着眼于人和人之间的交往关系，侧重于网民是否参与网络交往，以及网民们之间应是平等的关系，体现了对他人起码的善意。就此而言，网友概念具有宽泛的伦理含义，日常使用也具有随意性。但这种日常使用的概念没能明确地道出：在现代社会里，正如法律和道德是社会秩序的基石，公民身份[②]是网民概念的基石，是网民们进行全球的网络活动所需的必要条件。因此，有必要对网民概念和网友概念加以区分。

---

① 对于网民概念，有一种曾经常见、但如今很少被使用的狭义理解。狭义的理解着眼于上网者的使用时间：如果一个人生活、工作的大部分时间几乎都在网络上进行，这样的人被称为网民。然而，由于目前网络日渐普及，网络已经延伸到社会生活的方方面面，这种理解逐渐被淡忘。彭兰认为，现在值得关注的问题是：网络舆论被当作社会民意，网民被误当作社会的全体公众。这些变化反映了使用网络的人数日益增多，网络空间对于现实社会的影响日益扩大。参见李伦《鼠标下的德性》，江西人民出版社2002年版，第69页；彭兰《中国网络媒体的第一个十年》，清华大学出版社2005年版，第308页。

② 公民身份，英文为"citizenship"，也译为"公民地位"。公民（citizen）即具有这种身份或地位的人。参见林火旺《正义与公民》，吉林出版集团有限责任公司2008年版，第141页。

　　网友概念并不强调国籍归属及公民权利和公民义务，而实际生活中，网民往往生活在具体的国家里，网民作为进行网络空间活动的公民，通常有着特定国籍归属及公民权利和公民义务。由此网民概念兼具政治、法律和伦理的内涵。在法治社会处理各种社会关系时，法律具有优先适用性。在这个意义上，网民概念比网友概念更为基础，它将网友概念所包含的个体，落实成为具体的国家公民。

　　随着网络活动愈发丰富多彩，不同个体、不同利益之间的矛盾也随之出现。为了协调利益和处理纷争、保护网民的各种权利，追求法治的网络空间成为必要。由此，对于网民概念需要超越日常使用中的理解，即超越网友概念，转而探究"公民身份"这一网民概念的核心要素，分析蕴含于网民的公民身份中的权利和义务，以便为建设活泼健康的网络公共领域和网络空间的法治秩序提供一定的理论依据。[①]

　　正如网络是舶来品，网民这个概念也包含了西方公民概念的思想脉络。参考西方公民概念的思想传统，本章将分析网络公共交往的实践主体——网民概念的内涵。西方公民概念的思想传统主要包括了单一公民和多元公民两大类：前者包括公民共和主义的公民和自由主义公民，后者主要是世界公民概念。这一思想传统是网民概念的重要理论基础。[②]

　　下面将尝试阐释网民概念兼具国家公民和世界公民的双重身份，分析网民相应的基本权利和基本义务；在此基础上，结合我国道家与儒家的部分伦理思想，初步提出网民概念的一种理想类型，即"全球本土化网民"。

第一节　研究网民公民身份的两种思路

　　对于网民的公民身份，目前学术界主要有两种研究思路：

　　第一，将网民视为特定国家的公民，强调使用互联网的个人具有某个国家法律规定的权利和义务。例如，中国互联网络信息中心将网民定义为：

---

　　① 童谨：《试论网民的国家公民身份》，《阿坝师范学院学报》2019 年第 3 期。
　　② 对于西方公民概念的思想传统，笔者曾作了初步的探讨。这也是本书的前期研究基础。在前期研究基础上，进一步探讨网民的国家公民身份和世界公民身份的内涵。参见童谨《个人网络活动的伦理反思》，博士学位论文，北京师范大学，2010 年。

"过去半年使用过互联网的 6 周岁及以上中国公民。"① 这个定义提示人们：网民作为特定国家的公民，具有该国法律规定的权利和义务。

现代国家的公共生活的主体是公民，而在论及网络舆论、网络公共领域等网上公共生活时，现实社会生活中的公民概念便和网民概念衔接起来。作为通过数字化信息在网上活动的国家公民，网民堪称"数字化公民"（数字公民）。网民活动所依托的信息权利，通常是网下国家公民权利在网络空间的延伸；网民的网络活动应当守法等，同样是网下国家公民义务在网络空间的延伸。

第二，认为网民是"数字化世界公民"，强调网民的网络活动能够跨越国界而具有全球性。卡普罗着眼网络空间的全球性以及网民的自主性，认为网民是使用数字化信息进行网上活动的数字化世界公民（digital cosmopolitan），其活动领域和活动影响不限于网民现实身处的国家。② 然而，对于网民的数字化世界公民身份，许英质疑作为世界公民的网民可能是所属国家的消极公民。③

综合这两种研究思路，我们可初步总结：其一，鉴于国家的存在，网民作为通过数字化信息在网络空间活动的公民，依然具有特定国家的公民身份。这一点比较明显。其二，鉴于网络空间的全球性，网民的网络活动具有跨越国界的能力，这使得网民成为一定意义上的"世界公民"。但这一点依然不够明确：仅仅依靠个人的网络活动能力，就能带来"数字化世界公民"这一公民身份吗？下面将进一步分析网民这两种公民身份的内涵。

第二节　网民概念中的双重公民身份

我们将上文的初步结论，与日常使用的"网友"一词进一步对照，可以发现：

一方面，在现代社会里，同一国家的"网友"之间首先是同国公民之

---

① 中国互联网络信息中心：《第 23 次中国互联网络发展状况调查统计报告》，［2020 - 08 - 09］．http：//www.cnnic.cn/hlwfzyj/hlwxzbg/hlwtjbg/201206/t20120612_ 26714.htm。

② Rafael Capurro, "Ethical Challenges of the Information Society in the 21st Century", *International Information & Library Review*, 2000, 32 (3): 257 - 276.

③ 许英：《互联网·公共领域与生活政治——刍议数位民主》，《人文杂志》2002 年第 3 期。

间的关系。如果不是国家法律奠定基础、实现一定的法治秩序，则网友们的权利（即便是网上发帖的基本权利）难以得到普遍的、有力的保障。

首先，在追求法治的现代国家里，法律作为维护和调节社会生活的基本规则，先于其他人伦关系，赋予每个网友以平等的公民身份。其次，当出现造成一定伤害的网络侵权事件时，网友们依然需要诉诸现实有效的法律加以解决。离开切实有效的法律保障，网络空间容易陷入人人自危的"战争状态"。现代国家在一定程度上保障网友们的权利实现，这既是现代国家理论上的应然，也是现代社会生活中的实然。

另一方面，一国之内的网络空间固然需要法治秩序，全球性的网络空间同样需要一定的法治秩序。因为来自世界各地的网友们其合理利益（以及相关的权利），同样需要来自法律的保障。一定程度上的全球法治秩序，是网友们在全球网络空间中顺利活动的前提。虽然目前非常有效的全球网络法治秩序还没有成为现实，但随着网络空间的不断扩展，人类各种国际交往日益频繁，跨越国界的多种合作、网友们的合理利益维护至少需要一种"弱意义的全球网上法治秩序"。

这种弱意义的全球网上法治秩序系指在没有"世界国家"和"世界政府"的情况下，以国家之间共同认可的法律规范和道德所维系的网上秩序。在此，弱意义是相对而言的——如果有"世界国家"和"世界政府"，或者存在着地球人共同认可、以"世界国家"强制力保障执行的法律，由此造就的网上法治秩序可被视为"强意义"的。但目前显然不存在这种"强意义的全球网上法治秩序"。

目前全球的网上日常生活，在一般情况下，建立在弱意义的全球网上法治秩序之上。但这一点往往难以被察觉。只有在出现跨国界的网络侵权时，譬如发生黑客跨国窃取巨额财富等具有影响力的事件时，网上日常生活对于"弱意义的全球网上法治秩序"的迫切需要，此时方才凸显出来。

由此看来，来自世界各地的网友之间，应当具有一种比其他人伦关系更加基本的关系：弱意义的全球网上法治秩序中的平等主体（本书称之为"弱意义的世界公民"）之间的关系。这种弱意义的世界公民之间，并不拥有同一个国家和政府，但他们应当享有弱意义的全球网上法治秩序所赋予的基本权利，并且具有维护弱意义的全球网上法治秩序的基本义务。

这种弱意义的全球网上法治秩序，一方面来自于目前国与国之间或多或少的法律合作，另一方面来自世界各地的网友彼此之间对人权的尊重。显然，目前这是一种比较脆弱的法治秩序。但网络空间迄今还能够全球运作，而不是分崩离析，说明这种弱意义的全球网上法治秩序依然存在。

因此，仔细看来，在"网民"一词日常使用的基本含义当中，实则隐藏着国家公民身份和弱意义的世界公民身份，以及和公民身份相关的权利和义务等深层内涵。对网民概念而言，特定国家公民身份比较明确，弱意义的世界公民身份则比较隐晦，并非能够直接观察到，而是通过理论分析才得以显现。

第三节　网民的国家公民身份

在网络时代，通过网络获取信息的能力，已成为现代社会成员自身发展必需的技能。"按亚当·斯密的分析，在一个社会中什么算是'必需品'决定于什么是提供某种最低限度的自由所需要的，例如不带羞耻地出现在公众面前，或参与社群生活的能力。"① 随着网络的迅猛发展，那些相关权利得不到保障、没有能力成为"网民"的公民，会因为被排除在网络空间这一人类有史以来最大的信息交流环境之外，其社会生活和个人发展将受到严重的影响。②

显然有的公民并不上网，但有无上网的意愿是一回事，有无权利和相应的能力上网则是另外一回事。在网络日渐普及的情况下，对于现代公民来说，具有上网的权利和相应的能力更为根本。由此，在信息时代，国家公民的权利有必要延伸到网络空间当中，并拓展其内涵。与此同时，网络空间作为人类目前最大的信息交流环境以及日渐活跃的人类社会活动空间，国家公民的义务同样有必要延伸到网络空间当中，并具体拓展其内涵。

---

① ［印度］阿马蒂亚·森：《以自由看待发展》，任赜、于真译，中国人民大学出版社2013年版，第61—62页。

② 例如，2012年我国春运开始实行网上购买火车票。农民工黄庆红致信铁道部，反映自己四次到火车站排队买票未果。火车站工作人员告诉他，用网络或电话购票比排队快。但对当时不少民工而言，网络购票"对我们来说太复杂，太不切合实际了。其实这是非常不公平的，我们连买票的资格都没了"。葛熔金：《温州农民工致信铁道部：网络购票对我们不公平》，［2020－08－09］．http：//finance.sina.com.cn/consume/20120105/074611130304.shtml.

　　但"国家公民"（或称为"一国公民"）并不完全等同于"网民"概念，不然，恐怕不会产生"网民"这个通行的词了。就概念的外延而言，并不是某一国的所有公民都使用网络，日常地使用网络的网民只是一国公民中的一部分。就概念的内涵而言，相比网下的现实社会生活，网络空间具有全球性，网民一旦在其间活动，实则进入了全球的网上社会活动空间；网民的活动容易跨越国界，有时甚至造成跨越国界的重大影响。如果我们期望"全球的网上社会活动空间"是一个具有基本法治秩序的地方，那么，理论上，网民至少应当具有相应的基本权利和义务，并且这些基本权利和义务在一定程度上超出了国界。换句话说，眼下，国家公民身份固然是网民概念的重要内容，但网民概念依然具有一些超出了"国家公民"范围的内容。

一　初论作为国家公民的网民的权利

　　目前对于网民的相关研究，多在特定国家的视野下进行，以特定国家公民这种"单一公民身份"的思路展开讨论。莫斯伯格等美国学者认为"数字化公民身份"（digital citizenship）包含网上参与社会的能力，因为互联网对于美国公民的经济机会和政治参与不可或缺，美国公民应具有使用互联网的能力，而数字化公民身份则体现了平等使用互联网的权利。① 我国学者段伟文提出，网络信息权利是联结网上网下生活的伦理纽带，并将网络信息权利细分为：网络信息访问和发布权、知识产权、隐私权、信息安全权和保持文化多样性的权利。②

　　本书认为，网络空间的复杂性和网民的国家公民身份共同决定了网民权利的丰富性。参照国家公民身份的要素构成，并结合互联网的逻辑延展性③

---

　　① Karen Mossberger, Caroline J. Tolbert, Ramona S. McNeal, *Digital Citizenship*: *The Internet*, *Society*, *And Participation*, Cambridge, Mass.：MIT Press, 2008, 4.

　　② 参见段伟文《网络空间的伦理反思》，江苏人民出版社 2002 年版，第 120—132 页。

　　③ 海量的计算机互联造就了网络空间，网络空间的逻辑延展性源于计算机的逻辑延展性。摩尔首先提出了计算机具有逻辑延展性（logical malleability），即计算机可以用来操纵"任何以输入、输出和相关逻辑操作为特征的事情"。在语法上，人们可以用程序命令计算机做；在语义上，人们可以用计算机的状态表示想做的事。因此，"与其他机器不同，计算机是可以实现普遍目的的机器"，而计算机互联所创造的网络空间则日渐渗透到现代社会生活的方方面面。[美]詹姆士·摩尔：《计算机伦理学中的理性、相对性和责任》，载[美]特雷尔·拜纳姆、[英]西蒙·罗杰森主编：《计算机伦理与专业责任》，李伦、金红、曾建平、李军译，北京大学出版社 2010 年版，第 21 页。

考虑，网民权利不限于上述网络信息权利，而是国家公民身份诸要素在网上的具体延伸。

马歇尔提出了富有影响的公民身份要素理论，认为一个国家的现代自由主义公民身份包括三要素：公民的要素（civil element）、政治的要素（political element）和社会的要素（social element）。① 从现代的角度来看，这些要素涉及宪法赋予公民的多种基本权利。"公民的要素"主要涉及政治权利中的表达权利、人身权利、财产权利、宗教信仰权利等。"政治的要素"主要涉及政治权利中的选举权利、民主管理权利等。"社会的要素"则涉及社会经济权利和文化权利等，马歇尔实则将文化权利纳入了"社会的要素"中。

之后，有的学者明确提出由社会权利延伸而来的文化权利（cultural rights），实则为公民身份补充了"文化的要素"。譬如，祖德·布卢姆菲尔德等学者提出："按照他（马歇尔——笔者注）的逻辑，我们可以把现代状况下的文化权利解释为获得读写能力、批判能力和公共文化商品的平等权利，这样人们就能够有平等的机会，参与到文化生活以及经济和政治生活中来。"②

以上这些对于公民身份要素的总结，比较全面地表达了现代国家里内容丰富的公民权利追求。当网络空间以其逻辑延展性，日渐成为社会生活中最重要的信息交流环境，融入社会生活的方方面面时，公民身份诸要素也随着网民的活动延伸到网上，并进一步具体化：

——作为现代网下生活中个人自由的延伸，网上访问权、发布权、隐私权、安全权、拥有虚拟财产和订立相关契约及司法权利等，这些是网上个人自由所必需的权利，属于公民身份中的"公民的要素"。

---

① 马歇尔认为："公民的要素（civil element）由个人自由所必需的权利组成：包括人身自由，言论、思想和信仰自由，拥有财产和订立有效契约的权利以及司法权利（right to justice）。最后这项权利不同于其他类型的权利，因为它通过一定的法律程序，并以人人平等的方式确定和保护所有人的权利。这就表明，与公民权利最直接相关的机构是法院。政治的要素（political element），我指的是公民作为政治权力实体的成员或这个实体的选举者，参与行使政治权力的权利。与其相对应的机构是国会和地方议会。社会的要素（social element），我指的是从某种程度的经济福利与安全到充分享有社会遗产并依据社会通行标准享受文明生活的权利等一系列权利。与这一要素紧密相连的机构是教育体制和社会公共服务体系。"［英］T. H. 马歇尔：《公民身份与社会阶级》，载郭忠华、刘训练编著《公民身份与社会阶级》，江苏人民出版社 2008 年版，第 10—11 页。

② ［英］祖德·布卢姆菲尔德、［英］弗朗哥·比安契尼：《文化公民身份与西欧的城市治理》，载［英］尼克·史蒂文森编著《文化与公民身份》，陈志杰译，吉林出版集团有限责任公司 2007 年版，第 144—146 页。

——网民以网上发言、投票等多种方式参与网上政治讨论的权利，属于公民身份中的"政治的要素"。

——网民使用网络的权利、通过网络分享社会文明成果的权利等，则属于公民身份中的"社会的要素"。

——网民在网上进行文化创作、网上参与文化讨论、传播文化、保持网上文化多样性等权利，则属于公民身份中的"文化的要素"。

在网络时代里，国家公民身份原先包含的各种权利逐渐在网络空间中衍生出多种具体权利。网上衍生的这些具体权利，是网下社会生活中的道德和法律对来自网络空间新需要的回应。随着网络的发展，这种回应将会不断地进行下去，网民作为国家公民其权利也将更加丰富。例如，在网络空间中，公民的表达权利衍生出网络信息的获取权和发布权等，人身权利衍生出网络身份的安全权等。尤为典型的是，"财产"概念在网络空间中衍生出网络虚拟财产，而网民的网络虚拟财产权已在 2017 年受到我国民法总则的明确规定和保护。①

使用网络的人越来越多，协调利益、定纷止争等社会需要，推动着网络空间法治发展的进程。网民的国家公民身份的权利内容，将会不断明晰和细化，并通过新的法律条文确定下来。就此来看，由于国家公民身份的权利保护作用，网民与具体国家的共生关系越发密切。②

二 初论作为国家公民的网民的基本义务

对应于权利的延伸，国家公民的义务也延伸到了网上。与网下社会生活一致，网络空间同样需要基本网络秩序，网民才能实现一般的网络活动，因此，一国网民的义务包括在网络活动中守法、遵守维系社会基本秩序的社会公德等。

网络活动是通过数字化信息进行的信息活动，亿万人通过数字化信息进行表达与交往，共同构成了网络空间这个庞大的信息交流环境。网络空间里公开的地方具有明确的全球性：在这样的场所公开地发言，不论当事

---

① 全国人大信息中心：《中华人民共和国民法总则》，［2020 – 08 – 09］. http：//www. npc. gov. cn/npc/xinwen/2017 – 03/15/content_ 2018907. htm.

② 章谭：《试论网民的国家公民身份》，《阿坝师范学院学报》2019 年第 3 期。

人是否意识到，发言一旦发出，就直接面向全世界，默许网民以网上或网下的方式加以讨论（至于有没有人真的发出回应则是另外一回事）。所有网民在网络空间中的公开表达，直接影响这一信息交流环境的质量，并可能对其他网民甚至不上网的公民产生或大或小的影响。由此，现实生活中公共讨论的基本道德和相关法律首先延伸到了网上，成为维持网络空间基本秩序所需要的社会公德和相关法律。这些基本的道德和法律要求，在网民身上体现为网民的基本义务。

结合网络空间的特点，本书认为：

第一，遵守无害原则是网民的基本义务。并不是所有的观点及其信息都可以在网上公开表达，例如公认会对儿童造成伤害的色情信息就不应在网上公开表达。无害原则意指一个人应当尽可能避免给他人造成不必要的伤害，这是社会避免战争状态、长期存在所需要的基本道德规范，也是网民在网上公开表达时应当遵循的基本原则。该原则保护人们合理的基本利益，尤其是人身的安全。[1]

第二，在无害原则的基础上，持基本宽容且理性的态度也是网民的基本义务。[2] 这种态度表现在：网民应宽容地对待满足无害原则的意见，不恃强凌弱，允许不同的观点存在，以避免网络言论中的"网络暴民"或"多数人的暴政"等现象。自律的道德实践总是需要约束个人的感性方面。在现实中，持基本宽容且理性的态度并非总能得到遵守。我国网络公共空间中依然存在着一些"戾气"。[3] 这些"戾气"反过来说明，持基本宽容且理性的态度是非常重要的网民义务。如果某网民在网上一发言就劈头盖脸、不讲逻辑地恶语相加，他的网上发言往往最后陷入独白，使原本可能聚集起来讨论的其他网民纷纷离开。正如我们有时在网上看到的现象：一个原本不错的帖子，由于出现了大量的谩骂或攻击，最后发帖人弃帖而去，其他网民则兴味索然。试想，如果我们打开网上社会新闻的评论页面，看到的是满页发泄甚至谩骂，这固然反映了网络空间的社会泄压阀作用，但恐怕于事无补。比单单泄压更重要的，是网民们如何通过网络公共

---

[1]　关于"无害原则"的进一步分析，请参见第三章第三节，一"无害原则"。

[2]　关于"宽容"的进一步论述，请参见第四章第三节"宽容"。

[3]　请参见第四章第三节，一"网络公共空间中的戾气"。

交往，发挥网络公共领域的作用，积极讨论问题，稳妥地解决社会问题或改进相关的政策或法律。

在坚持基本原则和基本态度的基础上，如果网民对自己的观点尽力给出理性论证，努力"以最令人满意的方式证明自己的见解"，① 这些进一步的积极行动则突破了基本义务的范围，属于公民德性实践的范围。相比之下，网民基本义务具有基础性，网民德性则是更高的要求。网民基本义务的这种基础性也可能带来消极性。我们不妨设想一种消减网络公共领域中的戾气的方法：每个网民仅仅尽基本义务就能够实现——因为网民只需要围观、不发言即可。不过，仅仅实现了网民基本义务的网络空间，将是一个冷淡清寂的网络空间，信息交流环境格外清静却活力匮乏。创造健康活跃的网络空间，尤其营造一国之内健康活跃的网络公共领域，需要网民们作为国家公民，立足义务之上进行德性实践，积极地进行网络公共交往，形成有影响力的建设性网络舆论。②

三　网民的国家公民权利的首要性

网民通常首先是置身于网络空间中的某个国家的公民。特定国家公民身份所享有的权利，是来自世界各地的网民尤其是一国之内的网民，能够一起建构网络公共领域的实际前提。换言之，对于建构网络公共领域来说，网民的国家公民权利首先需要得到保障。国家应当保障网民创造网络公共领域的公民权利，包括相关的公民的要素、政治的要素、社会的要素和文化的要素。其中，社会的要素尤为重要。如果公民们无法获得根据社会通行标准享有文明生活的权利，难免为生计疲于奔命，难有参与公共事务的闲暇，从而容易成为冷淡消极的公民。生活环境、社会制度对个人的影响是巨大的。以合理的制度切实保障网民的公民权利，将有助于培养网民德性。

在分析电视成为盛行的传播模式时，卡斯特认为并非观众们天性懒惰，"而是归因于辛苦工作一天后回到家庭生活的状态，以及个人和文化

---

① ［希腊］菲利蒙·皮奥尼迪斯：《密尔对表达自由的辩护及其当代意义》，张兴富译，《现代哲学》2004 年第 3 期。

② 关于网络公共交往的网民德性，请参见第四章"网络公共交往的德性要求"。

参与缺乏可以替代的其他选择"①。如今，网络成为盛行的、汇聚了各种传播模式的系统，网络空间里业已出现某些"娱乐至死"的话语狂欢现象。在批判这类娱乐现象的同时，我们更应当重视众多作为普通劳动者的网民其公民权利四个要素是否得到切实保障，网民是否具有闲暇时间参与公共交往。如果希望网民们广泛开展公共交往，对各种社会现象展开理性批判，或者进行公益行动，那么保障网民的公民权利则是首当其冲的问题。②

对于网络公共交往来说，在理论上，保障公民权利的制度伦理，应当优先于公民的德性；在实践中，公民的德性和制度伦理则相辅相成。③

第四节　网民的世界公民身份

"网民"这个词的通行，说明面对网络空间，仅仅谈"国家公民"可能是不够的。一个原因是并非所有人都使用网络，使用网络的人只是国家公民中的一部分。中国互联网络信息中心发布的《第 47 次中国互联网络发展状况统计报告》显示，截至 2020 年 12 月，我国网民的数量已经达到 9.89 亿人，网络普及率为 70.4%。④ 网民是我国 14 亿多人口中的一部分，不能代表我国全体公民。另外一个原因是网民活动跨越了地域，有时甚至造成了跨越国界的重大影响，因此网民概念具有一些超出国家公民身份的含义。网络空间为个人打开了了解世界的信息之窗，将个人与全球网络在信息活动层面上联系在一起，网民概念蕴涵着世界公民的视野。

拓展网民作为世界公民的视野，不仅出于网上日常生活对于"弱意义的全球网上法治秩序"的迫切需要，还出于网络时代里人的发展的需要。

从信息活动的层面来看，人的发展需要个人运用理智，不断地接收信息，进行信息处理活动。这意味着持续不断的、康德式的个人启蒙：个人

---

① ［美］曼纽尔·卡斯特：《网络社会的崛起》，夏铸九、王志弘等译，社会科学文献出版社 2006 年版，第 311 页。

② 童潼：《试论网民的国家公民身份》，《阿坝师范学院学报》2019 年第 3 期。

③ 关于制度伦理的相关探讨，请参见第三章第四节"在网络公共交往中保护信息权利的制度伦理"。

④ 中国互联网络信息中心：《第 47 次中国互联网络发展状况统计报告》，［2021 - 07 - 17］. http://cnnic.cn/hlwfzyj/hlwxzbg/hlwtjbg/202102/P020210203334633480104.pdf.

不断地运用理智，勇敢地摆脱自己加于自己的不成熟状态。① 然而，网络时代，个人启蒙所需要的信息从何而来？由于个人启蒙是对所有人而言的，在网络时代，我们需要建立起属于全人类的、全球的公共信息资源。鉴于信息良莠不齐，那么至少全球的公共知识资源是我们所共同需要的。

网络空间出现之前，靠以往的信息技术这一理想难以企及。网络空间的出现，使得人类在传递公共信息资源方面，面临的恐怕不再是技术障碍，而更多的是价值观念的问题。网络时代里，国家公民的视野、道德意识应当扩展开来。"在一个全球化的时代，一个无法用选择性失明为冷漠辩护的时代，我们只能做一个世界公民。"② 拓展网民作为世界公民的视野，仅仅依靠网络空间的丰富信息依然是不够的，更重要的是网民自身的自觉行动，运用理性开展公共交往，追求网络时代的个人启蒙。

席卷全球的新冠肺炎疫情作为人的发展的现实障碍，从负面角度提醒了每个人（包括网民们）的世界公民身份。疫情是无情而真实的，要求人类诚实地面对，唯有以真诚的广泛合作，才能避免人祸，从而平息疫情。

沃尔夫提出，要预防流行病，每个人都有贡献一分力量的方式。"如果我们想要有一个等同于环球免疫系统（global immune system）的东西，就需要研发结合政府和非政府体系的新方法，使用最新的方法和技术。……大家将遥远的病毒情报站的实验室结果和国际新闻推送、手机短信、社交网络、搜索模式结合起来，创造一种新的流行病情报样式。我们处在一个充斥着新型流行病风险的世界。幸运的是，我们也处在一个用技术手段建造环球免疫系统的时代。"③ 网络空间富有潜力，可能成为全球防控流行病的利器。但发挥网络空间的潜能，则不但需要依托于"弱意义的全球网上法治秩序"，更需要全球网民自觉地进行公共交往，不断地寻找文明有效的合作方式，才可能真正形成防控流行病的全球网络。

不仅是形成防控流行病的全球网络，如果我们期望人类社会的各个方面走向文明发展，必然需要追求一定的、法治的文明世界秩序。虽然在现实中有众多违背文明的现象，但只要人类社会向着文明进步，世界公民意

---

① 参见［德］康德《历史理性批判文集》，何兆武译，商务印书馆1990年版，第23页。
② 刘瑜：《民主的细节》，上海三联书店2009年版，第82页。
③ ［美］内森·沃尔夫：《病毒来袭》，沈捷译，浙江人民出版社2014年版，第226页。

识的启蒙和实践必然会出现。网络时代里，网民进行全球的公共交往的尝试，拓展作为世界公民的视野，或许是人类的世界公民意识的启蒙和实践的一个开端。

一　初论作为世界公民的网民的基本权利

如果我们期望各国网民能够共享一定的网络法治秩序，那么，来自世界各地的网民之间，应当具有一种比其他人伦关系更加基本的关系：弱意义的全球网上法治秩序中的平等主体。本书将其称为"弱意义的世界公民"。这种弱意义的世界公民并不拥有同一个国家和政府，但他们应当享有弱意义的全球网上法治秩序所赋予的权利，并且具有维护弱意义的全球网上法治秩序的基本义务。

弱意义的全球网上法治秩序，一方面有赖于各国的法治秩序，一方面则有赖于世界各地网民对于人权的尊重。作为世界公民的网民，实际上其权利一方面来自于作为国家公民的权利，一方面来自于关于人权的国际法案和国际公约等。① 作为世界公民的网民其权利的实现，在受损巨大的时

---

①　根据学者任丑的研究，世界人权经历了三代的发展。"第一代人权指生命权、财产权、自由权（洛克）等要求国家避免无端干涉的权利即消极人权与政治参与权（卢梭），包括新生的美国和法国大革命时期的自由人权的要求。标志性的文献是 1789 年法国的《人权宣言》和 1791 年美国的《人权法案》或《权利法案》即十条宪法修正案。"第二代人权属于积极人权，包括社会权、经济权、文化权等，是第一代人权应用于社会生活必然带来的新的人权。对于第二代人权的保护，需要国家的积极作为，建立特定的分配制度和社会保障体系才能够实现。标志性的文献包括："《世界人权宣言》（1948），《消除一切形式种族歧视国际公约》（1965）、《经济、社会和文化权利国际公约》（1966）和《公民权利和政治权利国际公约》（1966）等"。科技的发展带来新的问题，也促成了第三代人权的出现，第三代人权包括"发展权、和平权、自然与文化遗产的共同拥有权利、生活在无污染的环境中的权利、隐私权、保持遗传基因完整的权利等。……其标志性的主要国际公约和宣言有：《生物多样性公约》（1992）、《世界人类基因组与人权宣言》（1997）、《在生物学和医学应用方面保护人权和人的尊严公约：人权与生物医学公约》（1997）、《当代人对后代人的责任宣言》（1997）、《世界文化多样性宣言》（2001），《国际人类基因数据宣言》（2003）、《世界生物伦理和人权宣言》（2005）等"。任丑提出："第三代人权或未来人权的实质是应用伦理学视阈的人权，它正是在理论伦理学视阈的人权（前两代人权）的发展和矛盾冲突中孕育出来的人权理念。"笔者认为，随着信息技术的发展，人权已经拓展到信息技术带来的网络空间中。网民的信息权利不仅包括部分的第一代、第二代人权的网上延伸，例如政治权利、人身权利、社会经济权和文化权利等的网上延伸。部分第三代人权也已经逐渐体现在法律实践之中。例如，网民的信息安全权旨在保护网民的个人数据。随着网上社会生活的拓展，我们可以展望网民的信息权利将会包含更多的第三代人权。参见任丑《人权应用伦理学》，中国发展出版社 2014 年版，第 71—73 页。

候，可能受到既有法治秩序的保护。但如果受损较小，其权利则很可能不会受到实际的保护。试想，如果某个黑客跨国窃取我国个别普通网民的私人信息，甚至控制他们电脑作为黑客攻击之用（但实际造成的损失较小），这些行为很可能实际上不会受到追究。但那些普通网民的权利毕竟受到了损害，即使他们知情，也往往不太可能去追究。

显然，网民作为世界公民的权利保护目前是脆弱的。这恰恰提示了我们自觉地维护既有的公民权利，维护并改进弱意义的全球网上法治秩序，应当是作为世界公民的网民责无旁贷的义务。这也是所有网民能够共享网络发展成果的前提。

二　初论作为世界公民的网民的基本义务

联系网络公共交往与网络公共领域的作用来看，网民概念蕴涵着作为世界公民的基本义务。这些基本义务至少包括：

第一，遵守无害原则，对来自不同的国家和地区的网民，避免造成不必要的伤害。当出现意见分歧时，尊重彼此的人权，尽可能求同存异，而不是诉诸仇恨或暴力。这一点与网民作为国家公民的义务相一致。值得注意的是，网民作为世界公民的网络交往是跨国界的，有时甚至是两位网民此生仅此一次的偶然交往，在现实生活中他们可能永远不会相遇。在这种情况下，网民进行换位思考，既把自己当作人对待，也将对方当作人对待——遵守"己所不欲，勿施于人"这样的基本交往规则，避免伤害网上陌生人，维护弱意义的全球网上法治秩序，就成为一项基本的义务。

第二，作为人类社会的成员，应当具有基本的团结意识。前文提到，在目前的网络空间，弱意义的全球网上法治秩序比较脆弱。肆虐全球的新冠肺炎疫情，无比严峻地提醒全人类性命攸关，为了战胜疫情，人们应当具有世界公民的视野，有所合作，行动起来。如今全球网络空间中常常可见自私、傲慢、虚荣、争吵的话语，不断地展现着人类的弱点和缺点。国际社会依然存在的丛林法则，让人深感人类社会的文明道路艰难曲折。而人类社会告别丛林法则，走向文明，则需要亿万人的努力。实际上，不仅新冠肺炎疫情，若要解决人类共同面对的各种问题，都需要人类社会的成员抱有基本的团结意识，并作出积极的行动。

第三，参与世界范围的网络公共领域。网民概念与人权密不可分，只有在人权（尤其与信息相关的权利）获得保障的前提之下，一个人才有可能成为网民。也只有在全球范围内，人权（尤其与信息相关的权利）获得保障的前提之下，一个人才可能真正地成为弱意义的世界公民，参与全球的普遍交往。因此，为了维护自身的网民身份，网民应践行基本的义务进行网络公共交往，参与创造网络公共领域，从而参与形成保护人权的全球舆论，以维护人作为人应当享有的基本权利（人权）。

第四，参与建设公共信息资源库，即创造全球性的、对所有人开放的、网上的公共信息资源库，并保持网上公共信息资源库的持续发展。这是网络公共领域存在所依赖的重要信息基础，也是网络时代人的发展所需要的公共信息资源。由此，每个网民作为人类的一员，有义务在网络空间中参与建设公共信息资源库，为追求信息的共享贡献或多或少的一分力量。

第五节　全球本土化网民初探

亿万网民的网络公共交往汇聚成了全球范围的网络公共领域。全球的网络公共领域作为信息交流环境，提供了应对全球问题的众多重要信息。人类居住在世界各地，在各个地方，人类共同面对的全球问题有着不同的具体表现，需要结合各地的具体情况来加以解决。同时，如今各个地方公共问题的解决，往往需要考虑全球化的背景，借鉴其他地方的经验与知识。由此，网民进行网络公共交往，尤其是跨越国界的网络公共交往，总是需要具有一定的全球意识，立足本土开展网上和网下的行动。

全球的新冠肺炎疫情，导致亿万人或隔离在家，或减少出行，经济活动减少，但世界各地的普遍交往依然存在。此时，网络空间中的全球化的公共交往，尤其是科学界的公共交往格外重要。例如，一个国家和地区取得的宝贵的抗疫经验和科研成果，在网络空间中及时分享；跨越国界的医院、医生之间的网上交流，这些举措都是挽救病患生命、造福全人类的重要网络公共交往。通过这些生动的例子，我们发现典型的网民行为：网民们身在本土，在网上跨越国界进行公共交往；或将本土的感受、经验和知识，面向全球分享；或借鉴世界各地的经验和知识，用于本土的行动。

由此，本书认为，在跨越国界的、全球性的网络空间里，网民概念的理想形态应当是一种"全球本土化网民"①——综合国家公民和弱意义的世界公民双重身份，具有全球意识、立足本土进行网络行动的积极公民。这样的网民致力于维护和完善弱意义的全球网上法治秩序；创建向所有人开放的、网上的公共信息资源库；经过公共讨论形成保护人权的公共舆论；在发挥人的网络交往能力的同时，共同促进人类在网络时代的发展。

"全球本土化网民"是网络公共交往中作为一种理想类型的网民概念。当然，在实际的生活中，一个网民不一定能够进行所有的活动，但可能在不同的时间里，进行其中某一类网络公共交往。

对于网民概念的探讨总是开放的，鉴于理论探讨总是在特定的时代和社会文化背景下进行，本书尝试结合我国的具体语境进行初步探索。首先探讨网络空间对我国网民的公民意识的影响，其次探讨我国部分本土伦理理论（来自道家和儒家）与全球本土化网民概念的契合之处。

一　网络空间对我国网民公民意识的影响

（一）公民意识：权利意识和公共精神的适度平衡

李永杰通过梳理有关公民意识的研究，提出："不管是从思想史溯源，还是从内容、特征来概括，公民意识主要包括三类意识：权利意识、公共

---

① 全球本土化的思想最初是一种日本商业方法，系指结合全球化市场和本土市场，将全球化的商品或服务与当地文化结合的商业方法，从而有助于企业在当地获得成功。1989 年，日本管理学家大前研一（Kenichi Ohmae）提出"insiderization"，认为成功的企业在全球化过程中，需要全球化的思考（thinking global），同时适应当地的条件，使公司被当地的消费者看作一个"本土公司"。2005 年时，大前研一认为："索尼的盛田昭夫先生曾经在演讲中经常谈到的'全球的思考，地域的行动'至今仍是一个重要的概念。不过，有时'地域的思考，全球的行动'这种思维方式也是必不可少的。"企业需要考虑所在国家和地区的特性，汇总从特定地方获得的知识并加以共享。社会学家 Roland Robertson 认为这个词是指本土的具体情况在全球化的压力下作出的反应，在他看来，全球本土化意味着普遍化趋势和特殊化趋势的共存。Kenichi Ohmae, "Managing in a Borderless World", *Harvard Business Review*, 1989, 67 (3): 152 – 161. Roland Robertson, "Globalisation or Glocalisation?", *Journal of International Communication*, 2012, 18 (2): 191 – 208. 参见 [日] 大前研一《专业主义》，裴立杰译，中信出版社 2010 年版，第 241—245 页。Wikipedia, Glocalization, [2020 – 08 – 09] . http: //en. wikipedia. org/wiki/Glocalization.

精神及明了公私之分的公私边界意识。权利意识相当于思想史上的自由主义消极公民的意识，公共精神相当于思想史上古代的积极公民的意识。……前者指向自我利益，后者则指向公共利益。"① 如果公民们仅关注自我利益，不关心公共事务，社会将会失去监督制约权力的机制。反之，如果只强调公民关注公共事务，抹杀个人权利和私人领域的自由，在多元复杂的现代社会既不合理，也行不通。现代的公民意识应当是权利意识和公共精神的适度平衡。

在社会层面上，权利意识和公共精神的平衡，需要公民们普遍具有"公私边界意识"。"不仅公共权力执掌者应该有明确的边界意识，公共权力不准僭越边界而侵犯私人领域，而且普通公民也应该具有边界意识，即不侵犯其他公民的私人权利，这就是公民行为的边界，这是现代社会的特征。"② "公私边界意识"意味着公共精神应当是合理适度的。公共精神应建立在尊重自己和他人的公民权利的基础上，公民在公共参与中，应注意维护自己和他人的个人权利和私人领域的自由。这种公共精神展现了"公民具有超越个人狭隘眼界和个人直接功利目的，关怀公共事务、事业和利益的思想境界和行为态度。……公共精神作为公民美德，本质上是公民的公共责任意识在行为和性格上的体现"③。

在公民个人层面上，权利意识和公共精神的平衡，需要公民比较全面地理解和行使个人权利。由于现代社会生活的复杂多元和现代法治的发展，现代公民的权利内容是丰富多样的。现代公民的权利，不仅包含涉及私人领域的权利，直接用以维护个人利益；也包含参与公共事务的权利，监督制约权力从而间接维护个人利益。因此，如果忽略了参与公共事务的权利，则公民的权利意识也是不完整的。就此而言，现代公民完整的权利意识本身就需要合理的公共精神的支持。

在现代生活和公民权利的多样性基础上，公共精神的实践也具有多样性，即公民的公共参与涉及的公共领域是多样的。有学者指出，"公民意识，是指公民的权利和义务意识，其核心是公民的政治参与意识，即公民

---

① 李永杰：《现代社会组织与社会和谐发展》，社会科学文献出版社 2014 年版，第 150 页。
② 李永杰：《现代社会组织与社会和谐发展》，社会科学文献出版社 2014 年版，第 151 页。
③ 龙兴海：《大力培养公民的公共精神》，《党政干部文摘》2007 年第 10 期。

关注公共事务、监督权力运作，维护自身合法权益的意识。"① 现代社会中，公民的政治参与以其不可替代的重要性，依然是公民的公共交往的核心内容。但公共事务可能和社会生活的不同领域相关联，社会生活中权力的运作也不仅是"政治权力"的运作。因此，公民的公共交往不应局限于政治参与的范围，还应当包括涉及公共利益的、经济、科技、文化等社会公共生活多方面的领域。换言之，公民意识应当在丰富多样的公共交往/领域中体现，而不仅是在政治公共领域中。

对于公民个人来说，鉴于个人的精力有限，兴趣不同，公民在实际生活中发挥公民意识，进行公共交往，往往是在不同类型的公共领域中进行的。当众多具有现代公民意识的公民，广泛地在不同的公共领域中积极行使权利、关心公共利益、进行公共交往时，现代法治社会才能整体上既有秩序而又生机勃勃。

随着网络空间的飞速发展，丰富多样的网络公共交往/领域已经出现，既体现了公民意识的实践的多样性，也表明网络空间对我国网民的公民意识具有重要的影响。

（二）网络空间有助于提升网民的国家公民意识

历史上长期存在专制制度的影响，致使我国的文化传统比较缺乏公民意识。以往的大众传媒主要由纸质出版和影视等组成，互动性有限，主要呈现出由上至下、由官方至民间的传播方式，而不是以公共舆论的方式和公共权力进行平等的对话。如今网络舆论已然出现，但网络公共领域里存在的一些不足也提醒人们，良好的公共交往/领域在今天，仍然是需要经过努力才能够实现的目标。

随着网络空间的出现，网下社会里各种利益的诉求和博弈也逐渐呈现在网上。在这种情况下，网络空间所具有的便捷性、互动性、相对平等性等特点，为提升我国网民的公民意识，提供了较好的实践环境。"一方面，公民意识借助互联网得以萌芽和传播；另一方面，由于负载了个人意愿与社会民意，互联网得到快速普及，互联网的社会基础日益广泛。"② 网络空

---

① 车英、欧阳云玲：《我国舆论的民族特性初探》，《武汉大学学报》（哲学社会科学版）2005 年第 5 期。

② 孙立明：《公民权利意识的兴起：一项主要基于互联网的观察》，《中央社会主义学院学报》2010 年第 3 期。

间与传统媒介的融合，使得越来越多的人，尤其年轻一代，广泛地使用网络，形成了各种网络舆论，并使得网络舆论影响日渐扩展到整个社会。

首先，相比传统媒介，网络活动以其更强的互动性、更自由的表达以及更平等的交流等特点，有利于培育网民独立平等的精神，推动网民积极行使权利。

与传统媒介相比，网络空间更加开放与平等，并且赋予网民自主参与创造和传播信息的权利。只要能够使用互联网，人们可以成为网民加入某个网上公开的讨论。网络空间具有和其他媒介相融合的能力，各种信息可以通过各种媒介连接上网。尽管目前大数据推送信息很常见，但网民们依然能够根据兴趣，自主地选择网上信息，并且自主地创造和传播信息。"网络媒体开放和平等的特质，使参与传播的受者获得了空前的自主性，他们无需被动地接受传者生产的文化产品和思想观念，而是可以根据自己的需要进行自主的选择，甚至参与到舆论生成的过程中。在互联网上，人们无需只做一个聆听者，还可以做一个积极的阐述者。"[1]

在网上公共空间里，由于网民往往处于半匿名状态[2]，不论其性别、年龄、社会地位等具体情况，只要能正常地使用网络，就可以比在现实社会更自由地发表自己的看法。与此同时，相比现实社会，当网民的交往处于半匿名状态时，由于不知道对方的实际身份，交流起来趋向于本真地凭借兴趣是否相投，而不是考虑对方的身份地位，因此相对更为平等。也因此，有些网络公共领域，尤其是弱网络公共领域常被拿来与茶馆、咖啡厅、沙龙等公共活动场所相比较，因为人们容易加入这些活动场所畅所欲言。

其次，相比传统媒介，网络公共领域以丰富的信息、多元的议题、便捷的沟通方式，拓展网民参与公共事务的范围，有利于激发网民们公共交往的愿意、践行公民权利。

---

① 李洁：《论互联网在中国社会公共领域形成中的作用》，《今传媒》2011 年第 8 期。
② 由于承担上网费用的是现实社会中的真实个体，严格地说，上网使用的 IP 地址以及网上身份对应于网下某个真实个体。因此，网民即使网上身份是匿名的，也仅仅是处于半匿名的状态，并非完全无迹可寻。

　　根据孙立明的分析，与 20 世纪 90 年代之前的情况①相比，网民的政治参与具有了新的特征：其一，直接性。网络突破时空的限制以及现实社会中的科层制的层级限制，为网民行使权利提供了便捷通道。其二，广泛性。在网络参与的人数大量增加的同时，参与议题不限于公共政策和公共管理，还涉及了更多文化的、社会的问题。涉及的议题不仅包括讨论个人或部分群体的利益，还包括了对公共利益以及宏观社会问题的关注。其三，更具影响力。在立法、政策制定和执行等各个环节上，网民的参与以及网络舆论发挥了显著的作用。② 因此，有学者提出："互联网培养了一批具有批判精神和民主意识的公共领域的参与者。"③

　　通过观察活跃的网络空间可见，网络公共领域的确激发了不少网民进行公共交往的热情，同时激活了传统媒体作为公共领域的功能，有益于提升网民的公民意识。并且，在网络公共领域中，网民的公共交往及其带来的公共参与，不仅包括传统型的政治参与的议题（例如公共政策和公共管理），还包括了经济文化社会等多方面的、涉及公共利益的议题。

　　网络空间已经为提升网民的公民意识提供了不少有利条件，也在一定程度上激活了网民进行公共交往的热情。但网民的公民意识能够提升到何种程度，实现权利意识和公共精神的适度平衡，最终还有赖于广大网民进行网络公共交往的具体实践。

　　此外，我们也应当正视，网络空间对网民国家公民意识的影响，存在着一些消极的方面。

　　首先，网络空间中的信息良莠不齐，海量的网上信息增加了网民个体甄别信息的时间。而从众心理和惰性的存在，使得网民个体在海量的信息面前，容易逐渐在心理上屈服，放弃自主的批判。

----

　　① 王绍光指出："与别国相比，城乡中国人的政治参与有四个特点：参与集中在政策实施阶段，而不是政策制定阶段；参与行为主要发生在单位内部，而不是在单位以外；参与方式往往是个体行为，而不是集体行为；参与的目的是在体制内追逐具体利益，而不是挑战现有体制。很显然，这些特点都是当时中国制度环境的产物。"（这项研究结论的数据采集于 1989 年至 1990 年之间）王绍光：《政治文化与社会结构对政治参与的影响》，《清华大学学报》（哲学社会科学版）2008 年第 4 期。

　　② 孙立明：《公民权利意识的兴起：一项主要基于互联网的观察》，《中央社会主义学院学报》2010 年第 3 期。

　　③ 李洁：《论互联网在中国社会公共领域形成中的作用》，《今传媒》2011 年第 8 期。

其次，网络空间具有社会泄压阀的作用。在网民的网络活动中，网络公共领域和网络私人领域容易交织在一起。因此，网络空间中（包括网络公共领域）难免有网民的非理性冲动。网络公共领域中出现的"娱乐化"倾向，以及谩骂、攻击等非理性现象的出现，都体现了网络空间的社会泄压阀作用与网民非理性冲动的结合。解决这些问题并不容易，仅从上而下的"网络管理"是不够的，更需要网民们共同努力，实现良好的网络治理。

（三）网络空间有助于扩展网民的世界公民视野

网络公共领域的出现，在提升我国网民国家公民意识的同时，由于网络的全球性以及网络公共领域的全球延伸，有助于扩展我国网民的世界公民视野。

首先，网络空间具有跨越国界的全球性，打开了现代社会成员的全球视野，将网民个人与世界在信息活动层面上联系在一起。网络空间不但是一个信息交流环境，也是一个社会日常生活的信息空间。丰富的信息流转于网络空间，为网民个人在全球范围内寻找兴趣相投的朋友，进行伙伴合作，从而为网民个人的发展提供了机会。网络空间在日常生活中被网民广泛地运用，日渐成为现代社会日常生活不可缺少的信息交流环境，这使得视野日渐开阔的网民，逐渐成为弱意义的世界公民。

其次，网络空间的全球性和网络公共领域的全球延伸，促使全球性的问题、各地的文化价值观等，通过网络空间广为人知。网民们如何共存与合作？这至少对网民（作为国家公民）的公民教育，提出了国际理解教育的相关要求。

"国际理解教育是一种以世界教育改革和发展的广阔背景为视角，以实现世界和平与提高人类福利为最终目的，以全球性的问题为主题，以跨国、跨文化和国际合作为特征，旨在发展学习者的各种知识、技能与态度以便和睦共存于'地球社会'的教育理念。"[1] 对于国家公民教育而言，国际理解教育是以放眼天下的世界公民的视野，提出了新的要求。国际理解教育强调培育世界公民意识，重视"培养和平、人权和民主的具体实施

---

① 陈洁：《国际理解教育研究》，硕士学位论文，华东师范大学，2003 年。

过程中所依赖的价值观念"①。这种国际理解教育期望网民拓宽视野，在保卫国家利益的同时，也看到人类的共同利益。因此，国际理解教育具有"启蒙"的意义。

　　获得更丰富的信息是实现国际理解教育的前提。网络空间带来的多元海量的信息以及语言转换等工具，为网民（尤其是成年网民）在异文化的虚拟情境下自主地体验、学习，理解异文化的价值观念，提供了便利。对于愿意运用理性的网民而言，网络空间可能带来持续的自我启蒙活动，即网民个体运用自己的理智，甄别、吸收多元的信息，努力"脱离自己所加之于自己的不成熟状态"②。这种自我启蒙式的国际理解教育旨在拓展文化视野，其目的不是贬低其他人、其他文化而显示自身的高贵，而是在理解、欣赏丰富多彩的世界文化成果的同时，强化网民作为地球人的生命共同体意识。这种自我启蒙式的国际理解教育倡导网民们在理解的基础上开展对话，以欣赏的态度去吸纳人类的优秀文化成果，从而增强自身的文化素养。

　　再次，网络空间同时也带来了一些负面的影响，对此，网民唯有担负起国家公民与弱意义的世界公民的双重身份，立足本土，积极参与全球的网络法治秩序的建设；并通过自己的生活实践发挥网络空间的长处，方能在网络时代获得自身的发展。

　　根据卡斯特的研究，当今世界上，财富生产、权力运作与文化创造均日益依赖于信息技术。由于信息技术，同时集中和分散处理各种决策成为可能。资本主义利用了信息技术革命，转变为信息化资本主义（informational capitalism）③。信息化资本主义造成了严重的社会排斥，对于当今世界中的社会两极分化、贫困以及全球犯罪，难辞其咎。在数字鸿沟现象背后，有着大量被排除在信息化资本主义的全球网络之外的人，其发展在现代社会受到了巨大的阻碍。

　　皮帕·诺里斯提出数字鸿沟包括三个方面："全球鸿沟，指的是发达

---

　　① 赵中建：《全球教育发展的研究热点：90年代来自联合国教科文组织的报告》，教育科学出版社2003年版，第299页。

　　② ［德］康德：《历史理性批判文集》，何兆武译，商务印书馆1990年版，第23页。

　　③ 参见［美］曼纽尔·卡斯特《网络社会的崛起》，夏铸九、王志弘等译，社会科学文献出版社2006年版，第17页。

社会和发展中社会之间在进入网络方面的差距；社会鸿沟，涉及每个国家中信息富足者和信息贫困者之间的差距；民主鸿沟，指的是那些使用和不使用数字资源去从事、动员或参与公共生活的人们之间的差别。"①这三方面数字鸿沟的存在，使得"富者愈富，贫者愈贫"的马太效应在不同的国家和地区、不同的人群中持续出现。"网络数字鸿沟的存在成为培育公民意识不易逾越的技术障碍。"②

　　参与建设公共信息资源，尽力弥合数字鸿沟，是已经成为网民的个人作为弱意义的世界公民的一种义务。网络空间中业已出现了一些颇有创意的活动。例如来自世界各地的志愿者参与的网上公益图书计划。网民们合作提供海量无版权要求的电子书籍，允许免费下载阅读和分享。这是一种分享知识、实现知识公共性的公益活动。尽管个别网民的力量是有限的，但若亿万的网民在全球各地通过公共交往展开合作，那将是一种弥合数字鸿沟的巨大力量。

　　归结起来，在国家公民意识兴起的基础上，我国网民需要扩展作为世界公民的视野，立足本土，一方面在全球化进程中寻找解决本土问题、发展自身的机会，另一方面学习借鉴来自其他国家和地区的经验和知识，参与解决人类共同面对的全球问题，履行作为世界公民的义务。综合国家公民身份和世界公民身份来看，这种网民概念的理想类型可称之为"全球本土化网民"。

二　全球本土化网民：网民概念的一种理想类型

　　全球本土化网民兼有国家公民和世界公民两个维度。网民虽然可能在网上访问世界各地的信息，但依然是在特定的国家或地区里过着真实的生活。特定的国家或地区的本土伦理对于身处其中的网民有着潜移默化的影响。其中，部分传统本土伦理作为传统文化的精华，值得我们立足现代，批判地加以继承和发扬，从而进一步阐发网络伦理（包括网络公共交往伦理）。

---

　　①　［美］皮帕·诺里斯：《公民参与、信息贫困与互联网络》，莫非编译，《马克思主义与现实》2001 年第 6 期。

　　②　朱彩霞：《网络——中国公民意识崛起的动力》，《理论导刊》2009 年第 12 期。

　　我国部分传统本土伦理理论和作为理想类型的全球本土化网民概念之间，存在一些契合之处。例如，道家对于"道"的理解，可以为我们思考网络空间和网络交往提供一种开阔的视野；儒家的道德人格理想，摒除其民本的局限之后，可连接起个人的国家公民身份和世界公民身份，且有助于理解网络公共交往以及相关的德性。

　　（一）道的双重视野与网民的活动①

　　道是中国古代哲学的核心范畴，大致区分为"天道"和"人道"。天道系指世间万物存在和变化的规律。人道则指社会存在和变化的规律，以及人和自己、他人、社会乃至世界的相处之理。在我国传统文化中，天道往往被视为人道的根据，而道作为整体，则是天道和人道的融合。儒、道两家的学者如孔子、老子和庄子，在著述时往往"托古"，预设在更早的时代，道的展现是纯朴而又完整的。

　　在道家（尤其《庄子》一书）看来，百家争鸣的时代里，古代原本完整纯朴的"道"已经分裂。各家各派对"道"的阐释以己为是，以他家他派的观点为非，难以汇合。②《庄子》宏观地看待各家各派的观点，发现他们虽然观点相反，却相互依赖而共存。"为此《庄子》提出了把握'道枢'、'以道观之'等方法，……从事物发展的方面来看，任由事物按其自然之性发展，就能够让事物处于自然均平的状态；从人的认识的方面来看，只有让思维跳出是非之外，在更大的视野（道）之下，不为各种是非所局限、混淆，才可能洞察事物的自然之性。在'道'的大视野下，其他各家各派观点的地位并无差异。于是，各家各派以己为是的狭隘就昭然若揭了。"③

　　《庄子》这种对于道的看法，归纳起来是两种视野：看待道的大视野

---

　　① 关于《庄子》一书里体现的道的双重视野，笔者曾作过初步的探讨，本书在此基础上，尝试借鉴道的双重视野思考网络空间。童谨：《探析〈庄子〉对儒家的批评》，《石河子大学学报》（哲学社会科学版）2007 年第 5 期。

　　② 《庄子·内篇·齐物论》中写道："夫随其成心而师之，谁独且无师乎？奚必知代而心自取者有之？愚者与有焉。未成乎心而有是非，是今日适越而昔至也。……道隐于小成，言隐于荣华。故有儒墨之是非，以是其所非而非其所是。欲是其所非而非其所是，则莫若以明……彼出于是，是亦因彼。……是以圣人不由，而照之于天……彼是莫得其偶，谓之道枢。枢始得其环中，以应无穷。是亦一无穷，非亦一无穷也。故曰莫若以明。"参见陈鼓应注译《庄子今注今译》上，商务印书馆 2016 年版，第 62—63、67 页。

　　③ 童谨：《探析〈庄子〉对儒家的批评》，《石河子大学学报》（哲学社会科学版）2007 年第 5 期。

和看待道的小视野。当《庄子》宏观地看待各家各派的观点时，所运用的是看待道的大视野，力图洞悉以百家争鸣的方式所展现的道。我们若将《庄子》所运用的大视野，用于《庄子》自身，那么《庄子》的观点同样只是对于道的一家之见，属于看待道的小视野。

当我们以看待道的大视野反观《庄子》乃至整个道家自身，按照《庄子》对儒家的要求，道家自身也应当意识到自家的观点和儒家类似，只是一家之见；而为了努力接近完整的道，还应当谦逊地汲取其他各家的见解。于是，在道的双重视野下，各家各派的观点相互联系，而且这样的思考方法和态度是可取的——各家各派以及各人在尽力为自己的观点辩护的同时，对自己观点的局限应当保持警醒，从而保持自己思想的开放性。

《庄子》蕴含的关于"道"的双重视野，体现了先秦诸子共有的、有机一体的宇宙观。[①] 将宇宙视为有机一体，各种成分相互关联——这样的宇宙观对《庄子》的认识论产生了深刻的影响。相应于这样的宇宙观，人对于道的认识，宏观地看，也应当从相互关联的、各家观点的争鸣中去把握；微观地看，一家之见则被视为道的部分呈现。立足于这种有机一体的宇宙观，"看待'道'的双重视野的思维习惯，实际上是蕴涵在中国传统文化中的一种集体潜意识"[②]。换言之，《庄子》影响至今，在一定程度上，造就了中国文化的一种深层的思维习惯。

当蕴含在我国文化深层的这种思维习惯，遇上开放的网络空间，会激发出怎样的情形？万维网的发明人蒂姆·伯纳斯－李认为："我对万维网抱有的理想就是任何事物之间都能潜在联系起来。正是这种理想为我们提供了新的自由，并使我们能比在束缚我们自己的等级制分类体系下得到更快的发展。"[③] 蒂姆·伯纳斯－李期望任何事物通过网络潜在地联系起来，

---

① 艾恺认为："先秦诸子虽然路线不同，但他们都共享一个宇宙观，认为宇宙是一体而有机的，天地间的每个成分跟其他的成分相互关联，所以在这样的宇宙观里，没有绝对的矛盾，只有相对的矛盾。这种宇宙观，经历数千年，仍深植在中国知识分子思想的底层，是以各种不同的思想成分，可以共存在一个人的思想里，运行不悖。"梁漱溟口述：《这个世界会好吗：梁漱溟晚年口述》，东方出版中心 2006 年版，序言。

② 童瑾：《探析〈庄子〉对儒家的批评》，《石河子大学学报》（哲学社会科学版）2007 年第 5 期。

③ ［英］蒂姆·伯纳斯－李、［英］马克·菲谢蒂：《编织万维网：万维网之父谈万维网的原初设计与最终命运》，张宇宏、萧风译，世纪出版集团 上海译文出版社 1999 年版，第 1 页。

而看待道的大视野，则直接将世间万物视为相互联系的。万维网的理想与道的大视野相一致。

道的思想一直是中华文化中的重要内容。道的思想里蕴含着看待世界的宽广视野，已经深深地融入中华文化之中。或许正因为有这样的思想作为文化的底色，中国人接受跨越国界的互联网，顺理成章。互联网已经在我国飞速地发展起来，深深地融入了我们的生活。

借鉴道的双重视野，观察网络空间，我们可以发现：网民活动的全球化和本土化是并行不悖的两个方面。

就知识创造而言，任何知识起初都是地方的，被具体的人发现，以特定地方的表达方式表达出来。如今，那些体现了普遍规律因而具有普遍性的地方知识，具有潜能，能够通过各种途径尤其迅捷的网络空间，普及到其他地方，成为广为人知的知识。在网络空间出现之后，那些没有普及的本土知识，也能够通过网民的公共交往，储存在网络空间里，成为人类的网上公共信息资源的一部分。而所有来自世界各地的本土知识储备在网上，就有可能被其他地方的网民所借鉴，而后产生新的知识，再汇入人类的网上公共信息资源库。在网络时代，知识创造的全球化和本土化很可能加速融合在一起。而在网络空间中，人类对于知识的探索过程得以比较直观地展现。一方面，各地网民的发言能够出现在全世界面前，表达各种各样的观点，便于相互借鉴。另一方面，通过基本的交往规则，网民之间能够合理地互相辩驳、争论。网民集体进行知识创造的状态，与道的双重视野不谋而合。

就行动而言，网民的本土行动，离不开全球化的背景。网民总是立足于特定的本土展开行动的。网民本土的行动，大致可分为"信息输入型"和"信息输出型"。信息输入型的网民本土行动，给地方问题带来了全球化的背景，尤其通过借鉴其他地方的知识，用以解决本土的问题。所借鉴的知识，则包括体现了普遍规律的知识，以及还未普及、却很适合参考的其他本土知识。① 信息输出型的网民本土行动，则为解决人类共同面临的问题，带来新的本土知识和方案。网民在本土行动中所需要

---

① 这种本土知识如果在实践中，被现代的科学体系确认为具有普遍性，那么它具有潜能在将来普及。

或产生的知识，在网络空间中亦有可能便捷地获得与推广。我们不妨使用道的术语加以表述：网民个体在自己的生活中创造的"小道"，汇集成为人类网上公共信息资源的"大道"，而"大道"则滋养着各种"小道"的继续发展。

如今网上已经出现了不少"信息聚合"的实践。如今网民们不仅能够在网上广泛地进行公共讨论，还能够将各自的观点、知识融合起来，丰富既有的信息资源。在网民的实践中，已经出现了维基百科模式、开放资源软件模式等，能够聚合网民们的知识，不断地创造并改进更多的知识。①

网络空间不仅是一个知识的空间，也是传递感觉和经验的空间。了解一种异文化不仅需要系统地学习知识，还需要"移情"作用，即首先需要"培养一种与本地情境相认同的'地方感觉'，而不是急于把这种感觉归纳为一种系统知识"②。网络空间作为聚合了多媒体的"超媒体"，是融合了个人日常生活和职业生活的社会活动空间。通过数字化信息，不同的感觉经验、不同的生活方式，在网上跨越了国界，能够吸引来自世界各地的同好。如果某些感觉经验满足了无害、尊重等基本的道德要求，则具有潜能普及到其他地方；尤其那些触动人心的感觉经验，更容易普及开来。正如曾风靡世界各地的"大黄鸭"展览、冰桶挑战、"团结在家"防疫在线音乐会等活动，经过网络在世界上传播，世界各地的网友们乐于分享相关的信息。

在"以道观之"的视野下，透过纷纭复杂的网络现象，我们可以洞悉这一点：经过网络空间的信息交流，世界各地的网民立足本土的实践，在参与全球网络公共交往的过程中，自觉或不自觉地，共同创造、丰富人类生活于其中的、生机勃勃的意义世界。而这种广泛的网络公共交往的品质，则需要建立在一定的公共交往伦理之上，有赖于网民们的公共交往的德性。

---

① 参见［美］凯斯·R. 桑斯坦《信息乌托邦：众人如何生产知识》，毕竞悦译，法律出版社 2008 年版，第 159—213 页。
② 杨念群：《"地方性知识"、"地方感"与"跨区域研究"的前景》，《天津社会科学》2004 年第 6 期。

　　（二）儒家的人格理想与网民的活动①

　　在《论语》里，孔子提出了"成人"这一人格理想。"成人"作为最佳的君子，是在当时的知识条件下全面发展的人。"若臧武仲之知，公绰之不欲，卞庄子之勇，冉求之艺，文之以礼乐，亦可以为成人矣。"② 尽管在复杂的现实生活中，难以对君子求全责备，但孔子至少提出这一核心要求："见利思义，见危授命，久要不忘平生之言，亦可以为成人矣"。③ 在非紧急情况下，儒家君子平时应当"志于道，据于德，依于仁，游于艺"，追求完整人格、全面发展。

　　对孔子而言，成为君子，实际上是选择了一种终身求知、涵养德性的生活方式。"在追求'成人'的理想人格的过程中，求知并不是单纯为了求知，在求知的同时，学习的人还应当坚定对'道'的信念，培养德性，磨砺弘'道'的意志，涵养真挚的情感，在知、情、意三个方面齐肩并进，最终的目标在于造就理想人格。全面地来看，求知在《论语》中是一个知、情、意交融、有趣活泼的修身过程，贯穿了生活全过程。正如夫子自道：'为人也，发愤忘食，乐以忘忧，不知老之将至云尔。'"④ 这种修身、自得的"为己之学"是个人层面的、贯穿日常生活的道德修养。

　　《礼记·大学》则提出了社会层面上、完整的儒家君子的道德修养途径："古之欲明明德于天下者先治其国，欲治其国者先齐其家，欲齐其家者先修其身，欲修其身者先正其心，欲正其心者先诚其意，欲诚其意者先致其知，致知在格物。物格而后知至，知至而后意诚，意诚而后心正，心正而后身修，身修而后家齐，家齐而后国治，国治而后天下平。自天子以至于庶人，壹是皆以修身为本。"⑤ 在儒家看来，通过这样层层递进的道德修养途径，普通人亦能成就君子之德；倘若修身在各个国家里广泛地推广开来，将能够成就一个和平安宁的世界。

　　儒家推崇的理想人格及其修养途径，除了具体内容有着不可避免的时

---

　　① 关于《论语》中"成人"理想人格，笔者曾作过初步的探讨，本书在此基础上，尝试分析作为网民的君子的内涵。童谨：《〈论语〉中的精英式求知》，《天府新论》2007 年第 4 期。

　　② 杨伯峻译注：《论语译注》，中华书局 1980 年版，第 149 页。

　　③ 杨伯峻译注：《论语译注》，中华书局 1980 年版，第 149 页。

　　④ 童谨：《〈论语〉中的精英式求知》，《天府新论》2007 年第 4 期。

　　⑤ 王文锦译注：《大学中庸译注》，中华书局 2008 年版，第 2 页。

代特征之外，还因立足于民本思想之上有其局限性。① 如果我们小心地剔除儒家伦理理论里具有历史局限性的内容，摒除传统的儒家理论蕴含的等级制和统治关系的思想基础，摒除"代民做主"而换之以"由民自主"，则儒家的人格理想及其修养途径，依然值得借鉴和发扬。

　　作为"更新后"的儒家人格理想，君子是一个视野开阔、胸怀天下、追求全面发展的有德之人。君子不但立足于国家，并且放眼天下，以海纳百川的气度对待各种新知；在发展自身的同时，担负自己对世界的一份责任，目标指向成就和平安宁的世界。儒家将个人的修身与"家齐""国治"和"天下平"自然地联系起来，认为每个人对于国家乃至天下，都负有一份责任。

　　由此，在网络空间里做一个合格的国家公民和弱意义的世界公民，从儒家的人格理想看来顺理成章。在充满陌生人的网络空间里，儒家的君子依旧坦然："君子敬而无失，与人恭而有礼。四海之内，皆兄弟也——君子何患乎无兄弟也？"② 乔纳森·海特基于道德心理学的研究提出，面对来自异域的陌生群体，"如果你真心地想要敞开心扉，那么先打开自己心中的大门。如果你至少能与'其他'群体中的一个成员有着友好的互动，你就会发现倾听对方的声音其实很容易，而且也许会因此在争议性问题上产生新见解。"③ 面对网络陌生人或陌生群体时，心怀仁爱的坦荡君子，在争议性问题上，将会寻找中道，和网络陌生人进行友善且有原则的交往。正

---

　　① 笔者认为，在儒家，"君子"不但指一种道德理想人格（以及符合该理想人格要求的人）；同时也指一种身份，不是指普通百姓而是指官员。"君子被认为肩负教化'小人'的责任，应当居于统治地位。……与'君子'相对应的'小人'，既指一种可鄙的人格，即无德之人；也指一种身份，即'民'，也就是老百姓。""君子与小人的区分，其意在于把文化修养和道德水平作为划分身份等级制度的根据。固然，小人群体中的个别人可以通过求知成为君子，改变身份地位，但是君子与小人的等级差别却不能取消，否则君子作为统治者存在的根据就被取消了。在这样的身份等级制度之下，求知就成为立足民本思想之上的精英式求知。求知者不论实际地位如何，均自认为是潜在的德位兼备的完整君子而代民（小人）求知，期望对民（小人）进行教化，从而实现自己的抱负。后世的'为天地立心，为生民立命，为往圣继绝学，为万世开太平'，堪称道出了儒家求知践履的最高境界，却依然不出民本思想的藩篱，依然没有摆脱民本思想里内在包含的等级制和统治关系。这种精英式求知所立足的不平等观念与现代民主观念大相径庭，所以是现代社会所无法接受的。"童蓬：《〈论语〉中的精英式求知》，《天府新论》2007年第4期。

　　② 杨伯峻译注：《论语译注》，中华书局1980年版，第125页。

　　③ ［美］乔纳森·海特：《正义之心：为什么人们总是坚持"我对你错"》，舒明月、胡晓旭译，浙江人民出版社2014年版，第334页。

如"子贡问友。子曰:'忠告而善道之,不可则止,毋自辱焉'"①。

与道家不同,儒家主张积极入世。现实生活中的道家隐士可能远离人世,有能力成为空谷幽兰,生活自给自足,不与他人来往。这是现代社会里个人可能作出的自我选择,前提是个人找得到人迹罕至的"空谷"并有能力生活下去。但网络空间与现实社会不同,相形之下,仅仅成为"网络隐士"却是不可取的。

根据网民的网络活动在私人空间还是公共空间进行,以及是否留下网络使用的痕迹,我们不妨将网络隐士区分为"网络独处型""网络无痕型"和"网络留痕型"三类。独处型网络隐士系指进行彻底的网络独处,不涉足任何网络公共空间,仅仅停留在网络私人空间里。网络无痕型的网络隐士,则是上网进行无痕浏览,公共空间从不发言、不参与行动。网络留痕型的网络隐士,则涉足网络公共空间,但从不发言或参与行动,仅仅浏览网络信息(网络语言称为"潜水"),但留下了公开的电子足迹。

固然,网民有权利彻底地进行网络独处,也有权利进行无痕浏览、在公共空间不发言。但是如果人人都做网络隐士,网络公共空间将会非常洁净而冷清,因为无人发布新的信息,那样的网络公共空间将是寂静无聊的。

而(网络无痕型之外的)网络隐士在网络公共空间留下的电子足迹,将会构成公共大数据的一部分。个人电子足迹的使用是否合法合理,直接关系到网络留痕型网络隐士本身能否登录网络(例如遭遇黑客袭击),乃至日常生活的安宁(例如网络隐私泄露)。

实际上,个体一旦使用网络、成为网民,本身就需要紧密地依托于相关的信息权利和法治秩序,否则可能无法登录网络,遑论浏览网络信息。维护信息权利和网上法治秩序需要网民们一起努力,网民不仅是网络空间里的消费者,还兼有双重公民身份。但是,"网络隐士"仅仅享受信息权利和法治秩序带来的益处,却不承担积极的义务、不参与维护信息权利和网上法治秩序。如果网民仅仅成为网络隐士,这意味着该网民忽略了自己的双重公民身份的基本义务,包括维护相关信息权利和网上法治秩序,以及建设公共信息资源等基本义务。网络隐士规避基本义务,实际上意味着

---

① 杨伯峻译注:《论语译注》,中华书局1980年版,第132页。

其网民身份的消解。最终可能出现这样的情形：一个人成为隐士，但与网络无关。

儒家君子具有入世的积极性，"穷则独善其身，达则兼善天下"①。在网络空间中，君子可能独处、阅听、有时不发言，但不可能选择仅仅当一个网络隐士、不进行网络公共交往。我们不妨进一步思考，摒除了民本思想等局限之后的"君子"，具体将会如何对待网络空间？

首先，面对网络空间这一人类迄今最大的信息交流环境，君子不会仅仅以消费者心态对待。好学不倦的君子，将会以开放的心态，通过网络，努力汲取人类的文明成果；同时正视儒家的可能局限，发展儒家的理论，将儒家具有普遍意义的理论内容融入全人类的文化意义世界。这是儒家注重个人修身的"为己之学"在网络时代的一种自然的拓展。现代的网上君子将会致力于涵育自身的国际理解素养，自然地成为一名弱意义的世界公民，追求网络世界的有序与和谐。这既是将"知、情、意交融、活泼的修身过程"拓展到网上，也是儒家"国治而后天下平"的追求在网络空间中的延伸。

其次，君子会是一个国家的网上好公民，但其并不以国家公民的身份划地自限，而乐于在全球的网络公共领域里，遵守普遍的基本规则，聚合网民的善意和知识，和平地、有创意地使用网络空间。换言之，君子在通过网络活动致力完善自身的同时，将会积极参与网络公共交往，为网络空间的良好发展，尤其人类的公共信息资源的建设，尽一分力量。这也是注重教育的儒家在网络时代促进文化发展、拓展教育活动的必然选择。

再次，君子并不会强求网络空间中出现一个文明的、有力的"世界政府"，因为文明的"世界政府"其合法性需要全球诸多网民的认可，而这在目前具有丛林性质的国际社会中，有着显而易见的困难。但是，将国和天下视为处于密切联系之中的网上君子，会自然地成为一个脚踏实地的全球本土化网民。因为，借鉴道的双重视野，全球化和本土化只是全球化背景下、网络公共交往的一体两面。全球本土化网民，不论是"全球思维，本土行动"，或"本土思维，全球行动"，关键是在"全球——本土"、"思维——行动"之间寻找中道：总结具有普遍性的知识，同时注重本土

---

① 杨伯峻译注：《孟子译注》（简体字本），中华书局2008年版，第236页。

的特质；在虚拟的网络空间和现实社会之间，选择恰当的时机行动，合理有效地将社会的善意和资源聚集起来，以努力解决人类所面临的各种问题。

　　每个国家的现代化都需要正视自己所立足的文化传统。理解如今的网络空间、网络公共交往，同样需要我们与文化传统保持对话，批判地继承和发扬自己的文化传统。中华文化传统蕴含的开放视野、人格理想追求等宝贵的思想，依然是我们理解并创造更好的网络空间、网络公共交往的源头活水。

第三章 网络公共交往的权利依托

当网民着眼于公共利益，进行网络交往时，需要拥有一定的信息权利，以保障交往活动的顺利进行。网络公共交往作为一种网络活动，同时也是信息活动，主要包括信息获取、信息认知和信息表达等基本环节。相应地，网民的基本信息权利应至少包括网上的信息获取、信息认知和信息表达等权利。当网民拥有这些基本的信息权利，网络公共交往才具有基本的法治依托，能够比较顺利地进行。

第一节 网民的基本信息权利

随着网络空间在现代社会生活中不断地延展，网络活动已经成为人们在日常生活中难以缺少的信息活动。鉴于网络活动对个体发展的重要性，现代法治应随着社会的发展水平，及时地合理保护网民的基本信息权利。

一 信息活动的重要性

根据邬焜的研究，信息是"标志间接存在的哲学范畴，它是物质（直接存在）存在方式和状态的自身显示"[1]。从信息的层面上看，"人的认识活动就其本质而言乃是一个以信息（自在信息、主客体信息的相互作用、主体认识结构中凝集着的生理的和心理的信息）为中介的信息活动（对信息识辨、储存、加工改造、再生性创造）的过程"[2]。在认识活动过程中，

---

[1] 邬焜：《信息世界的进化》，西北大学出版社1994年版，第26页。

[2] 邬焜、〔法〕布伦纳、王哲等：《中国的信息哲学研究》，中国社会科学出版社2012年版，第77页。

人并没有明确意识到自己体内神经系统的物质性活动，但人能够意识到自己在处理关于外界的信息，以及人所记忆的信息。①

人的认识活动本身是一种"以信息为中介进行的信息活动过程"②。信息活动与人类的实践如影随形，是人的活动的基础部分。在日常生活中，不论我们下意识的心理活动，还是有意识的思考，都是处理信息的活动。人在社会中的生存和发展，离不开信息活动。我们总是通过特定的信息活动，或快或慢，作出决定而后行动。正如维纳所指出："接收信息和使用信息的过程就是我们对外界环境中的种种偶然性进行调节并在该环境中有效地生活着的过程。"③

社会生活的各种活动，均是人所组织和进行的，显然离不开人的活动的基本层面——人的处理信息的活动。就此而言，社会生活一向有其信息方面的体现，只不过传统的信息技术，不足以将社会生活的各种活动的相关信息，大规模地展现在世人面前。

现代信息技术广泛运用之后，尤其互联网的出现，社会生活的信息大规模地呈现在网络空间里。互联网以其逻辑延展性，"随风潜入夜，润物细无声"，逐渐融入人类的各种信息活动。网络空间由此成为社会生活信息的综合体现场所，与社会生活的各种活动广泛地结合起来。着眼于信息层面，网民所有的网络活动，在根本上是网民使用数字化信息进行的信息活动。目前，网络空间中已经存在着海量的信息活动。

邬焜提出"信息实践"的概念，以区别于"物质实践"。物质实践是"建立在物质客观实在性基础上的实践活动"，也就是我们常见的，针对可触可见、实实在在的物体所进行的实践活动。与物质实践不同，"信息实践是在信息科学技术支持下，围绕信息而展开的当代人类实践活动。它不仅包括研发、利用、传播信息科学技术，而且还包括对信息本身的开发、利用和传播，以及对以往人类实践及其成果加以信息化审视、改造等活动。"④

---

① 参见邬焜《信息认识论》，中国社会科学出版社 2002 年版，第 132—136 页。
② 参见邬焜《信息哲学——理论、体系、方法》，商务印书馆 2005 年版，第 163—164 页。
③ ［美］维纳：《人有人的用处：控制论和社会》，陈步译，商务印书馆 1978 年版，第 9 页。
④ 邬焜、［法］布伦纳、王哲等：《中国的信息哲学研究》，中国社会科学出版社 2012 年版，第 218 页。

网民进行网络活动（包括网络公共交往），从信息层面看，也就是从事某种信息实践。而进行这种当代的人类信息活动，既是网络时代的个体应对现代社会生活的需要，也是个体自身发展的需要。

信息已经成为现代社会里，每个人进行日常生活、谋求自我发展所需要的重要资源。在网络空间出现之后，不论是日常生活所需要的社会信息，还是职业生活、公共生活所需要的交往途径和信息，都大量出现在网上。维纳指出："现代生活的种种需要及其复杂性对信息过程提出了前所未有的高度要求，我们的出版社、博物馆、科学实验室、大学、图书馆和教科书都不得不去满足该过程的种种需要，否则就会失去它们存在的目的。所谓有效地生活就是拥有足够的信息来生活。"① 现在，不仅"出版社、博物馆、科学实验室、大学、图书馆"等知识信息资源库，众多国家机构、社会组织和企业也纷纷在网上传播和交流信息。出生在互联网广泛使用之前的人，堪称"数字化移民"，为了在现代社会生活和发展，需要不断地学习一定的信息技术，进行当代的信息实践。而出生于网络时代的人堪称"数字化土著"，他们的成长伴随着网络的发展，信息实践似乎是生来就当如此的事。当"数字化土著"成长起来，步入工作岗位，当代的信息实践必然在社会生活的各个方面继续延伸开来。

早在 1995 年第七届世界通讯论坛和展览开幕式的演讲中，南非前总统纳尔逊·曼德拉表示："在 21 世纪，拥有通讯的能力几乎肯定是一项基本的人权。"② 这个说法具有预见性。如今，掌握一定的信息技术，学会使用网络的基本方法，是进行现代社会生活所需的信息活动几乎不可缺少的手段。在网络时代，拥有使用网络空间（包括互联网或将来互联网发展的新形态）的权利，成为了现代人的一种基本权利。

二 网民对于网络空间的基本信息权利

在人的认识过程中，就人能够意识到的层面来说，人的信息活动是个"获取→认知→表达→再获取→再认知→再表达"的循环过程。③ 借鉴这一

---

① ［美］维纳：《人有人的用处：控制论和社会》，陈步译，商务印书馆 1978 年版，第 9 页。
② 转引自［英］史蒂文·拉克斯编著《尴尬的接近权：网络社会的敏感话题》，禹建强、王海译，新华出版社 2004 年版，第 226 页。
③ 蒋永福：《信息自由及其限度研究》，社会科学文献出版社 2007 年版，第 110 页。

思路，网民的网络活动作为信息活动能否实现，需要考虑如下基本环节：

第一，具备上网的条件。网民只有能够连接上网，进入网络空间，才可能获取网络信息。

第二，获取一定的网络信息。当网民连接上网后，应当有权利获得一定的网络信息。"具备上网的条件"和"获得一定的网络信息"，都有关人的信息活动的"获取"环节。在此基础上，网民才能够结合获取的网络信息，进行认识活动。

第三，发布网络信息。网民的网络活动，不但应当能够获得一定的网络信息，还应当能够发布一定的网络信息，表达看法。网民固然可以选择不表达，但是发布网络信息的权利，却是公民表达权的网上延伸。

网民的网络活动有着丰富多彩的形态，但是作为信息活动，上述三个网络活动的环节恐怕最为基本。相应于上述基本环节，个人在网络空间应当具有的基本信息权利至少应当包括：信息获取权、信息安全权和信息发布权。随着社会和网络的发展，在这些基本权利的基础上，网民的信息权利日趋增多。信息权利的研究是开放的。

（一）网民的信息获取权

信息获取权意指网民能够平等地访问和使用网络信息的权利。这是一个人成为网民首先需要的信息权利，如果没有这一权利，人们无法接触网络空间，遑论在网络空间进行各种活动。

一是学习有关使用网络空间的基本技能的权利。目前，使用网络空间的基本技能成为义务教育的内容，意味着国家和社会广泛承认这一基本权利。

二是使用网络空间的权利。人只有具备基本的技能、用上基本的设备，才能够上网参与数字化的信息世界。信息技术的高度发展和广泛应用，在给全人类带来福祉的同时，也带来了包括数字鸿沟在内的不平等和社会分化。"处于这一鸿沟的不幸一边，就意味着他们很少有机遇参与到我们的以信息为基础的新经济当中，也很少有机遇参与到在线的教育、培训、购物、娱乐和交往当中。"[①] 因此，使用网络的权利是个人在现代社会中发展自身的一个重要条件。

①　曹荣湘：《数字鸿沟引论：信息不平等与数字机遇》，《马克思主义与现实》2001 年第 6 期。

三是平等访问信息的权利。在拥有技能并连接上网之后，随之而来的问题是网民能够访问何种信息。这直接涉及一个开放性的问题：何种信息是网民不论其财产、地位、技术等差异都有权利获得的？这涉及信息（尤其知识）的公共性和知识产权之间的冲突，同时也涉及国家与国家之间的知识产权制度设置之间的冲突。

知识产权，是"法律所赋予的知识产品所有人对其创造性智力成果的专有权利。知识产权的二重属性（产权；信息）使其在理论和实践上一直面临着限制使用和信息共享的矛盾。发明者（知识精英）从财产权的角度希望尽可能充分地保护，以获得最大的利益回报；普通公众从信息获取权的角度希望尽可能促进共享，减少对知识产权的保护"[①]。因此，"限制使用和信息共享"是知识产权在网络空间里面临的矛盾。保护网民平等访问信息的权利，需要在商业利益和公共利益之间取得平衡。

就技术方面来看，网民需要具有一些基本产品（目前至少包括智能手机或电脑、操作系统、办公软件和杀毒软件），才能够实现上网的基本操作，安全地进入网络空间。因此，上网相关的基本产品的价格应当合理设置，从而保障网民基本信息获取权能够实现。

在市场经济格局之下，要求这些基本产品完全倾向公众利益是无法实现的，但是普遍过高的价格也不合理。如今，各种信息产品随着技术发展不断升级，要求网民不断地追随升级。一部分贫穷的网民想跟上信息时代的脚步，却遗憾地以"盗版"的方式去跟随。这样的情况从反面提醒我们，解决盗版问题单方面指责网民可能是不够的，同样需要强调手握先进技术和社会资源的公司自身的社会责任，应探索合理的方式，平衡网民的信息获取权和公司的正当利益。此外，对于广大发展中国家来说，发达国家的一些知识产权保护标准过高、产品价格过高。如何在"限制使用和信息共享"之间取得利益的平衡，各个国家之间还需要进一步的协商与合作。

就内容方面来看，国家、社会建设和开放公共信息（知识）库，降低网民信息获取的成本，方能在实质上实现网民的平等访问信息的基本权利。一方面是国家强化知识产权的保护，另一方面是数字化公共信息库（尤其是公共知识库）的建设。鉴于图书馆的教育作用和公益性质已成常

---

① 沙勇忠：《信息伦理学》，北京图书馆出版社 2004 年版，第 176—177 页。

识，公共图书馆的公共知识应当依法逐步转化为数字化信息，使得全民能够便捷地免费共享。

值得留意的是：随着大数据技术的发展和应用，国家、社会建设和开放公共信息（知识）库时，应当着力于公共大数据的信息公开。大数据是由众多网民的网络活动所共同产生的数据，包括结构严整的结构化数据（如各种数字），以及在社交媒体上产生的非结构化数据（如视频文件和音频文件）。如今每个网民既是数据的消费者，也是数据的生产者。掌握大数据技术和数据资源的公共权力或企业，能够清楚地了解特定的网民集体活动的全貌。相比之下，如今普通网民难以了解自己所参与的集体网络活动的全貌，也难以了解自己置身其中的社会（至少某个方面的）概况。信息不足将会影响网络公共交往的质量。例如，日常生活中，某个网上热帖之下如果出现上百条乃至上千条的回复，普通网民基本上难以一一查看，无法综观全貌。一个热帖的回复区"数据"尚且如此之大，遑论社会生活方方面面的数据。

在大数据技术广泛运用的时代，网民的信息获取权应当与时俱进。网民有权利平等访问的信息，不仅包括过去强调的公共信息（知识）资源，还应当包括公共大数据。建立在维护个人隐私、商业秘密和国家机密的基础上，公共大数据应及时公开信息。从国家和社会治理的角度来看，这有助于实现网民的知情权，促进网民参与治理过程，提高网络公共交往的质量。从网民自身的发展来看，这有助于网民了解社会，从而作出自己的生活决定。

结合技术和内容这两个方面，既保障网民具有上网操作的基本设施，又建设和开放公共信息（知识）库，包括公共大数据的信息公开，网民基本的信息获取权才有可能在网上真正实现。

（二）网民的信息安全权

信息安全权系指网民合理的上网活动不受干预的权利。在网络空间里，网民的信息安全受到黑客非法入侵（上网设备）、电脑病毒等威胁。这些威胁行为既不道德且不合法：首先，不尊重网民本人的自主性，把网民仅仅作为实现他人（黑客或病毒制造者）目的的工具。其次，破坏网民的上网设备，侵害了网民的财产权。

网民的上网活动被以数据（数字化信息）储存下来，这些数据被称为"个人数据",包括结构化数据和非结构化数据。在大数据技术广泛运用的时代,个人数据能否得到保护,与网民身份能否维系、网民的生活能否安宁息息相关。信息安全权意味着网民的个人数据受到合理的保护。

在网络中,能够被改变乃至消灭的是个人数据,而不是网民的肉身。由此,个人数据直接与网民的信息安全相联系。一方面,某些敏感的个人数据直接影响网民身份能否成立,譬如上网账户的信息之于网民身份,犹如生命权之于自然人。另一方面,随着大数据技术的发展,广泛收集网民的各种个人数据成为可能。个人数据的增多,导致大数据时代个人数据变得更加敏感——不但与个人真实身份密切联系,而且对于一个人的活动的描绘可能细致得令人难以置信。① 由此,个人数据和个人的安全、生活的安宁紧密相连。大数据使用者在使用个人数据时,对于个人数据进行"脱敏"处理——使个人数据无明确的主体指向——成为必要的做法。

自然人的人身安全权蕴含着"生命"这一基本的价值。以自然人的人身安全权作为类比,信息安全权对网民至关重要,属于基础性的信息权利。该项权利不仅为惩罚网络犯罪奠定基础,并且和信息获取权一样是最基本的权利,同样要求在商业利益和公共利益之间取得平衡,以保障网民的网络活动正常进行。

(三) 网民的信息发布权

信息发布权即网民在网络空间上发布合理信息的权利,是公民表达权的网上延伸。网民公开发布何种网络信息是合理的? 由于网民们发布的网络信息内容丰富,本书尝试用排除法来思考这一问题,即尝试从网络规制的角度探讨规制哪些网络信息是合理的? 排除了这些网络信息之后,网民

---

① 王忠的研究指出:"大数据技术使以往的非敏感数据变成敏感数据,扩展了敏感数据的范围。在非大数据条件下占比较低、可利用度不高的动态数据和非结构化数据占比迅速上升。其主因是社交网络、自媒体与电子商务平台贡献了主要的个人数据增量部分,其大部分是复杂度较高的非结构化数据。例如,社交网络与自媒体产生的个人数据既包括用户姓名、年龄和性别等基本结构化信息,又包括大量的诸如位置数据、视频数据和音频数据等非结构化信息。又如电子商务平台产生了大量的交易和日志等颗粒度较小的个人数据。大数据在使更多的非结构化数据及小颗粒度数据变得可搜集、可分析、可应用的同时,扩大了交易过程中存在隐私泄露风险的个人数据范围。"王忠:《大数据时代个人数据隐私规制》,社会科学文献出版社 2014 年版,第 128 页。

在发布网络信息方面，"法无禁止即自由"的私法原则将会进一步明确："只要不违反法律的强行性规范，公权机关就不能以任何名义干涉公民的行为，而公民也不必为此承担法律责任。"①

基于法治，对违法的网络信息，国家有权通过法律途径加以规制。例如，规制网络信息的首要理由是为了维护国家安全。当网络空间出现危害国家安全的违法信息时，国家为了维护国家安全和社会稳定，将依法对网络空间实施一定的信息规制。

除了明显违法的网络信息，值得留意的是如何对待网上的"临界信息"？

第一，"临界信息"系指一些"不雅、不当"的网络信息。临界信息内容本身不违法，但网上公开发布临界信息，却可能带来一些不良影响。由于网络的传播速度快、传播范围广，这些不良影响可能被放大。因此，对于临界信息是否要进行规制，存在一定的模糊性。

（1）网民公开发布不雅临界信息，可能让其他网民感觉不适或认为不得体，但这类信息并未在现实生活中造成比较严重的不良后果，也不具有这样的潜能。例如某网民公开发布一些扮鬼脸的恐怖照片，有的网民看了感觉不适甚至向管理员提出屏蔽照片的要求，而有的网民觉得虽然恐怖却有点创意。因此，如何对待不雅的临界信息，在网络信息的规制中往往存在一定的模糊性。

鉴于特定的网络公共领域是所有参与网民进行公共活动的地方，因此，是否包容某个不雅的临界信息，需要结合特定的网络公共领域的主题来决定。相关的网民和管理者均需要立足法律之上，根据所处的网络公共领域的主题和相关的规范，具体分析、综合判断所发布的信息是否合理。例如，在讨论婴儿营养的网络公共领域，个别网民公开发布上述恐怖照片，这不适合该网络公共领域的主题，可能导致讨论跑题或者引起混乱。

（2）不当类型的临界信息包含着一定的错误，所提供的信息不准确或者不全面。网民公开发布不当类型的临界信息，有时会被当作发布谣言。但发布这类临界信息的网民在动机上没有主观恶意，并且这类信息没有在现实生活中造成比较严重的不良后果。

李大勇在分析谣言时提出："言论自由意味着应当允许人们说错

---

① 刘风景：《"法无禁止即自由"的中国意义》，《山东社会科学》2014 年第 8 期。

话，……宪法对言论自由的保护并不根据人们发表的观念和信仰是否是真理、流行或者具有社会效用。……如果每个人都必须对自己所讨论的每个问题以至于每个细节都必须有了完全了解之后才能发言，那么这个社会也只能是无话可说、无人敢言。只要民众在发表言论时不是故意或恶意利用言论伤害他人、危及社会安全或有重大过失并从中获利，即使他们的言论损害了他人的某些利益，也应当受到宪法的保障。"①

人非圣贤，网民在公开发布信息时可能出现错误的陈述。面对不当类型的临界信息，为了保护网民的信息发布权，同时澄清错误陈述，网络规制应当选择疏导而不是压制。例如，管理者可对临界信息标识"待证实"的相关标记，并提供有助于澄清情况的相关信息。

第二，随着社会和法律的发展变化，网上的"临界信息"也发生了变化。鉴于网络的传播速度快、传播范围广，可能直接导致严重危害公共安全或公民人身安全的网络信息，如今已不属于"临界信息"。

赵勤于 2002 年根据当时的社会生活提出：网上"临界信息"系指一些"不雅、不当、具有危害公共安全嫌疑的行为"的信息；当时的法律法规对这些"临界信息"未作明确规范，建议以社会伦理、道德规范加以管理。其中，"具有危害公共安全嫌疑的行为"包括"叙述如何制造危险物品、汽油弹等"；"不当内容"包括"教唆他人如何自杀、夸大灵异现象或冒他人之名在网上聊天等"。②

但近十几年来，互联网的迅猛发展给社会生活带了巨大的影响，法律也出现了相应的发展变化。一些不当的网络信息和"具有危害公共安全嫌疑的行为"的信息，已经在法律实践中，被剔除出"临界信息"的范围。例如，我国 2015 年的《互联网危险物品信息发布管理规定》，明确禁止个人或单位在网上公开发布"如何制造危险物品"的信息。③ 又如，在近年来具体的案件中，警方明确表示传播自杀游戏、指使他人自杀

---

① 李大勇：《谣言、言论自由与法律规制》，《法学》2014 年第 1 期。

② 赵勤：《从公民言论自由到国际互联网"临界信息"管理》，《网络安全技术与应用》2002 年第 4 期。

③ 中国政府网：《六部门联合发布互联网危险物品信息发布管理规定》，［2020－08－09］. http：//www. gov. cn/xinwen/2015－02/16/content_ 2820248. htm.

或自伤的行为可能涉及犯罪，[①] 对此有学者提议"设置教唆、帮助他人自杀罪"。[②] 今天，可能直接导致严重危害公共安全、公民人身权利的后果的网络信息，已经被排除在"临界信息"之外。

与过去相比，网络空间对现实社会生活的影响更大，而临界信息的范围缩小了。规制临界信息，需要管理者结合法律、具体的网络公共领域的性质、公共交往伦理等因素，进行综合的判断，在规制临界信息和保护网民的信息发布权之间取得平衡。换言之，规制临界信息，要求管理者立足法治并具有一定的实践智慧[③]，了解当下的具体情境，选择合适的规则，作出相对合理的决定。

第三，发挥网络公共领域的社会泄压阀作用，应当合理规制临界信息，尽可能减少临界信息带来的不良影响，使之不越过违法的界限。因为网络空间是一个数字化的信息交流环境，人们在网络中可以半隐匿自己的真实身份，可以自主地选择交流对象与话题，因此不少网络公共空间可以让人们较无拘束地发表言论。这有利于形成各种网络公共领域，活跃社会的舆论氛围。在网络空间里，弱网络公共领域尤其具有社会泄压阀的作用。临界信息在现实生活中的存在，往往体现了网络公共领域的社会泄压阀作用，同时也让人们看到了社会生活中真实存在的、不完善的方面。"临界信息"因其并不违法，相关的网络规制不宜严厉，宜疏不宜堵，以免形成"寒蝉效应"，

---

① 2017 年，源自俄罗斯的网上"蓝鲸死亡游戏"蔓延至我国四川省，四川警方发现共有 52 人参与死亡游戏，其中 22 人自残，2 人精神异常被送精神病医院治疗。四川省公安厅网络安全保卫总队表示："根据《中华人民共和国刑法》相关规定，指使、胁迫他人实施自杀、自伤行为，构成犯罪的，将依法追究其法律责任。任何组织或传播'蓝鲸'类自杀游戏的行为都可能涉及违法犯罪，必将受到法律的严惩。"李逢春：《四川网警发布暑期"特急保护令"阻击致命"蓝鲸"》，［2020 - 08 - 09］. http://scnews. newssc. org/system/20170621/000790790_ 3. html.

② 张红建议："借鉴国外的立法经验，结合我国的国情，在我国设定教唆、帮助他人自杀罪。该犯罪应归属于侵犯公民人身权利、民主权利犯罪。其侵犯的客体是他人的生命权，客观方面表现为教唆或者帮助他人自杀的行为；主体应与故意杀人罪的主体相同，已满 14 周岁且具有刑事责任能力的自然人就可以成为本罪的主体。主观方面须为故意。即明知自己的教唆、帮助行为会促使被害人产生自杀的严重后果，并且希望或者放任这种结果的发生。在刑罚上，该犯罪应属于轻罪的范畴，应规定在有期徒刑以下处罚，不设置无期徒刑和死刑，可设置附加刑。如日本设置的自杀帮助罪，其会在 6 个月以上 7 年以下判处有期徒刑。同时，对于一些情节较为轻微的教唆、帮助他人自杀者，笔者认为也可以对其适用管制、拘役。"张红：《由一起案件引发的思考——应设置教唆、帮助他人自杀罪》，《法制与社会》2015 年第 6 期下。

③ 关于网络公共交往中的实践智慧，参见第四章第四节，六"三种网络公共交往德性的融合"。

使得网民不敢说话，从而影响网络公共领域的活跃度。

第四，我国应当探索通过立法，逐步建立起合理的、明晰的网络信息分级制度，在实践中廓清成年人和未成年人有权利了解的信息的区别。在网络信息规制的实践中，管理者应避免为了规制的方便，而简单地把网民中的成年人当作未成年人对待。如果为了保护未成年人，在网上过滤某些信息时，把成年人有权利了解的信息一并过滤，那将会损害成年人的信息获取权和信息发布权。

密尔曾经提醒人们："一个国家若只图在管理技巧方面或者在事务细节实践上所表现的类似的东西方面稍稍较好一些，而竟把全体个人智力的扩展和提高这一基本利益推迟下来；一个国家若只为——即使是为着有益的目的——使人们成为它手中较易制驭的工具而阻碍他们的发展，它终将看到，小的人不能真正做出大的事；它还将看到，它不惜牺牲一切而求得的机器的完善，由于它为求机器较易使用而宁愿撤去了机器的基本动力，结果将使它一无所用。"① 这段话可谓警醒。

规制网络信息，应当坚持法治，保障网民的基本信息权利。一方面，网络信息的规制应当致力于创造良好的网络公共环境，鼓励网民的个性发挥和理性能力的发展。另一方面，网民自身也应当遵守立足于法治的公共交往伦理，积极地行使信息发布权。维护网民的信息发布权，在信息发布权和网络规制之间取得平衡，需要广大网民和管理者一起协同治理。

第二节　信息权利的价值基础

网民基本信息权利内在包含着重要的价值。进一步研究那些为信息权利奠基的重要价值，将有助于阐释信息权利的伦理原则，进而探究如何更好地发展和保护信息权利。

莱斯格提出，每个个体在网络空间的行为，实际上受到四种权力的规制：市场、架构（代码）、法律和社会规范。② 网民应当拥有一些权利，以

---

① ［英］约翰·密尔：《论自由》，许宝骙译，商务印书馆1959年版，第137页。

② 代码系指构成网络空间的软件和硬件。对网民的网络活动，这些软件和硬件实际上形成了物理的限制。参见［美］劳伦斯·莱斯格《代码》，李旭等译，中信出版社2004年版，第108—112页。

此在四种规制权力之下保护自己。网络空间具有全球性，在莱斯格看来，这是一个"既不属任何特定管辖范围而又受制于所有管辖权"①的数字化空间。他所提出的个体权利包含：网民作为现代人类的一员，对于网络空间应当具有的基本权利。这种基本权利不局限于特定的国家和地区。"这种权利出自这样一种感觉——一种超越外交联系而又深入人心的集体利益的感觉。"②莱斯格没有进一步分析这些属于全人类的"集体利益"的内涵。但这些"集体利益"显然包含一些对于全人类至关重要的基本价值，而这些基本价值在理论上为网民的基本权利打下了基础。

斯皮内洛改进了莱斯格的规制模型，自觉地寻找应当用于指导和约束四种规制权力的核心道德价值。他借鉴摩尔"关于人类的核心价值"的清单和菲尼斯的"前道德善"清单，提出："无论在现实空间，还是在网络空间，人类繁荣的价值是人类行为至高无上的规范。"③在斯皮内洛的改进版规制模型里，规制网络空间的四种权力不能恣意而为，而应当遵循普遍的伦理原则和道德规范。斯皮内洛认为，人类的核心道德价值作为有助于实现人类繁荣的基本的善，具有普遍性；体现了人类的核心道德价值的伦理原则和道德规范，因而具有普遍性。莱斯格和斯皮内洛的观点蕴含着一个理论思路：普遍的伦理原则和道德规范应当建立在人类的核心道德价值基础上，进而形成保护网民的权利，指导和约束规制网络空间的四种权力。这实际上是一种保护网民的权利，促使权力文明运作的设想。

对于人类的核心道德价值的研究是开放性的，其中包含着从基本的、"前道德的善"向"道德的善"的转变：基本的、"前道德的善"是一些核心的价值，由于对实现人类的幸福不可或缺，因而成为人类核心的"道德的善"。在这层意义上，人类的核心价值可被视为"人类的核心道德价值"。

摩尔认为，人类个体或群体，若要长期存活下去，都必须具有一些人类的核心价值（core values）。不同的文化，不同的国家和地区，往往通过不同的方式具体表现这些核心价值。他认为，生命、幸福、能力、自由、

---

① ［美］劳伦斯·莱斯格：《代码》，李旭等译，中信出版社 2004 年版，第 279 页。
② ［美］劳伦斯·莱斯格：《代码》，李旭等译，中信出版社 2004 年版，第 279 页。
③ ［美］理查德·斯皮内洛：《铁笼，还是乌托邦——网络空间的道德与法律》，李伦等译，北京大学出版社 2007 年版，第 6 页。

知识、资源和安全保障，均是人类的核心价值。但他对此没有展开分析。[①]

菲尼斯详细分析了七项基本的、前道德的善（premoral goods）：生命、知识、游戏、审美体验、社交（友谊）、实践理性和宗教。[②] 他认为，这七项前道德的善彼此不可通约，却构成了人的幸福的基本方面，是道德判断的价值基础。我们进行实现这些基本的善的活动，才能获得生活的幸福。

对于人类核心价值的探讨，"摩尔和菲尼斯的观点大同小异。他们一致认可生命和知识的重要。摩尔所说的幸福和自由，建立在菲尼斯所说的七项基本善的基础上。摩尔所说的能力，包含在获得知识的能力（理论理性）以及实践理性之中。摩尔所说的资源和安全保障，则与菲尼斯所说的生命（指人处于身体健康的良好状态）这一基本善相关；如果缺乏资源和

---

① James H. Moor. , "Reason, Relativity, and Responsibility in Computer Ethics", *Computers and Society*, 1998, 28 (1)：14 – 21.

② 笔者曾简述并分析了菲尼斯关于这七项基本的善的观点："菲尼斯详细分析了这七项基本的善。这七项基本的善是人类幸福的基本方面，与人的欲望相对应。但只有那些明智地引导和控制自己欲望、倾向以及冲动的人，才能够实现人类幸福的这些基本方面。第一，生命（life）指人处于身体健康的良好状态。第二，知识（knowledge）指因自身的原因而被追求的知识，而不是仅仅具有工具价值的知识。第三，游戏（play）以及蕴含在游戏之中的乐趣，是人类文化中不可缩减的因素，具有自身的价值。游戏的元素可以融入任何人类活动。第四，审美体验（aesthetic experience）因其自身的原因而被人们珍视。第五，社交（sociability）的价值在人们之间最低限度的和平中实现，友谊（friendship）是社交的最强形式。拥有友谊是一种基本的善。第六，实践理性（practical reasonableness）是一种能力，它使得一个人能够将智慧和理性秩序引入行为、习惯和实践态度中，从而对行动、生活方式以及性格等方面产生有效影响。实践理性有助于实现其他基本善，本身具有工具性的意义；同时它也是一种因为自身就值得追求的基本善，因此也是一种目的。实践理性向人们提出了九个基本要求。这些基本要求是相互关联的：（1）有条理的人生计划。（2）人类幸福的基本方面都是同样基本的，因此不应恣意偏爱某个基本的价值。（3）在个人的偏好和其他人的利益之间，不恣意偏爱某个人的偏好。（4）对具体的计划保持超然的态度。（5）不轻易放弃对于基本价值的责任。（6）以能够有效实现理性目的的方法，追求并为世界带来善。（7）尊重每一项行为所蕴涵的每种基本价值，因为这些基本价值彼此之间是不可通约的。（8）维护共同的善。这种共同的善是那些使人们能够在共同体里合作从而实现合理目标的条件。（9）在和实践理性的其他要求一致的前提下，遵从良心。第七，宗教（religion），指一些在人类与神之间确立和维持妥当关系的观念。菲尼斯认为，世界上看似有着多种关于道德方面的善的观点，但归根结底，道德方面的善建立在这七项基本的善之上，不论道德方面的规范、行为或动机，都与这七项基本善中的某几项有关。这七项基本的善反映了世界上对于好生活的看法的多样性。有理性的人难以否认：这七项基本的善对人类生活的繁荣是必要的。从菲尼斯的理论可以得出对于人类生活的一种理想：鉴于每个人有各自青睐的基本善，谁也无法代替另一个人去生活，一个人有权利在实践理性的引导下，以各自的方式去实现自己生活的繁荣。"童谨：《个人网络活动的伦理反思》，博士学位论文，北京师范大学，2010 年。参见 ［美］约翰·菲尼斯《自然法与自然权利》，董娇娇、杨奕、梁晓晖译，中国政法大学出版社 2005 年版，第 72—77、84—102 页。

安全保障，人们就不可能处于身体健康的良好状态。"①

　　人类的核心价值究竟包括哪些具体内容，相关的讨论依然是开放的。但目前可以肯定的是，世界上的确存在有助于实现我们人类幸福的核心价值，例如生命、资源、知识和安全等。如果我们把人类的核心价值定义为有助于实现人类幸福的、基本的善，那么，有助于维护和促进人类的核心价值的规范和行为，从生活实践的效果上看，因为有助于实现人类幸福，从而具有了道德的善的意义。于是出现了一种思路：把人类的核心价值定义为有助于实现人类幸福的、基本的善，以能否维护和促进人类的核心价值作为判断道德的善的标准，进而以人类核心价值作为网络空间以及网民信息权利的价值基础，以人类核心价值的普遍性为网民信息权利奠基。这种思路值得借鉴。

　　由此，在理论上，建立在人类核心价值基础上的网民的基本权利，应当约束现实中规制网络空间的权力。换言之，体现了人类核心价值的人权，应当随着信息技术和网上社会生活的发展而发展，约束规制网络空间的各种权力。在一国的网络空间里，以权利制约权力，这是宪法在数字化空间的扩展。也就是说，在一国的网络空间里，"公民权利是国家政治权力配置和运作的目的和界限，即国家一切权力的配置和运作，只是为了保障公民权利的实现、协调权利之间的冲突、制止权利之间的相互侵犯和维护权利平衡"。②

　　同时，这也是一种对网络空间的基本秩序的理论设想。这种网络空间基本秩序应当是一种维护权利的、法治的世界公民秩序；在没有"世界政府"的情况下，这实际上是一种弱意义的全球网上法治秩序。广而言之，这种理论设想实际上也是关于人类生活的理想设想，而不仅限于网络空间。只不过网络空间的特点，将一些全球性的、需要人类共同面对的问题，不容回避地直接提请到全人类的面前。从寻找人类的核心价值到寻找普遍的伦理，都是尝试解决全人类共同面对的全球问题所需要的理论探索。这一切都立足于一种关于文明的理想：人类摒弃残酷无情的丛林法则，在理性的引导下，以人类的核心价值来约束各种现实的权力；在人权这一基本的社会生活安全网之上，个人应当具有基本的权利，能够以各自

　　① 童谨：《个人网络活动的伦理反思》，博士学位论文，北京师范大学，2010年。
　　② 强昌文：《权利的伦理基础》，安徽人民出版社2009年版，第12页。

的方式追求幸福，实现各自生活的繁荣。

第三节　信息权利的伦理原则

以对人类生存和发展必不可少的核心价值，制约网络空间的权力结构，这是比较抽象的、基础性的理论分析。然而，在网络空间中，面对具体的网络活动例如网络公共交往，抽象的理论难以直接应用。对此，斯皮内洛借鉴原则主义的方法，即把来源于抽象理论的中间原则应用于伦理分析之中。他引用了比彻姆和查尔瑞斯提出的生命伦理学的四大伦理原则——"自主、不伤害、有利和公正"①，认为这些原则普遍适用，而关注人类核心价值的人在制定政策时，会谨慎地根据这些伦理原则。段伟文认为，网络信息权利是联结网上网下生活的伦理纽带，并进一步提出了网络信息权利的伦理原则：无害原则、行善原则、公正原则、自主原则和知情同意原则。

本书认为，自主原则和知情同意原则可被视为"自愿原则"的一部分。自主原则系指尊重人的理性的自我决定的能力。知情同意原则是实现自主原则所需的条件——让受某个活动影响的利益相关人尽可能充分地知晓活动的过程、潜在的风险和后果，从而自主地作出选择。在自主和知情同意基础之上，网民才可能真正自愿地作出某个行为。此外，有利原则可以被视为公正原则的一部分，即公正地对待某个人，意味着使得这个人能够得到应得的利益。"应得的利益"在特定的现代社会里，至少包含了基本的人权。公正原则还意味着我们同为人类社会成员，应当彼此换位思考、合理地相互对待。由此公正原则包含了我们作为人类社会成员所应当承担的积极义务，例如"我们有义务帮助别人""当我们有能力这样做时，应当增进他人的福祉"等含义。

本书借鉴了以上学者的观点，认为在网络公共交往中，对于网民信息权利来说，无害原则、自愿原则、允许原则和公正原则是重要的伦理原则。

一　无害原则

无害原则直接体现了对人类核心价值（生命和安全）的重视。毕竟，

---

① 参见［美］理查德·斯皮内洛《铁笼，还是乌托邦——网络空间的道德与法律》，李伦等译，北京大学出版社 2007 年版，第 21—23 页。

任何个人和社会如果漠视了生命和安全，将难以长期存活。"我们通过人类学和比较伦理学的文献知道，没有一个社会的道德规范不包含禁止伤害他人的禁令。关于'伤害'或'社会伤害'的具体概念可能有多种理解，惩罚和赔偿的模式也可能不同，但禁止伤害别人的禁令一直存在。"① 段伟文认为，"无害原则指任何网络信息权利的实现应该尽可能地避免给他人造成不必要的伤害。"② 无害原则要求一个人审视自己的意图，对自己的行为负责："要求行为者在事先要存有无害他人的意图，由此意图出发，审慎考虑其行为可能对他人造成的伤害，并以此及时调整自己的行为，坚决杜绝那些可能对他人造成严重伤害的行为。"③

无论在网上还是网下的生活，无害原则属于底线伦理，是对人类活动的最低的道德要求。在网络空间中，无害原则直接保障网民的信息安全权。当我们认可无害原则是网络活动的底线伦理，这就意味着网络中即便"独处"也需要最起码的"慎独自律"④，即网民独自在网上阅听、处理信息时，应当自我约束，避免给他人带来不必要的伤害。网民私人的网络活动由此也具有了基本的道德含义。

鉴于社会生活的复杂性，无害原则强调每个人的行动应当尽量避免"造成不必要的伤害"。一方面，无害原则包含了对于人类的有限性的谦逊认识，对于运气可能给人类行为带来的不良影响保持戒备心理。另一方面，无害原则基于珍视"生命"这一人类的核心价值，内在地包含了人类的恻隐之心——即使一个人不得已给他人造成"必要的伤害"，也应当尽量避免过度。这种恻隐之心不仅指向人，也指向其他的生命；基于恻隐之心这种道德直觉，无害原则和敬畏生命紧密联系起来。⑤ 无害原则看似基础，但直接呵护"生命"这一人类核心价值，维系着"恻隐之心"这一内在于人类文明的基本道德直觉。

在现实生活中，一旦出现了伤害他人信息权利的情况，这时需要相应

---

① John G. Simon, Charles W. Powers, Jon P. Gunnemann, *The Ethical Investor*: *Universities and Corporate Responsibility*, New Haven: Yale University Press, 1972, 20.
② 段伟文:《网络空间的伦理反思》，江苏人民出版社 2002 年版，第 137 页。
③ 段伟文:《网络空间的伦理反思》，江苏人民出版社 2002 年版，第 137 页。
④ 请参见第四章第二节"慎独自律"。
⑤ 请参见第五章第一节，一"敬畏自然和敬畏生命"。

的矫正的正义。由此，从无害原则出发，也将我们引向了公正原则①。

二　自愿原则

自愿原则意味着尊重人的自主能力，即人的理性的自我决定的能力。在信息活动的层面上，每个人的网络活动首先是人和数字化信息构成的交流环境之间的互动，在此基础上出现网民之间的网络交往，即人通过数字化信息与其他人进行的互动。与传统媒介不同，网上的信息不会自动进入个人的生活空间，而需要个人依靠一定的硬件设备，主动使用软硬件，寻找和阅听网络信息；进而在茫茫的信息海洋中，回应某个人发布的信息，进行交流和沟通。这些我们在日常生活中经常进行的个人网络活动，均属于个人自愿的网络活动。网民个人的网络活动尤其网络公共交往的开展，均有赖于人的自主能力。在这层意义上，对于网络公共交往，自愿原则是一个基本原则。

在自愿的网络交往中才存在着交往的正义。如果全球范围内文明的、法治的网络空间是应当期望的，那么，网络交往的双方之间的基本关系首先应当是弱意义的世界公民之间的关系。交往的双方应当互相尊重人权，这种尊重体现了交往中的正义。② 网络交往是人和人之间通过数字化信息进行的交往。如果有一方被迫交往，或者在不知情的情况下进行交往，这违背了当事人的意愿，贬损了当事人的理性的自我决定的能力。例如，在没有得到授权的情况下，黑客进入他人的私人网络空间、私人电脑系统，骗取或窃取私人信息等情况。在这种情况下，被动的一方的信息权利没有得到尊重，甚至信息安全也受到严重威胁（由于信息安全权与网民身份息息相关），因而主动的一方的网络交往行为是非正义的。

三　允许原则

理论上，作为弱意义的世界公民，网民之间是平等的，应当享有平等的信息权利。基于网民之间的平等关系，在网络公共交往中，如果要达成文明的共识或行动方案，网民们需要共同遵循一定的伦理原则。然而，现

---

① 请参见第三章第三节，四"公正原则"。
② 参见廖申白《交往生活的公共性转变》，北京师范大学出版社 2007 年版，第 232—233 页。

实生活中的网民来自不同的国家和地区，具有不同的文化背景、不同的价值偏好甚至不同的道德规范。由此，在网络公共交往过程中，网民们需要共同遵循的道德规范，恐怕不能出自某个道德共同体的权威，而应当建立在网民们的理性讨论的基础上，共同建构和认可。换言之，除了无害原则和自愿原则这两个网络活动最基本的原则之外，网络公共交往过程中的伦理建构，还需要考虑程序方面的基本原则：不能诉诸强迫或某个道德共同体的权威；涉及他人的行动，应当进行理性协商讨论，通过合理的理由得到他人的许可。借鉴恩格尔哈特的"道德异乡人"理论，将这个网络公共交往过程中伦理建构的基本原则，称为"允许原则"。

恩格尔哈特的生命伦理学的研究提醒我们，现代社会是由"道德异乡人"组成的大规模社会。"人们在道德观上有真实的不同。……这些不同来源于参与道德争端的人们持有的不同的前提和关于证据的不同的规则，因而这些争端无法通过诉诸圆满的理性论证来解决，也无法通过诉诸一个共同承认的道德权威（即由于持有共同的道德观［而不是通过具体的同意，如同意一个人为仲裁者］而把某个人看作适宜的道德权威）来解决。"① 处于不同的道德体系中的道德异乡人，彼此分处不同的道德共同体，对于道德标准有着不同的看法。而在同一个道德共同体内部，成员们互相认可特定的道德标准，对良好的生活观念看法一致，因此彼此成为"道德朋友"。恩格尔哈特认为，如果在交往中，我们以某个道德共同体认可的道德标准，要求并不认可这个道德标准的道德异乡人，那就对道德异乡人构成了"强迫"。由此恩格尔哈特提出一个程序性的形式原则，即"允许原则"：涉及他人的行动，应当通过合理协商，得到对方的允许，方是正当的。在他看来，允许原则不包含具体道德内容，并不能告诉我们应该相信何种道德学说；允许原则只是我们和道德异乡人一起共同生活，进行合作或解决道德争端时所需要的文明的基本原则，使得我们和道德异乡人之间最起码的道德活动成为可能。

有学者指出，尽管恩格尔哈特认为允许原则是一个程序性的形式原

---

① ［美］恩格尔哈特：《生命伦理学的基础》，范瑞平译，湖南科学技术出版社1996年版，第91页。

则，但是实际上他依然预设了理论前提：尊重人的自主性。① 本书进一步认为：允许原则在涉及他人的行动时先考虑理性地、文明地协商，排除不尊重他人的强迫行为，这不仅预设了尊重人的自主性，即自愿原则；还预设了无害原则，即尽量避免对他人造成不必要的伤害。进而，既然这种协商应当是文明的理性讨论，那么"道德异乡人"在进行协商时必然无法忽视人类的核心价值。尤其在应对人类共同面临的问题时，人们即使互为"道德异乡人"，也不得不进行一定的公共交往，着眼于共同的利益，追求一定的公共性。此时，即使"道德异乡人"身处不同的道德共同体，也依然需要根据实际情况，对人类的核心价值进行相对合理的排序，从而形成一定的伦理共识。本书之所以强调人类的核心价值的合理排序，是为了避免"道德异乡人"以基本善的多样性以及道德多样性为理由，坚持自己的偏好，却忽视了人类社会的共同利益（公共性）。由此看来，允许原则作为公共交往中的程序性原则，并非纯形式的，而是建立在一定的人类核心价值基础上，与无害原则和自愿原则相互支持。

　　立足于允许原则，"道德异乡人"之间的交往就朝着理性协商的方向，迈出了关键的一步。即使是"道德异乡人"，也依然存在达成一定的伦理共识的可能性。虽然恩格尔哈特认为理性论证无法解决道德争端，但他却提到了"道德异乡人"可能成为道德朋友，从而消弭道德争端。首先，同为人类，各种道德体系之间毕竟存在着一些共同性。人们能够从这些共同性出发，尝试解决争端。其次，如果人和人之间持有的、共同的良好生活观念越多，就越有可能成为道德朋友，而不是道德异乡人。"当人们持有共同的良好生活观时，他们生活在相互理解和承诺共同目标的相同结构中。在这类情形下，同意进行合作只需要很少的明确交流，因为交流已经通过意会性理解关系而发生了，这种理解形成了一个共同的良好生活观。"② 而形成共同的良好生活观念，需要人们进行更多的交往，在交往中互相熟悉。

　　在网下的现实生活中，分处世界各地的人们作为道德异乡人，可能因

---

　　① 邓艳平：《道德异乡人何以共处》，《医学与哲学》2002年第8期。
　　② ［美］恩格尔哈特：《生命伦理学的基础》，范瑞平译，湖南科学技术出版社1996年版，第317页。

为地域相隔，不容易相遇。但在网络空间中，由于网络交往的便捷，网络道德异乡人相遇的机会大幅增加了。如果网络中的道德异乡人在交往中，选择允许原则，愿意文明地进行理性协商，认真对待人类核心价值，寻找共同的良好生活观念，那么彼此之间进行沟通交流乃至达成一定的伦理共识、形成行动方案，并非不可能。换言之，网民们进行公共交往如要实现沟通交往乃至达成一定的共识，必然需要依托彼此共享的一些道德方面的共同性，选择文明、理性地协商；而只有着眼于公共性，公正合理地对待人类的核心价值，才可能真正突破彼此的道德标准的差异，达成一定的合理的共识。

四　公正原则

当网民的信息权利实现过程中出现不平等时，当网民行使信息权利出现利益的纷争时，需要有公正原则加以规范。下面将借鉴罗尔斯的正义理论，对网民信息权利的公正原则作初步的阐释。

鉴于每个人都有可能处在社会中最少受惠者的处境，罗尔斯认为普遍的伦理原则应从社会中的最少受惠者的角度加以考虑。他提出了关于制度的两个正义原则，主要适用于社会的基本结构。

"第一个原则　每个人对与所有人所拥有的最广泛平等的基本自由体系相容的类似自由体系都应有一种平等的权利。

第二个原则　社会和经济的不平等应这样安排，使它们：①在与正义的储存原则一致的情况下，适合于最少受惠者的最大利益；并且，②依系于在机会公平平等的条件下职务和地位向所有人开放。"①

罗尔斯提出，第一个原则适用于公民的基本自由，公民应当平等地拥

---

① 罗尔斯写道："第一优先规则（自由的优先性）两个正义原则应以词典式次序排列，因此，自由只能为了自由的缘故而被限制。这有两种情况：①一种不够广泛的自由必须加强由所有人分享的完整自由体系；②一种不够平等的自由必须可以为那些拥有较少自由的公民所接受。第二个优先规则（正义对效率和福利的优先性）第二个正义原则以一种词典式次序优先于效率原则和最大限度追求利益总额的原则；公平的机会优先于差别原则。这有两种情况：①一种机会的不平等必须扩展那些机会较少者的机会；②一种过高的储存率必须最终减轻承受这一重负的人们的负担。"［美］约翰·罗尔斯：《正义论》修订版，何怀宏、何包钢、廖申白译，中国社会科学出版社 2009 年版，第 237 页。

有这些基本自由。① "第二个原则大致适用于收入和财富的分配，以及对那些利用权威、责任方面的差距的组织机构的设计。虽然财富和收入的分配无需平等，但它必须合乎每个人的利益，同时，权威与负责地位也必须是所有人都能进入的。人们通过坚持地位开放而运用第二个原则，同时又在这一条件的约束下，来安排社会的与经济的不平等，以便使每个人都获益。"② 根据第二个原则，事实上存在差异和不平等的社会如果是正义的话，则除非现实社会中社会和经济的不平等建立在机会公平的基础上，并且这种不平等应当合乎每个人的利益，尤其有利于最少受惠者的最大利益。

网民的信息获取权、信息安全权和信息发布权，在一个现代国家里，这些基本的信息权利实则是网下国家公民权利的网上延伸。当我们借鉴罗尔斯的正义原则，可以发现：

——网民的信息安全权，尤其基本的信息安全，由于直接关系到网民的网络活动能否实现，因此涉及了个人自由，以及拥有个人财产（包括虚拟财产）的权利等基本自由。

——网民的信息发布权，主要包括在网上延伸的言论和集会自由、良心自由和思想自由等，同样属于罗尔斯所说的公民的基本自由。

——网民的信息获取权中的"学习有关使用网络空间的基本技能的权利"和"使用网络空间的权利"，如今已经被视为基本的公民权利。而网民信息获取权中的"平等访问信息的权利"，则往往与"收入和财富的分配"有关。

借鉴罗尔斯的正义原则：第一，根据自由优先的原则，保障属于"基本自由"的网民信息权利的平等，是首要的事。这些基本自由使得网民能够进入网络空间进行基本的网络活动。这部分网民信息权利至少包括信息安全权和信息发布权，以及信息获取权中的"学习有关使用网络空间的基本技能的权利"和"使用网络空间的权利"等。在网民日益增多的情况

① 在此，公民的基本自由系指："重要的有政治上的自由（选举和担任公职的权利）与言论和集会自由；良心自由和思想自由；个人的自由——包括免除心理的压制、身体的攻击和肢解（个人完整性）的自由；拥有个人财产的权利；以及依照法治的概念不受任意逮捕和没收财产的自由。"参见［美］约翰·罗尔斯《正义论》修订版，何怀宏、何包钢、廖申白译，中国社会科学出版社2009年版，第47—48页。

② ［美］约翰·罗尔斯：《正义论》修订版，何怀宏、何包钢、廖申白译，中国社会科学出版社2009年版，第48页。

下，相比过去，现在上网相对容易。在实现了属于基本自由的网民信息权利之后，网民们所能够获取的信息质量如何，恐怕是一个更突出的问题。

第二，根据正义对效率和福利的优先性，对于网民信息获取权中的"平等访问信息的权利"，则需要考虑在网民们的竞争与合作中寻求正义。当我们着眼于规制网络空间的现实权力结构，关键的问题恐怕在于：权力精英和普通网民之间信息获取的不平等，是否可能是正义的？参照罗尔斯的第二个正义原则，涉及社会和经济的不平等时，机会公平原则优先于差别原则。处于不同阶层的网民之间应当是一种竞争与合作的关系：首先，是机会的公平，即获取信息的机会公平。其次，竞争之后产生的不平等，如果能符合于最少受惠者的最大利益，那么这样的情况依然是正义的。因为这样做将在"绝对公正和无限制的不平等"之间、在"按绩效分配和按需分配之间"保持适度张力，协调信息资源分配不均所导致的冲突。

严格的知识产权保护，对于网络权力精英获取信息来说，通常不是障碍；但对于某些收入低的网民来说，这将真切地影响他们信息获取权的实现。因此，我们应当以公正原则致力于平衡商业利益和社会最少受惠者的信息权利之间的关系；适当地降低收费或以其他合理的方式，促进获取信息的机会公平，帮助收入低的网民实现他们的信息权利尤其是信息获取权。

值得留意的是：信息获取尤其知识获取方面的两极分化，在网络时代往往带来收入的两极分化，而收入的两极分化往往埋下了社会动荡的隐患。不仅知识获取方面的两极分化，可能带来社会动荡的隐患，广泛的、忽视公共性的信息获取活动，同样不利于最少受惠者的最大利益，同样会为社会带来隐患。眼下，市场中的权力精英运用注意力经济，已经获得了丰厚的利润。① 倘若广大网民的注意力总是被市场的力量牵引，倾向娱乐消遣，忽略追求知识、追求公共性，那么不仅不利于网民自身的发展，而且一个社会将会趋向无思考的平庸，甚至可能陷于某种危险之中。②

---

① 请参见第四章第二节，四（二）"合理运用注意力"。

② 试想，如果一个国家众多的普通网民平时并无机会接受较好的科学素养教育，也缺乏机会了解其他国家和地区有效的防疫措施，缺乏自我防护的意识；在全球疫情大流行时，依然无视安全进行聚集，分享活动信息并以此为荣，最后将导致整个社会变得不安全。在几乎无孔不入的病毒面前，在不安全的社会环境中，该国的权力精英也将被裹挟，最终难以独善其身。例如美国、巴西等国的新冠肺炎疫情反映了这一点。

对于网络空间中的权力精英而言，与普通网民的合作造就了他们的成功。从国家和社会的长远发展来看，遵守公正原则，不滥用权力、忽视公共性，首先是权力精英的社会责任。对于普通网民而言，通过网络合作寻找机会，经过努力赢得自身的发展，同样需要遵守公正原则。不论是权力精英还是普通网民，遵守公正原则的责任是出于个人以及社会文明发展的需要。在这层意义上，公正原则倡导从最少受惠者的角度思考，关注公共性，是为了防范社会的动荡，保障社会文明合作与发展的可持续性。

五 信息权利的伦理原则的应用

以上四个原则为网络公共交往提供了一些规范性的要求。在具体的网络公共交往中，这四个原则作为介于具体网络活动和抽象的理论之间的"中间原则"，应当如何运用？

（一）中间原则的进一步具体化：结合公正测试和后果评估

网络伦理的研究有助于阐释信息技术运用带来的新的社会变化，澄清相关的概念，并制定适当的行动方案。尽管道德理论之间存在着各种分歧，但是人类具有共同的核心价值，如果我们采取重视这些人类核心价值的道德视角，我们就有可能从不一致的道德理论中找到解决道德问题、制定政策和行动方案的办法。

摩尔引用格特（Bernard Gert）的正义后果论，认为该理论既使我们能够考虑到某项政策（policy）的后果，同时确保这项政策受到正义原则的约束。人们在讨论政策的过程中难免会有意见分歧，但是可以肯定的是：所有理性的、不偏不倚的人会共享一些判断。因为理性的、不偏不倚的人会赞同人类的核心价值，并能够进行换位思考，因此，即使他们有分歧也还能够达成一些道德共识。[①]

借鉴摩尔的方法，对于有关信息技术应用的政策和做法的伦理论证，总体来看，至少包括公正测试和后果评估两个主要步骤：

首先，人们制定的政策与选择的做法，应当先通过"公正测试"。显然，具体的政策和做法，不应被理性的、不偏不倚的人们认为是不公正

---

① James H. Moor., "Just Consequentialism and Computing", *Ethics and Information Technology*, 1999, 1 (1): 65-69.

的。换言之，这些政策和做法应当体现人类的核心价值（理性的人不会忽视人类的核心价值，不偏不倚的人则进一步寻求在具体情境下，对于人类的核心价值的合理排序），有益于实现网民的信息权利。其次，人们可进一步通过考察、比较不同政策和做法的后果，从中选出更好的政策和做法。由此，我们在制定并选择政策和做法时，先给后果论的考虑加上了一定的公正原则的限制；而后，可以运用后果论的考虑，评估各种政策做法的优点，从那些合乎正义、不违反人权的政策做法中选出最合适的。

在网络公共交往中，同样可以借鉴、运用摩尔的方法，将"中间原则"（无害原则、自愿原则、允许原则和公正原则）的运用融合起来。在网络公共交往中，网民可先采用尊重人类的核心价值的道德视角，以此选择基于人类的核心价值、合乎一定基本道德的政策和做法，从而体现"不伤害"的道德底线和对于人类自主的尊重。继而，网民们可结合公正测试和后果评估等两个主要步骤，在网络公共协商讨论中逐步达成共识，选择某项既合乎正义又能产生更好的后果的政策和做法，这一点亦体现了允许原则，并且公正原则的运用得到了进一步的细化。

对于网络公共交往来说，不论交往是发生在大型的网络组织里，还是发生在小型的网络社区中，或是几个网络道德异乡人之间，为了就某个政策或做法谋求共识而进行公正测试和后果评估，其协商讨论的过程终究具体落实在参加公共交往的每个个体身上。对于网民个体来说，这个协商讨论具体应该如何展开？我们需要进一步探讨网民个体做伦理决定的方法。

（二）网民个体做伦理决定的参考方法

拜纳姆提出了一个具体的、进行计算机伦理案例分析并得出伦理结论的方法。他探索人们日常生活中通常使用的、作出伦理决策的方式，将其模式化，并融入了一些计算机伦理学家和应用伦理学家的见解。对于网络公共交往中的个体来说，这个方法的可操作性较强，值得借鉴。

拜纳姆提出，人具有一种在社会生活中形成的图式识别能力（the pattern recognition capacities），包括洞察伦理情境（ethical situations）并作出适当的道德判断的能力。现实生活中有着丰富多样的行动政策或策略（policies for conduct），包括由国际条约和协议、法律、法规、良好实践的标准、专业伦理准则、企业政策、社区价值和个人价值等交叉组成的体系。这些富含伦理内容的行动政策或策略与人们的道德判断能力有机结合起来，使得人们能够在多数情况下迅速而正确地作出道德判断。当信息技术使得某个传统政策失灵时，我们需要运用道德判断能力，填补"政策的真空"。

同样在网络公共交往中，当每个网民面临新的问题，需要就新的政策或做法作出一定的道德论证时，需要当事人恰当地运用个体所具有的这种道德判断能力。就道德判断能力的运用而言，这实际上也是网民个体的实践智慧的培养和运用的过程。

对于面临具体问题的个体，拜纳姆提出的计算机伦理决策方法主要包括八个步骤：①

（1）遵循一定的伦理观，采用包含公正、平等和尊重在内的视角。

（2）详细描述拟分析的案例，努力澄清所用的术语的含义。

（3）找出这个案例中的关键问题，并判断既有的行为政策或策略是否适用。如果既有的行为政策或策略适用，则不需再进行伦理分析。如果面临"政策真空"，则需要采取下一个步骤。

（4）调动伦理知识和技能，思考先例和类似的例子；设想可能的反对意见，着眼于问题的核心；假设自己是当事人，设身处地地设想解决方案。

（5）在与他人的交往中获得建议。

（6）在以上五个步骤之后，在第六个步骤中可以运用一种或多种系统分析方法，得出有用的伦理结论。系统分析方法包括专业标准分析、社会角色和相应的责任分析、利害关系人（即利益相关者）分析和伦理学理论分析等。

（7）经过上述部分或全部步骤之后，作出关键的相关伦理结论，提出合适的行为政策或策略。

（8）提出对于未来的一些教训（例如对未来类似案例的建议），尽可能提出有力的伦理论证。

拜纳姆提出的计算机伦理决策方法是中间原则（无害原则、自愿原

---

① 参见［美］特雷尔·拜纳姆《计算机伦理学案例分析与伦理决策》，载［美］特雷尔·拜纳姆、［英］西蒙·罗杰森主编《计算机伦理与专业责任》，李伦、金红、曾建平、李军译，北京大学出版社 2010 年版，第 60—68 页。

则、允许原则和公正原则）的细化运用，而摩尔提出结合"公正测试和后果评估"的伦理论证，可贯穿在上述决策方法的步骤（3）、（4）、（6）、（7）之中。这一决策方法旨在综合某个具体案例的相关背景因素，参照既有社会中行动政策或策略体系，或在既有行动政策或策略体系不足以解决新问题的情况下，努力会通既有伦理学理论，形成某种"重叠的共识"，使得利益相关者获得利益和损害的公平分配。这种计算机伦理决策方法因其综合的性质和细致的特点而具有可操作性，网民个体在进行网络公共交往时，尤其在参与强网络公共领域的公共讨论时，可以借鉴。

　　但这一伦理决策方法更接近个体行为的微观层面。在宏观层面上，面对大规模的陌生人社会，尤其在网络空间这种往往充满陌生人的虚拟社会空间里，当网民们在公共交往中需要作出伦理决策和寻找共识时，更需要注重程序设置的实践平台。网络公共交往需要一定的伦理运行机制，通过这个机制，每个参加公共协商讨论的网民对具体事件进行分析，道出自己的观点，展开商谈讨论，获得一些开放性的共识，提出行动政策或策略并为之提供伦理论证。

　　（三）网络公共交往中伦理决策的机制

　　在网络空间这样一个充满陌生人的虚拟社会空间里，进行网络公共交往时，不但需要网民个体作出伦理决定，还需要具有良好的伦理决策机制，以便在出现分歧的时候，网民们能够达成关于行动政策或策略的道德共识。不论是大型的网络组织，还是小的网络团体，甚至是几个陌生网民之间，进行伦理决策的方法显然灵活多样。但如果从尊重（立足于人类核心价值的）人权的道德视角来看，群体之中的伦理决策机制应当具有一些共同的基本要点。

　　甘绍平提出，在大规模社会的背景下，应用伦理学的运用需要特定的运行机制：对于某个公共议题，设置伦理委员会；在伦理委员会的商谈中，应当运用以道德视点（着眼于根基性的价值诉求）为基础，以多数决原则为辅助，以纠错机制为补充的方法。[1]

　　首先，由于任何伦理学派都可能因其独特性而失之片面，为了解决道德冲突，任何伦理学派并非以其完整的理论体系参与讨论，而是以提供某

---

[1]　参见甘绍平《人权伦理学》，中国发展出版社 2009 年版，第 132—136 页。

种基本的原则的方式参与商谈。这些基本原则汇总在一起，为道德冲突的解决建构了一种以人权原则为特征的道德视点，认可每个人的人权，融会所有具有代表性的伦理学理论的精华和价值诉求。换言之，坚持这一重视人类核心价值（体现为人权）的道德视点，是商谈的起点。

其次，在一些道德冲突面前，没有哪一方能说服对方，也无权断定自己把握了道德真理，而伦理委员会又一定得拿出解决问题的方案。在这时候，在人们对论据、理论和后果都深入交流之后，仍然妥协无望的时候，伦理委员会最终只能诉诸民主程序的多数决原则。这点体现了对多数人的基本人权的尊重。

再次，上述的多数决原则是不得已的做法。应用伦理学的论证不能止于伦理学委员会成员多数决的结果，而是应当延伸关注公共领域的纠错机制。伦理委员会应关注任何当事人针对自己认为有误的民主决断向有关机构进行的申诉，或者在公共领域的表达。如果这些当事人的看法有说服力，则有误的方案应当在伦理委员会中再次被讨论，并得到纠正。

在这种群体中的伦理决策机制里，应用伦理学重视人类的核心价值，协调权益冲突的各方，力图获得一定的平衡，取得所有当事人的道德共识。寻找道德共识的过程是：通过理性的协商论证，来赢得大多数人道德上能够接受的有关伦理冲突的解决方案，并且，解决问题的方案必须向公共领域保持开放并可纠错修正。

综合拜纳姆和甘绍平的理论，针对网络公共交往，初步总结进行网络公共讨论的方法，尝试用于解决网上道德异乡人之间道德冲突、行动政策或策略分歧等问题。这个方法主要包括如下内容：

首先，当面临公共议题时，每个参加公共讨论的网民先应用个体做伦理决定的参考方法，对具体问题进行分析，得出自己的理性分析。个体做伦理决定的过程，实际上也是个体在认识层面锤炼实践智慧的过程。在这个过程中，个体综合运用自己知、情、意的力量，深入了解具体问题的情境，选择适当的伦理理论和规则，根据对人类核心价值的理解、对人类核心价值的合理排序，作出相关的伦理决定。

其次，网民们依据伦理决策机制组织网络公共交往，进行公共协商讨论。如果是少数几个网民之间或者小型的网络组织内部，可以直接商谈并表决。如果是大型的网络组织内部，或者网络组织之间，则需要由网民选出代表，组成类似伦理委员会的机构，进行商谈并表决。

网民个体进行网络公共交往、在群体中做伦理决定，不仅包含个体在认识层面锤炼实践智慧的过程，还包含个体在外在的行动层面锤炼实践智慧的过程。对于网络公共交往，就公共议题，个体作出好的伦理决定很重要；同样重要的还有组织参与公共协商讨论，和他人进行良好沟通，形成一定的共识，最终将共识付诸行动，在行动中继续反馈和完善行动方案等。实践智慧不但体现在认识方面，还体现在行动层面，包括与他人良好沟通的能力和合理组织行动的能力。①

再次，对于依靠多数决原则形成的共识，如果之后有当事人提出有说服力的质疑，则在今后的网络公共交往中，网民们继续进行讨论，或继续商谈，或组成类似伦理委员会的机构开展讨论，对原来的方案进行纠错。

通过合乎个人伦理决策机制和群体伦理决策机制的做法，在网络公共交往中，我们将可能得出旨在重视人类核心价值、保障网民权利且合乎基本伦理原则的共识。同时，从合乎伦理决策机制的网络公共交往中得到的共识，总是向着未来的改进开放。这也就意味着，网民们进行网络公共交往应当是个朝着至善不断努力的过程。

第四节　在网络公共交往中保护信息
权利的制度伦理

现实生活中，四种主要权力（法律、代码、市场和社会规范）具体通过形成网络空间里的各种制度，从而规制了网民个体。制度蕴含着权力，在此系指一定的规范体系和社会运行机制。国家机构、社会组织、企业在运作过程中，都会形成一系列的制度。从公共交往的角度来看，制度的颁布和运行旨在体现特定权力的合法性：一方面，明确特定组织机构自身的权责；另一方面，明确与特定组织机构进行公共交往的公民的权利。相较于蕴含着权力、刚性的制度而言，个人相对比较脆弱。而网民信息权利的重要性也体现在这里：通过一定的法治秩序，来防范各种权力可能对网民带来的伤害。换言之，好的制度立足于法治，既督促各种权力以文明合法

①　请参见第四章第四节，六"三种网络公共交往德性的融合"。

的方式运行，防范权力滥用伤害网民权利；也在维系特定组织机构自身存在的同时，督促各种权力追求相应的公共性。

本书结合网络公共交往，初步探讨追求网络善治的制度伦理，即探讨网络空间中维护网民权利、各种权力文明运作时应当遵循的公共交往伦理。

一 着眼于保护个体：制度的善应当优先于个体的善

历史经验告诫人们：当面对极端的制度的恶所带来的社会环境，人们难以笃定地指望个人的良知、思考、意志和判断力。三组经典的研究从众和服从的心理学实验反映了这一点。谢里夫的规范形成研究发现，在群体中，由于人的易受暗示性，他人的判断会影响个体的判断；而错误的答案在这种易受暗示性的影响下，会在实验参与者中流传。阿施的群体压力研究发现，在群体中，仅仅是在小压力之下从事简单的事，例如判断 3 条线段哪条和标准线段一样长，当其他人给出错误的答案时，有 37% 的参与者会从众。米尔格拉姆的服从实验则是最著名的一项实验。该实验要求参与者作为"教师"，和"学习者"（由研究助手扮演）分处不同的房间，教"学习者"学习单词；如果"学习者"记忆错误，"教师"就对其施予不同强度的电击处罚。实验参与者看不到"受害者"，而身边却有一位能够发布命令、进行口头鼓励的权威（研究者）。在这样的情况下，65% 的参与者选择完全服从命令，即使这个命令是对"学习者"施予高强度甚至致命的电击。[1] "这三个经典实验揭示了几个现象的效力。行为和态度会相互强化，小恶会助长态度，进而导致大恶。好人面对恶劣环境时，也会做出令人斥责的行为（即使恶劣的情境也会激发某些人产生英雄主义的行为），由此可以看到情境的力量。"[2] 这提醒我们必须充分重视社会环境对个体的影响力。

如今，现代人大都生活在一定的制度所带来的社会环境中，社会行为的目标和偏好都受到一定制度的约束。在这层意义上，"每个生存于社会

---

① 参见［美］戴维·迈尔斯《社会心理学》第 11 版，侯玉波、乐国安、张智勇等译，人民邮电出版社 2016 年版，第 187—205 页。

② ［美］戴维·迈尔斯：《社会心理学》第 11 版，侯玉波、乐国安、张智勇等译，人民邮电出版社 2016 年版，第 205 页。

中的人，都是'制度中人'"。① "制度教育人、塑造人，制度既是人生存的保障和规范，又是影响人的发展的重要因素。"② 鉴于制度造就的社会环境对个体的重要影响，从保护个体的角度出发，理论上，制度本身的善应当先于个体的善。换言之，理论上，在各种权力通过一定的制度规制个人行动之前，制度伦理作为对特定组织机构的规范体系和社会运行机制的伦理要求，应当先建立起来。为了保护作为"制度中人"的网民，规制网络的各种权力本身的道德性首先应当得到保障。

以人类核心价值、网民的基本信息权利和基本伦理原则，约束网络空间中四种规制力量本身，这是在网上实现制度伦理、建立好的制度的重要基础。也就是说，在网络空间中设计某个制度以及在特定的制度下做决策时，这种旨在保护网民权利的道德视角应当得到重视。着眼于网络公共交往，网络空间中的制度伦理通过各种权力（包括国家权力）的运作展现出来，要求各种权力应当文明行使，不但尊重网民的信息权利，而且在社会公共生活里体现出权力的公共性。

制度伦理在社会生活中若能真正发挥作用，必然需要考虑如何应用、如何实现。"一个'善'的制度不仅是有'效力'的制度，而且是有'实效'的制度。"③ 面对网络空间，一方面，我们需要考虑如何才能促使在一定制度下作出的具体决策，都经过也经得起合理的伦理论证，从而体现该制度具有合法性。另一方面，我们还需要考虑具体的制度能否合理有效地抑恶扬善，既防范人的利己之心的滥用，"约束、遏制人性的自私、贪婪的一面"④；又激发人的善意和利他之心，"使社会上每个人所拥有的那些利他之心，无论多少，都能最大限度并最有效地发挥作用"。⑤ 通过引导个人网络活动和公共利益一致，追求一定的公共性，该制度方能表明自身不但是好的，而且具有实效。具体的制度伦理应当体现在维护网民信息权利、实现网络善治的治理过程中。

———————————

① 龚虹波：《"制度中人"与制度的较量——也说张居正改革悲剧》，《浙江学刊》2002 年第 6 期。

② 宋增伟：《制度公正与人性完善》，中国社会科学出版社 2010 年版，第 165 页。

③ 高兆明：《制度伦理研究》，商务印书馆 2011 年版，第 54 页。

④ 宋增伟：《制度公正与人性完善》，中国社会科学出版社 2010 年版，第 174 页。

⑤ 樊纲：《经济人生》，东方出版社 2016 年版，第 130 页。

二 追求网络善治的制度伦理初探

俞可平提出,善治是"使公共利益最大化的社会管理过程",① 这个社会管理过程是通过政府和公民的良好合作,共同管理社会的公共生活实现的。善治作为国家和社会之间关系的良好状态,应当具有十个要素:"① 合法性,即政治秩序和公共权威被自觉认可和服从的性质和状态。② 法治,即法律成为公共政治管理的最高准则,在法律面前人人平等。③ 透明性,即政治信息的公开性。④ 责任,即管理者应当对自己的行为担负基本的公共责任。⑤ 回应,即公共管理人员和管理机构对公民的要求做出及时的和负责的反应。⑥ 有效,即管理的效率。⑦ 参与,这既是指公民的政治参与,也包括公民对其他社会生活的参与。⑧ 稳定,意味着国内的和平、生活的有序、居民的安全、公民的团结、公共政策的连贯等。⑨ 廉洁,这主要是指政府官员奉公守法,清明廉洁,不以权谋私,公职人员不以自己的职权寻租。⑩ 公正,这是指不同性别、阶层、种族、文化程度、宗教和政治信仰的公民在政治权利和经济权利上的平等。"②

借鉴善治理论,各种权力所构成的现代权力系统在和网民之间的网络公共交往中,应当致力于体现这十个要素,从而展现网络善治所需要的制度伦理。网民进行网络公共交往,既是行使权利的过程,也是通过参与治理,维护权利、促进网络善治的过程。本书着眼于网络公共交往,初步探讨保护网民信息权利的制度伦理"应当是怎样的"以及"如何实现",实际上也是探讨网络善治所需要的制度伦理"应当是怎样的"以及"如何实现"。

第一,在思考网络善治所需要的制度伦理之前,我们需要拓宽网络善治所涉及的"公民参与"的范围。由于规制网络空间的权力,不仅包括国家公共权力,还有社会公共生活中诸如科技、经济、文化等各方面的权力。而网络公共交往的广泛存在,使得社会公共生活里的各种权力实际地或潜在地面临着网络舆论,呈现出共同在场的公开状态。③ 由此,网络善治作为社会管理过程,不只是政府和网民的良好合作(这依然是社会公共生活最重要的

---

① 俞可平:《论国家治理现代化》,社会科学文献出版社 2015 年版,第 28 页。
② 俞可平:《论国家治理现代化》,社会科学文献出版社 2015 年版,第 68—69 页。
③ 请参见第五章第二节,四"网络公共交往促进公开性"。

方面），而应当是网络公共生活里的各种权力与网民的良好合作；网民的参与不限于政治参与，而是指对各种网络公共生活的参与。尽管网民参与的网络公共生活类型可能各个不同，但参与的宗旨具有一致性：维护公民的权利，追求一定的公共利益，即在特定公共领域里追求一定的公共性。

拓宽了网民的"公民参与"的范围之后，制度伦理的探讨范围也从政治公共生活相应拓宽到网络公共生活的各个方面。不同的网络公共生活涉及不同类型的权力，有着不同的具体制度设置，这些制度是网下社会中的各种制度的网上延伸。但是在各种权力"共同在场"的网络空间，各种具体制度都直面一个共同的重要问题，即如何实现各种权力与网民的良好合作，从而实现网络善治。

第二，文明、高效：好的制度约束权力，促使权力网上运作文明且有效率。当一种权力在网上显现时，面对网络舆论，它总是需要在网络公共交往中为自己进行合法性论证。尤其面对网民关注的相关热点问题之时。合法性论证不但要求权力的行使符合法治原则，还要求权力在行使的过程中争取作为公共权威被公民认可。因此，当某项权力在回应一项公共讨论甚至质疑时，倘若采取回避问题、删除或屏蔽理性回复的做法，均不利于合法性论证。在善治理论里，合法性要素与责任、回应、公正等要素紧密联系。首先，行使权力的相关管理者作为制度的执行者，应依法承担公共责任，直面问题，及时地、有效地给予网上回应。其次，在后续应对问题的过程中，相关管理者应及时跟进，公开相关的重要信息。相关管理者担负责任，依法公正地处理问题，回应问题有始有终"敬事而信"①，认真对待工作，信实无欺，相应权力的公共权威在公众心中方能真正树立。

第三，开放、理性：好的制度保障网络公共领域的开放性，促进文明理性的网络交流。维护网民的信息发布权，需要立足法治，从制度上保障网络公共领域的开放性。网络公共领域应当对公共议题保持开放，不断地吸纳进行公共讨论所需的各种信息；通过网民们的公共讨论，分析各种具体的制度设置、权力行使的不足，提出改进各种制度、权力行使的建议。由此，网络公共领域堪称网络时代的一种重要的基层民主参与途径。

作为网络公共领域的重要组成部分，网络媒体对社会负有重要责任。

---

① 杨伯峻译注：《论语译注》，中华书局 1980 年版，第 4 页。

网络媒体能够迅速传播关于各种社会事件的信息，并为网民提供进行公开讨论的公共场所。因此，网络媒体应当保持开放，尤其是对公开的、具有一定争议性的公共议题；一方面通过公共讨论使得各方观点具体化，另一方面提供新的相关信息从而丰富公共讨论的内容或有助于更新原先的旧观点。作为"社会公器"，数字化时代的媒体应当具有专业的品格，包括："要真实地反映现状并努力做到全方位的报道平衡；要通过有价值的信息和思想的揭示使它所服务的社会获益；要有监督和更正不良思潮和行为的专业能力；要忠实于社会良知、理性以及它所服务的对象——全体公民真善美的期望。"[①] 这些好的专业品格，同样需要网络媒体立足于法治之上，完善媒体组织和行业协会的制度规范。

随着社交媒体的发展，各种组织机构纷纷入驻网络空间，开设自己的各种网络账号，与网民进行直接互动。这是现代权力系统主动开辟网络公共领域的做法。于是，现在的网络公共领域中，往往不仅网民们参与，而且相关的权力也即时在场。

为了发挥网络公共领域的作用，追求维护公民权利、实现公共性的目的，进行网络公共交往的各方应当立足法治，遵守公共交往伦理，方能达成有效的交流和良好的合作。一方面，制度的运行和权力的行使需要明确清晰的合法规则，既防范权力滥用，也避免出现破坏正式明示的合法规则的"潜规则"，从而避免因为两套规则造成社会生活的无序和混乱。另一方面，网络公共交往的各方，不论是行使权力的一方，还是普通网民，作为"制度中人"应当立足法治之上，结合具体的情境，选择适当的规则，进行有礼有节的交流，以期形成良好的合作。换言之，网络公共交往的各方均需要在交往实践中，培育一定的、立足法治之上的实践智慧。培育立足法治之上、网络公共交往中的实践智慧无法一蹴而就，需要网络公共交往的各方，在不断的交往过程中尝试和探索，从而逐渐养成。实现维护网民权利、追求公共性的制度伦理有赖于此。

第四，公开、透明：好的制度推动公共信息的公开。善治理论中的透明性要素原指政治信息的透明和公开，但随着网上公民参与的范围拓展到社会公共生活的各个方面，透明性要素里的信息公开的范围也应当相应地

---

① 孟威：《媒介伦理的道德论据》，经济管理出版社 2012 年版，第 239 页。

拓展。不仅政治信息应当依法公开，具有公共性的、公民参与社会公共生活所需要的信息，均应当依法公开。

首先，公共信息的公开，有助于弥合信息获取方面的数字鸿沟，切实维护网民的信息获取权。

其次，及时的公共信息的公开，将为网络公共交往提供良好的信息供给。尤其在出现网上热点公共议题时，由相关管理者及时公开相关的信息，有助于平息可能出现的、非理性的社会情绪。

再次，在运用大数据技术的时代，公共信息尤其公共数据①的公开，有助于政府通过与各种社会主体的合作，创新使用数据，从而优化提供公共服务的方式。"传统的政府信息公开强调的是信息层的公开，而政府数据开放则将开放推进到数据层；政府数据发布虽然也涉及数据，但其主要目的仍是保障知情权，而不是促进社会对政府数据的利用；政府数据开放则强调社会对数据的自由利用。"② 也就是说，信息公开应当推进到数据开放的层面，从而赋予社会自由利用公共数据的权利；政府不但应推动数据开放，还应当进一步推动数据的有效利用。正如学者们已经发现的那样，"数据是国家的战略性资源，国家大量基础性、关键性的数据掌握在政府手中。这些数据是社会的公共资源，在保障国家机密、商业秘密和个人隐私的前提下，将政府数据最大限度地开放出来，让社会进行充分融合和利用，有利于释放数据能量，激发创新活力，创造公共价值。"③

最后，不仅是国家公共权力，而且社会公共生活中的各种权力，应当依法进行公共信息尤其是公共数据的公开。在公共信息公开的过程中，相关权力不但依据制度履行公共职责，接受网络舆论的监督，而且体现了相

---

① 根据郑磊的观点，"广义的政府数据也可被称为'公共数据'。'公共数据'不仅包括政府数据，还包括政府部门以外的公共事业部门的信息和数据，例如图书馆、档案馆等所搜集、整理或者保管的信息。此外，国有和私有企业受政府委托得到公共财政支持所创建的数据，以及掌握在这些企业手中但与政府相关、具有重大公共利益的数据也属于公共数据，应向社会开放。""狭义上的政府数据仅指由各级政府部门在依法履行职责过程中制作或者获取的，以一定形式记录、保存的各类数据资源。"郑磊：《开放的数林：政府数据开放的中国故事》，上海人民出版社2018年版，第37—38页。

② 郑磊：《开放的数林：政府数据开放的中国故事》，上海人民出版社2018年版，第34页。

③ 涂子沛、郑磊编著：《善数者成：大数据改变中国》，人民邮电出版社2019年版，第30—31页。

关权力应当具有的公共性：尊重公民的知情权，服务于公共利益，优化提供公共服务的方式。

第五，畅通、普惠：好的制度保障公民参与的各种渠道的畅通，普惠具有相关需求的公民。横向地看，网络善治涉及网络公共生活的方方面面，因此，不仅政治参与的渠道应当畅通，其他社会公共生活的参与渠道也应当畅通。由于大数据和人工智能的逐步使用，各个组织和机构的参与渠道具有互联的潜能和趋势。围绕着公民的需求，畅通并互联公民各种公共参与的渠道，将有助于建设服务型的政府，联合社会的力量，一起了解存在的问题和协同寻找解决问题的综合方案。纵向地看，不仅网上的网民参与渠道应当畅通，我们还应当重视网下参与渠道的畅通，以及网下和网上的公民参与渠道的衔接。毕竟数字鸿沟依然存在，着眼于公民的需求，相应的人性化的制度设置和安排，有助于我们了解社会生活的真实情况，从而形成惠普有同类需求的公民（不仅是网民）的决策。

总的来看，在存在海量信息的网络空间中，各种具体制度的制定者和执行者本身首先也是网民。作为"制度中人"，每个网民都可能在某处网络公共生活中遇到某种权力行使的情形。制度伦理能否普遍地落实，包括：各种权力能否持续文明有效地行使，网络公共领域能否持续开放并促进理性的交流，公共信息能否持续公开、公民参与的各种渠道能否持续畅通普惠，事关现代社会生活的质量，需要普通网民和现代权力系统（包括各种具体制度的制定者和执行者）进行良好的网络公共交往，一同参与社会治理。

试想，一方面，如果网民缺乏守法的公德和公共交往的德性，那么即使制度规定详尽，制度伦理也不可能实现。如果众多网民仅仅把网络公共领域当作泄压阀，那将会导致网上垃圾信息堆积，甚至出现暴戾之气在网络空间恣意滋长的情况。另一方面，如果某个具体制度设置不够文明甚至相关的管理者无视网民们的意见建议，那么网民们参与网络公共领域的热情就可能受到压抑，公共交往的能力、相关公共交往的德性也将难以得到培养。

理论上，制度的善应当优先于个体的善；实践中，制度的善则需要立足于法治之上，由一个个利益相关人的个体的善共同形成好的制度环境，方能实现。换言之，立足于法治之上，制度伦理依然需要公民个体的道德素养来落实，需要普通网民和现代权力系统之间的良好的公共交往与合作来加以体现。不论大型的网络组织还是小型的网络群体，建立和执行好的制度规范，这需要所有利益相关的网民作为"制度中人"具有一定的法治素养，重视网下已有的制度和核心价值在网上的合理延伸；在长期的、广泛的网络公共交往实践中，网络空间中的各项具体制度方能建立和完善，并对网下的具体制度产生好的影响。

制度是由人们共同实施的。在网络公共交往中保护信息权利的制度伦理，需要通过人们的网络公共交往在追求网络善治的过程中方能实现。为此，我们有必要对网络公共交往所需的网民德性做一番探讨，分析哪些重要德性是良好的网络公共交往所需要的。这样的研究并不是规定网民必须如何行动，而是提出一些有益的可行建议。如果希望有良好的网络公共交往/领域、实现网络善治，我们必然需要培育一些重要的网民德性。本书着眼于网民个体，通过阐释网络公共交往德性的必要性和培育相关德性的可操作方法，以期为网络公共交往实践提供有益的行动参考，使个体德性的培育、重要的道德价值能够落实于日常生活之中。具体的分析将在下一章进行。

第四章　网络公共交往的德性要求

在初步探讨了网民的公民身份、基本信息权利之后，本书继续探究哪些网民德性有助于形成良好的网络公共交往、促进网络公共领域的健康发展。正如"徒法不能以自行"，网络公共交往既需权利作为外在依托，亦需网民的相关德性作为内在支撑。网络公共交往既是网民行使权利、发挥德性的过程，亦是网民保护权利、涵养德性的过程。亿万网民的网络公共交往的品质，决定了网络公共领域的品质。

如同网下的道德有层次的区分，在网络公共交往中，网民的德性同样也有层次之别。网络底线伦理是网民德性的基本层次，良好的网络公共交往不但需要底线伦理，还需要慎独自律、宽容、慎思明辨等重要的网民德性，从而积极发挥网络公共领域的作用。

第一节　网民德性的层次区分

亚里士多德提出，人的德性是"既使得一个人好又使得他出色地完成他的活动的品质"[1]。借鉴这一德性概念，就网络公共交往而言，网民德性指网民个人出色地进行网络公共交往所需要的良好品质。

底线伦理是网民德性的基本层次。在网络公共交往中，网络底线伦理首先包括无害原则[2]。恰如儒家伦理思想推崇的"己所不欲，勿施于人"。即使在无法律明文规定的地方，这一底线伦理也体现了作为文明人的底线，是网络交往的一个基本保障。但无害原则并不足以驱动网民

---

① ［古希腊］亚里士多德：《尼各马可伦理学》，廖申白译注，商务印书馆2003年版，第45页。
② 请参见第三章第三节，一"无害原则"。

进行网络公共交往。如果网民仅仅是在网上独来独往，不与他人交流，这样做并不伤害他人，却无法构成网络交往，遑论追求一定公共性的网络公共交往。

其次，在网络公共交往中，网络底线伦理还包括对公共性的基本关怀，即对个体权利和公共利益（公共事务）的基本关怀。形式上，网民在网上的公开活动，是通过数字化信息公开进行的信息活动。这种基本的个人网络活动是网络公共交往的基础。但如果网民仅满足于在自己的私人空间里活动，而不公开发言，那么网上的公共讨论就无从实现。

网络公共交往是追求一定公共性的网络交往。对公共性的基本关怀，驱动网民自愿就某个公共议题在网上公开发言。这种基本关怀，源自对个体自身利益的关心，关键还在于个体意识到：个体权利离不开公共性的支持，在网上维护个体权利需要一定的网络公共交往。

在一些社交媒体里，网民的"公开发言"甚至可以是"点赞"的简单行为。网民对公共讨论的"点赞"行为，通过简单地表达自己的态度，体现了对公共性的基本关怀。这类网上的简单表达，更多的是情绪宣泄，对于公共讨论的参与是很有限的。但这毕竟是网民自愿走出自己的私人空间，进行弱网络公共交往。

再次，在网络公共交往中，网络底线伦理也包括个体之间基本的相互尊重，即个体在公共讨论中持基本的宽容且理性的态度。① 这一基本品质是为了避免在网络公共交往中滥用网络公共领域作为社会泄压阀的作用。当网上进行公共讨论时，某个网民不尊重他人的、强烈的负面情绪宣泄，往往会伤害其他网民的参与权利，甚至导致公共讨论偏离主题无法再进行下去。

由此看来，对公共性的基本关怀驱动网民个体自愿参与网络公共讨论，兼之遵循无害原则和相互尊重原则，使得网民之间的弱网络公共交往得以开展。

与网络底线伦理的内容相对应的，是比较消极的品质。倘若网民的德

---

① 请参见第二章第三节，二"初论作为国家公民的网民的基本义务"，第四章第三节，二（二）"网络公共交往所需的宽容德性"。此处"基本的宽容"是消极的宽容，指互不干涉对方的合法表达。这种基本宽容且理性的态度，在个体为了自保的时候，容易转变为冷淡的态度。

性止步于此，网民可能在网络公共空间中自言自语，彼此礼貌却冷淡相待，对公共事务也很淡漠，而网络公共空间将可能变得非常洁净但缺乏深入的公共讨论和积极的公共行动。也就是说，强网络公共交往/领域恐怕难以实现。

网络公共交往是网民经由数字化信息进行的公共讨论和行动。网民通过弱网络公共交往能够形成一定的网络舆论，通过强网络公共交往就公共利益进行讨论，或者达成一些共识从而影响决策，或者直接进行一些追求公共性的积极行动，即参与公益活动、提供公共服务等。为了趋向实现网络公共交往（以强网络公共交往为典型）的公共性，仅秉持上述无害原则、抱有对公共性的基本关怀、基本的相互尊重等基本品质是远远不够的。

网络公共交往作为网民在网络空间中的信息活动，网民个体在网络空间中如何自处进而如何在网络群体中追求公共性，需要哪些重要的德性？本书认为，网民个体至少还需要慎独自律、宽容、慎思明辨等重要德性及相关的能力。网民个体以慎独自律为内在根基，将不会仅仅停留于上述实现弱网络公共交往所需的基本品质及能力，而是积极发展自己的公共交往能力，涵养自身的德性，从而进行强网络公共交往的实践。

本书将慎独自律视为一种个体的、基础的"综合德性"，体现为个体在外在的交往实践中，始终伴随自身的、内在的自我道德实践。在对待他人的态度方面，从"慎独自律"中，衍生出"宽容"这一"性情之德"；在与他人交往的行动方面，衍生出"慎思明辨"这一具有行动能力的"理智之德"。慎独自律、宽容和慎思明辨三种德性的融合，有益于形成网络公共交往的实践智慧。下面将分别探讨慎独自律、宽容、慎思明辨等德性及相关的能力。

第二节　慎独自律

一　慎独自律在网络公共交往中的必要性

在网络公共交往/领域中强调慎独自律的德性，一方面，是为了避免在日常生活中可能存在的"恶的平庸"①。如果众多的网民满足于日常生活中的私人天地,对于公共事务、公共利益疏于关心与思考,而权力具有扩张的天性,网民们的"平庸"不利于监督权力、维护个体权利,从而不利于法治和国家治理的实现。另一方面,如果网民们自主地发展自己作为公民的品质与能力,积极发挥网络公共交往和网络公共领域的潜力,形成网络舆论监督,不断地把来自鲜活的生活世界的信息及意义,以适当的方式注入现代权力系统,则将有助于促进法治,实现国家和社会的良好治理。

在网络公共交往中的网民自律,首先,应当是意识的自律,即网民意识到自己作为公民的义务。这是网民进行公共交往并获得其他德性的起点。如今海量的娱乐消费信息正在网络空间里不懈地争夺网民们的注意力,这些情况容易促使网民仅仅把网络空间当作信息超级市场看待,以消费者的心态对待网络空间,而忽略了私人生活之外网络公共领域与网络公共交往的重要性。但一个社会不可能在"娱乐至死"的氛围里持续地良好发展。现实社会生活并不完美,总是存在众多需要关注的公共议题和需要维护的权利。因此,在现代社会丰富多彩的生活中,网民自觉地走出私人生活的天地,参与一定的公共生活,以各种公共交往的方式培育公民意识,依然重要。

其次,自律应当体现在行动中,即网民作为公民在网上实践,不论是作为国家公民而行动,还是作为世界公民而行动。以公民意识参与网上行动成为良好的习惯之后,自律才能成为网民的德性,贯穿在各种网络交往之中。

值得注意的是,自我审查、自我控制不等于自律。如前文②所述,一个人的自律需要自觉地考虑行为本身是不是道德的,需要考虑行为能不能

---

① 阿伦特指出:"恶绝不是根本的东西,只是一种单纯的极端的东西",因为恶不具有深刻的思考,缺乏深度;只有善才具有深度,才是本质的。一个市侩(如阿伦特眼中的纳粹战犯艾希曼)成为纳粹,犯下可怕的屠杀罪行,只是出于保住自己的职务这类肤浅动机。在阿伦特看来,如果人们失去对于公共事务、公共性的真正关怀,那么违反道德原则的行为就可能逐渐被熟视无睹,甚至视为理所当然。对于社会的公共生活,无思考的"恶的平庸"不但是个隐忧;在极端情况下(如第二次世界大战时的纳粹德国),"恶的平庸"导致整个国家、社会陷入伦理危机乃至生存的危机。[美]汉娜·阿伦特等:《〈耶路撒冷的艾希曼〉:伦理的现代困境》,孙传钊编译,吉林人民出版社2003年版,第166页。

② 请参见第三章第三节,五"信息权利的伦理原则的应用"。

通过伦理原则的测试，是不是尊重了他人的人权。而自我审查、自我控制等，可能是迫于外在的压力而行动，外在的压力本身可能合乎道德，也可能不合乎道德。网民自律应当源于对自身行为的道德性的理性理解和情感认同，这样的自律才会是稳定的网民德性。在这层意义上，自律由于统一了人的动机和效果，使得人的行为具有道德的意义。

再次，网民涵养自律的德性，有助于协调自身的注意力，促进身心的和谐。网络空间里充满了海量的信息，网民每天面对扑面而来的"信息烟尘"，如何既从中获取有效的信息，又维护自己精神世界的安宁，并进行有效的公共交往？网络活动中，网民需要对自己的注意力进行适当安排，而自律恰是实现注意力适当分配的相关德性。

网络公共交往最基本的模式是网民在网上自主进行处理信息的活动。日常生活中，网民们常常在不同的场合，各自埋首于自己的网络空间，互相之间并无交流；但在网上他们可能阅听各种信息，并发表自己的见解。这种网络时代的"精神独处"如何才能慎独自律，进而形成良好的网络公共交往？儒家伦理思想中的"慎独"思想值得继承和发展。

二　慎独：君子的基础德性

儒家格外重视慎独对于培育君子的重要意义，并在不懈的探索中，发展出了细致的慎独工夫。

我国古老的诗歌典籍《诗经》中已经出现了慎独的相关内容。《诗经·邶风·燕燕》载："终温且惠，淑慎其身。"[1]"淑慎其身"意指在困难的情况下，一个人应当小心从事，为实现目标而努力奋斗。

《诗经·大雅·抑》载："视尔友君子，辑柔尔颜，不遐有愆。相在尔室，尚不愧于屋漏？……淑慎尔止，不愆于仪。"[2] 这首诗指出，治国者即使在自己屋里，所作所为也应当"不愧于屋漏"，即无愧于神明。诗中也出现了"淑慎"，指行为举止应当谨慎，合乎礼仪不犯错。

《诗经·曹风·鸤鸠》载："鸤鸠在桑，其子七兮。淑人君子，其仪一

---

① 本书依据晁福林的分析：这首诗的写作背景是卫桓公被弑后，卫桓公的养母庄姜送别他的生母戴妫归陈国时所作；戴妫此行身负重任，将联手陈国，为卫桓公报仇。晁福林：《〈诗·燕燕〉与儒家"慎独"思想考析》，《浙江学刊》2004 年第 1 期。

② 《诗经》，邓启铜注释，殷光熹审读，东南大学出版社 2010 年版，第 325 页。

兮，其仪一兮，心如结兮。"① 这首诗认为，君子应当仪容举止如一，内心操守坚定。

上述古老的诗句表达了这样的思想：个体尤其君子的内心应当坚定，表里如一，遵守礼仪，为了正道而努力奋斗。在《诗经》之后，儒家思想家们发展出慎独思想。"儒家传世文献中，慎独说见于《礼记》的《礼器》《中庸》《大学》三篇，及《荀子·不苟篇》。这些典籍的历代注疏者，对于慎独都有所解释。宋代以来，随着《中庸》《大学》受到重视，慎独成为儒学工夫论中的重要观念，它的意蕴也就丰富起来。到了明儒刘蕺山（宗周，1578—1645），用它来标示学问旨要，慎独乃在儒家思想史上取得特殊地位。"②

今天我们常用的慎独含义是："古人的一种修养方法，指人独处时谨慎不苟"。③ 这种理解侧重强调个体独处时应如何正当地行为，源自郑玄、朱熹对《礼记》的《大学》《中庸》中慎独的注解。④

在先秦儒家典籍中，"慎独"具有多重含义，至少包括：（1）指君子应当如何独处或闲居的道德要求。（2）指君子应当具有真诚的内心、合宜的意念情感，与外在礼仪相一致。（3）指君子的内心应当专一精诚、守仁行义。慎独的多重含义均遵循儒家重视仁的原则，都是君子应当具有的道德品质。从独处闲居到与人相处，从内心意念到外在行为，慎独作为一种基础的德性，贯穿君子生活的各个方面。

即使是闲居独处时，君子也不懈怠。君子与小人的不同，同样体现在闲居时的行为。《礼记·大学》载："所谓诚其意者，毋自欺也，如恶恶臭，如好好色。此之谓自谦。故君子必慎其独也。小人闲居为不善，无所不至，见君子而后厌然揜其不善而著其善，人之视己如见其肺肝然，则何益矣。此谓诚于中，形于外，故君子必慎其独也。……富润屋，德润身，

---

① 《诗经》，邓启铜注释，殷光熹审读，东南大学出版社 2010 年版，第 141 页。

② 戴琏璋：《儒家"慎独"说的解读》，载梁涛、斯云龙编《出土文献与君子慎独——慎独问题讨论集》，漓江出版社 2012 年版，第 83 页。

③ 中国社会科学院语言研究所词典编辑室编：《现代汉语词典》第 5 版，商务印书馆 2005 年版，第 1215 页。

④ 梁涛：《从"不同"说到"相同"说——代〈慎独问题讨论集〉序》，载梁涛、斯云龙编《出土文献与君子慎独——慎独问题讨论集》，漓江出版社 2012 年版，第 1 页。

心广体胖，故君子必诚其意。"① 这段话讲"慎独"，将君子与小人进行对比。闲居时，小人做坏事，但是见到君子则会加以掩饰，表现出好的行为。与小人不同，君子意念真诚、不自欺，因此内外如一、言行一致。

君子"慎其独"是在实践"诚其意"，这是个培养稳定的道德品质的过程。在《礼记·大学》中，这个过程的起点是格物致知。《礼记·大学》载："致知在格物。物格而后知至，知至而后意诚，意诚而后心正，心正而后身修，身修而后家齐，家齐而后国治，国治而后天下平。自天子以至于庶人，壹是皆以修身为本。"② 在儒家看来，世界的和平与治理，根基在于每个人的修身。修身首先要求个人先格物致知，在有所知的基础上，才会产生真诚的意念进行道德修养。闲居独处与否，对于"慎独"这一道德修养来说，并不是关键，重要的是一个人能否在格物致知的基础上，通过内在意念和外在行为的一致，养成真诚且稳定的道德品质。

慎独与诚意一致，都体现了君子真诚地恪守儒家珍视的仁的原则。《荀子·不苟》明确写道："君子养心莫善于诚，致诚则无它事矣，唯仁之为守，唯义之为行。诚心守仁则形，形则神，神则能化矣；诚心行义则理，理则明，明则能变矣。变化代兴，谓之天德。天不言而人推高焉，地不言而人推厚焉，四时不言而百姓期焉，夫此有常，以至其诚者也。君子至德，嘿然而喻，未施而亲，不怒而威。夫此顺命，以慎其独者也。善之为道者，不诚则不独，不独则不形，不形则虽作于心，见于色，出于言；民犹若未从也，虽从必疑。……操而得之则轻，轻则独行。独行而不舍，则济矣。济而材尽，长迁而不反其初，则化矣。"③《荀子》认为天地运行有其规律，真实无欺；君子应遵循自然的规律，效法这一品质，慎独即是诚心诚意地专心守仁行义。如果一个人专心致志地守仁行义，锲而不舍，那么他原先的"恶"的性情将会成功地转化为善。

在慎独修养中，君子形成合宜的道德情感，包括喜怒哀乐。君子养成并表达合宜的情感，这是君子在生活中须臾不离道、体现道德修养的表现。《礼记·中庸》载："天命之谓性，率性之谓道，修道之谓教。道也

① 王文锦译注：《大学中庸译注》，中华书局 2008 年版，第 3 页。
② 王文锦译注：《大学中庸译注》，中华书局 2008 年版，第 2 页。
③ 楼宇烈主撰：《荀子新注》，中华书局 2018 年版，第 40—41 页。

者，不可须臾离也，可离非道也。是故君子戒慎乎其所不睹，恐惧乎其所不闻。莫见乎隐，莫显乎微，故君子慎其独也。喜怒哀乐之未发谓之中。发而皆中节谓之和。中也者，天下之大本也；和也者，天下之达道也。致中和，天地位焉，万物育焉。"① 文中提及，君子应当为实现天所赋予的禀赋，须臾不离道。为此，君子即使在隐暗之处，或者在细微之处，都应当"慎其独"。这段话不但强调君子在空间上的隐微之处，应谨慎自守；也明确道出君子在意念上应谨慎自守，使得情感合宜。无论独处与否，这样做才能须臾不离道。

儒家重礼，同时重视慎独，旨在强调人的内在品德的重要，以内在品德作为礼的扎实基础。儒家认为君子的内在方面与外在方面应当一致。"质胜文则野，文胜质则史，文质彬彬，然后君子。"②《礼记·礼器》载："礼之以多为贵者，以其外心者也。德发扬，诩万物，大理物博，如此则得不以多为贵乎？故君子乐其发也。礼之以少为贵者，以其内心者也。德产之致也精微，观天下之物无可以称其德者，如此则得不以少为贵乎？是故君子慎其独也。古之圣人，内之为尊，外之为乐，少之为贵，多之为美。是故先王之制礼也，不可多也，不可寡也，唯其称也。"③ 礼有外在和内在两个方面，礼的创制不在于数量多寡，关键在于内在与外在两方面相称。礼的外在方面是丰富多样的礼仪，能够有序地引导社会生活；而礼的内在方面是存于人心的、内在的品德。比起内容丰富的外在礼仪，内在的品德数量更少、更精微，因此更尊贵。"慎其独"在此指君子应当谨慎地培育并葆有内在的品德，因为这使得礼具有真实性。

《礼记》中的《大学》《中庸》《礼器》以及《荀子》都讲慎独，认为君子从格物致知到培养真诚的意念、合宜的情感，无论独处与否，都应谨慎自守，葆有内心的品德。以慎独作为基础，儒家所重视的礼才是有内在生命力的礼，而不至于流于形式；儒家所珍视的仁义之道，才能够体现在个体生活的方方面面，无论在社会生活中还是闲居独处时。

在上述儒家著作里，慎独意味着君子在生活的各个方面都重视道德修

---

① 王文锦译注：《大学中庸译注》，中华书局 2008 年版，第 14—15 页。
② 杨伯峻译注：《论语译注》，中华书局 1980 年版，第 61 页。
③ 《礼记》，陈澔注，金晓东校点，上海古籍出版社 2016 年版，第 276 页。

养尤其内心的涵养。但具体修养的过程如何展开，这涉及儒家在日常生活中的具体道德实践——"工夫"问题。明儒刘宗周对于慎独的分析非常细致，提出了系统的慎独工夫。

三　慎独工夫

刘宗周提出："学以学为人，则必证其所以为人。"① 在他看来，人之所以为人、异于禽兽，在于人具有仁义。一个人时时存有仁义之心，并且体现在行为中，这意味着一个人具有稳定的道德品质。稳定的道德品质的形成过程，同时也是一个人实现人的潜能、学以成人的过程，这需要个体的实践亲证，通过细致的工夫不断地改过向善。

刘宗周在他的著作《人谱》中提出了系统的"证人要旨"，包括六个方面②：

第一，"凛闲居以体独"。刘宗周强调应当从闲居、独处之时着手，在闲居、独处时首先静坐、其次读书。静坐并非身心都不活动，而是在身体安静下来时，进一步反思。

第二，"卜动念以知几"。在人心中念头初起时留意，当下廓清念头，刘宗周认为这是人能够及时在意念上端本清源的做法。

第三，"谨威仪以定命"。刘宗周认为，人的天命之性并不是直接能看到的东西，而是可以通过人的"容貌辞气"体现出来的。"容貌辞气"有九个方面，各有其应当遵循的规范。具体包括"九容"——"足容当重""手容当恭""目容当端""口容当止""声容当静""头容当直""气容当肃""立容当德""色容当庄"。个体通过身体的适当规训，将自身内在的涵养在行动中体现出来，知礼、行礼以成性。

第四，"敦大伦以凝道"。在当时的社会条件下，刘宗周认为，父子有亲、君臣有义、长幼有序、夫妇有别、朋友有信，这五种人伦关系及其应当遵循的伦理规范，是社会公认的道德。君子的慎独工夫，从内心到外在的行为，应在五种人伦关系中努力，通过踏实的实践，体现对于道的真切

---

① 刘宗周著，吴光主编，何俊点校，吴光、钟彩钧审校：《刘宗周全集》第 3 册语类，浙江古籍出版社 2012 年版，第 4 页。

② 参见刘宗周著，吴光主编，何俊点校，吴光、钟彩钧审校《刘宗周全集》第 3 册语类，浙江古籍出版社 2012 年版，第 4—8 页。

追求。

第五，"备百行以考旋"。刘宗周强调，一个人在五种人伦关系中的行为，如有一处缺陷，就如同伤了他的部分肢体。在成人的道路上，需要一个人在各种人伦关系中一一践履，否则细行不矜，终累大德。

第六，"迁善改过以作圣"。刘宗周提出，在生活中，每个人的善无穷，过也无穷，因此时时处处都需要迁善改过。一个人唯有坚持不懈地迁善改过，才可能入于"圣人"之境。

刘宗周对于"过"作了富有洞察力的详细分析，仔细区分了六种"过"①：

微过。刘宗周称之为"妄"。妄藏在人心中，在人的坏念头未起之前已经存在。人为名利、为生死、为酒色财气而心中有"惑"，在念头未起之前，心中已经有妄这一"微过"的存在。在人的内心世界，这种微乎其微的心理意向是个薄弱的地方。"'妄'字最难解，直是无病痛可指。如人元气偶虚耳，然百邪从此易入。"② 如何解"惑"，以改妄过？或者说，如何从一点隐微的痕迹，开始防患于未然？刘宗周认为这需要从平时的工夫着手。

隐过。从微过发展而来，是人的七情（喜、怒、忧、思、悲、恐、惊）的心理活动过度所致。隐过存在于人心中，还未显露出来。

显过。显过是上述"九容"的不当表现，已在人的身体上显露出来。

大过。大过是儒家最为重视的五种人伦关系中的不当行为，直接关系到家国天下，因此称为大过。刘宗周认为，大过总会在容貌辞气上表现出来。

丛过。丛过也是因为个人没处理好五种人伦关系，因此在日常生活中出现了各种不当行为。从个人独处时行为不当，到色、食、财、气等方面的问题，一直到学而畔道等方面，刘宗周列举了居家私人生活、经济活动、社会生活等方面的一百种过，例如漫语、好闲、交易不公、传流言等。他列举的这些内容里，也有相当细微的方面，例如读书无序、写字潦草等。

---

① 参见刘宗周著，吴光主编，何俊点校，吴光、钟彩钧审校《刘宗周全集》第 3 册语类，浙江古籍出版社 2012 年版，第 8—13 页。
② 刘宗周著，吴光主编，何俊点校，吴光、钟彩钧审校：《刘宗周全集》第 3 册语类，浙江古籍出版社 2012 年版，第 8 页。

成过。刘宗周认为，上述诸种过如果不能及时改正，就会发展成为"恶"。对于微过、隐过、显过、大过、丛过，相应的恶称为微恶（崇门）、隐恶（妖门）、显恶（戾门）、大恶（兽门）、丛恶（贼门）。刘宗周认为一个人如果犯极恶，是因为习染所致，但这个人仍与圣人一样良心不泯。如果这个人秉持良心，努力改掉诸种成过，一样能够成为圣人。

对于种类如此之多的过，刘宗周提出以讼过法（静坐法）改过，并探讨讼过工夫在平时生活中的具体做法。讼过法在清晨时施行，一个人静坐，独对自己的良知，自问自答，承认自己的过错，直至内心清明。刘宗周强调，讼过法并非佛教的"坐禅入定"，而是儒家"求放心"的踏实工夫。因此，一个人静坐自讼并非无所事事，而是"为钝根设法"，必须踏踏实实地从省察工夫入手，以实现涵养的目的。

除了讼过法，刘宗周的改过说力主从细微处着力，时时改过。他提出工夫总得在微处得力，"防微则时时知过，时时改过"①。刘宗周强调格物致知是迁善改过之学，因为即使是心里的细微之惑（微过），也可能发展为更大的"过"，所以，即使圣人也应当一辈子进行"改过"的道德实践。因此每个有志于学的人，应防微杜渐，时时改过。不可文过饰非，一念有过，应"反复推勘、讨个分晓"，努力做到无过复行。知过不易，荡涤自己的心胸不易。刘宗周细密的慎独工夫理论，深切体现了人的改过向善必须真正落实在生活中的各种行动上；行动上做到了，才算是真正的致知。

不过，刘宗周总结的具体伦理条目有其历史局限性，例如君臣这一我国古代重要的人伦关系现在并不存在。这也说明儒家传统认为"无所逃于天地之间"的五种人伦关系，有的只是当时时代的特征，并非万世不易。如今，继承和发展儒家珍视的人伦之理，需要寻找蕴含于其中的古今通理②，并进行现代转化。

刘宗周的慎独工夫里的"过"其内容过于繁琐，有明显的历史年代的痕迹。况且，人的生活各不同，尤其身处忙碌的现代社会生活中的个体，不可能有诸多的时间天天精细地讼过。况且，如果静坐讼过太过严厉，甚

① 刘宗周著，吴光主编，何俊点校，吴光、钟彩钧审校：《刘宗周全集》第 3 册语类，浙江古籍出版社 2012 年版，第 15 页。

② 参见朱贻庭《"源原之辨"与"古今通理"》，《探索与争鸣》2015 年第 1 期。

至每天觉得自己"通身都是过错",天天恪守各种繁琐的礼仪与道德要求,那样严峻刻板的生活态度,恐怕难以实现"德润身"的目标。慎独是必要的,如果一念有过就必须及时抓紧讼过,这样的精神生活未免太过于紧张,如此严峻则偏离了中庸之道,反而戕害了生命活力,缺乏君子从容的温润气象。《大学》写道:"富润屋,德润身,心广体胖,故君子必诚其意。"对于不同性格的人来说,"德润身"的具体方法可能不同。但个体包括慎独在内的精神生活,需要张弛有度,方可有益于涵养合宜的道德情感,培育稳定的道德品质,从而润泽身与心。①

四　慎独对于网络公共交往的启示

儒家将格物致知与修身联系起来,强调独处时的德性,以此作为人的基础德性,并发展出讼过、改过等慎独的工夫。个体在各种社会生活场景中,总是需要具备起码的慎独工夫(例如起码的自我约束),才可能遵守法律和一定的礼节,进而行动。儒家正是把握了个体进行社会活动的这一基础,所以将慎独作为儒家君子的基础德性,贯穿于《礼记·大学》的八条目之中。

儒家重视在社会生活中进行道德实践,守礼成为儒家道德实践的重要内容。一方面,礼是社会生活运行所需要的规则,在礼的规训中,人内在的品德得以固定下来。另一方面,以内在的品德作为基础,儒家重视的礼才不致流于形式。虽然儒家推崇的礼有其具体的历史局限性,但求知与修身相结合,独处应有德、以礼涵养德、修身贯穿于生活等思路和见解,依然值得我们借鉴。借鉴儒家的慎独理论,反思网络公共交往,我们可初步得到如下启示。

(一)以礼相待:网络君子的基本礼仪

由于网络空间具有一定的社会泄压阀作用,有的网民在网上发言宣泄自己的情绪,这导致网络公共空间出现了不少网络低俗语言(网络脏话),也出现了网络语言暴力的现象。

网络空间的"半匿名状态"也带来了与日常生活交流不同的情况。我

---

① 关于刘宗周的慎独工夫对于网络公共交往的启示,请参见第四章第二节,四(二)"合理运用注意力"、第四章第二节,四(三)"自省精神与事上磨炼"。

国网络管理采用的是"前台匿名、后台实名"的做法，因此网民在网上是"半匿名"状态，即网民对于网络管理方来说是实名的，而对于其他陌生的网民来说，则是匿名的。在网下日常生活中，一个人与其他陌生人当面交流时，互相看得到面部表情、肢体语言等实时信息，也看得到周围人们的反应。对于个体的言行举止，网下的日常社会生活环境在无形之中，已具有一定的约束作用。然而，当网民在网络公共空间发言时，往往看不见其他陌生网民的表情、肢体语言等实时信息，由此产生了一种"信息隔离"——当网民随意地出言不逊时，有如士兵进行远程投弹却看不到实时的伤害后果。这种信息隔离容易导致网民缺乏共情，产生冷漠感，从而不在乎其他陌生网民的反应。

虽然网络低俗语言、网络语言暴力的产生有其客观原因，但主观因素依然是最重要的。因为，内外一致、知行合一的人并不会因为外在的情况而放纵自己，不会因为网络空间里信息隔离的存在，就对他人使用低俗语言，或使用语言暴力攻击他人。

儒家历来重礼。礼涉及生活的方方面面，内容丰富。固然，儒家的礼的具体内容有其历史局限性，应当根据当下社会生活的需要，取其精华，去其糟粕。但儒家的一个整体思路依然值得我们借鉴：强调以真挚的感情作为礼的内在基础，通过在日常生活各方面践行礼，养成好的习惯，从而培养君子人格。儒家赞赏"天行健，君子以自强不息"，君子在各种生活境遇里都应当追求"无违仁"。由此一个人的整个生活可被视为道德践履的过程，并且这个过程并非总是紧张或者永远严肃，而是应当张弛有度。[①] 刘宗周提出"谨威仪以定命"的具体做法，也是要求在日常生活中通过适当的规训身体，从"容貌辞气"等方面养成习惯，从而涵养一个人内在的品质，在这个过程中一个人能够逐渐养成德性。既然生活的方方面面都和道德践履分不开，那么即使古代的儒家君子"穿越"至今，置身如今的网络时代，网络活动也自然会成为君子道德践履的新内容。

---

① 例如，孔子在闲居时，"申申如也，夭夭如也"。孔子学习心仪的韶乐时，甚至三月不知肉味，"曰：不图为乐之至于斯也"。

　　应当正视的是：网络低俗语言如同其他的"脏话"，由于有一定的作用①，是人类社会中屡见不鲜的现象。不论"恼怒咒骂"或是"社交咒骂"，均有其心理方面或社交方面的作用。但网络空间里出现的是人类历史上前所未见的特别情况：当海量的信息出现在网络空间里，其中也包含了海量的低俗语言，这种信息污染的规模是前所未见的。大规模的信息污染继而引发破窗效应，使得网络低俗语言流传开来。网络低俗语言的传播虽然会降低这些语言的禁忌性，使得它们不如起初那么刺目，但这样的网络信息污染却可能通过社会语言的粗鄙化，潜移默化地影响社会心理，导致社会心理相应地粗鄙化。

　　如果在公共交往中，脏话（尤其伤害人、歧视人的脏话）广泛运用和流行，意味着一个社会的精神生活的粗鄙程度加深，人们对于话语造成的伤害更能容忍。而社会精神生活的粗鄙程度加深和对话语伤害的容忍，可能为简单粗暴的社会管理打下群体心理的基础。由此看来，基本的网络礼仪（例如不说脏话）虽然看似简单，但应当成为网络公共交往的基础，"鼠标之下"与"触屏之下"的德性养成，有赖于这个基础。

　　借鉴儒家的视角，礼应当涵盖社会生活的方方面面，网络公共空间也不例外。这一重礼的传统在网络时代，依然值得我们继承与发扬。网络公共空间应当被视为我们共同生活于其中的信息交流环境，而不只是大众的情绪垃圾桶。现实的网络交往中，出言不逊甚至网络语言的粗俗化现象屡屡出现，同时也提醒我们需要具有一定的网络环境保护意识，防微杜渐以避免破窗效应。

　　儒家尤其孔子提倡诗歌的教育、礼乐的教育，倡导以好的艺术熏陶、滋养人的内心，涵养真挚合宜的情感；避免礼流于形式，同时避免心灵的僵化。慎独的君子也因此不会一味地走向严峻和刻板的心理，而是具有真

---

　　① 露丝·韦津利的研究提出脏话有其基本的心理作用：当一个人的心理预期被推翻时，因为失望而心理平衡被扰乱，这时发泄情绪的字眼，能够纾解此人心理上不适的能量，减轻压力，导正心情并恢复健康平衡。脏话可区分为"恼怒咒骂"和"社交咒骂"。"恼怒咒骂"具有发泄情绪的作用。"社交咒骂"不仅发泄情绪，还具有一定的社交功能，在"意气相投"的咒骂者团体里，通过咒骂在一定程度上反抗权威，从而增强团体的身份认同，使该团体更融洽。参见〔澳〕露丝·韦津利《脏话文化史》，颜韵译，文汇出版社 2008 年版，第 53—62 页。

挚合宜的情感和活泼的心灵世界。"有诸内,必形诸外"①,君子的内心世界其外在表达将是善意、坚韧且开放的,而不是诉诸低俗语言(网络脏话)或语言暴力。

(二)合理运用注意力

网上丰富多彩的信息时时吸引众多网民的注意。环顾四周,日常生活中人们常常在不同的场合,各自埋首于自己的手机。如今,网络和网民的关系如此密切,以至于网上流传着一种风趣的说法:将 WIFI 信号视为马斯洛需求理论中的最基本需要。②

注意力经济在网络时代的发展如火如荼,网络上各种信息争夺的正是网民们的注意力。"每种新出现的媒介都会先提供'免费'内容来获取注意力,然后转售注意力来维持自身的商业存续性。"③ 在接受各种看似免费的网络信息、网络服务过程中,网民们有意无意之间提供的信息,例如电子邮箱、搜索历史、照片等,被搜集、处理成为数据资源,这些数据资源被辗转用于网民难以设想的广告目的。网民们在这个过程中,其实不仅仅是顾客,而成为了"产品"。④

第一,信息过载的后果。

注意力经济的激烈竞争带来了一些严重的后果,不仅包括上文提及的网络低俗语言带来的网络信息污染,还有信息过载、网民们的思考方式面临挑战等问题,严重的情况下甚至出现了网络成瘾。对于网民,注意力经济实际上是一种"分心"的生意。学者们形象地分析,信息过载带来了"分心人"⑤ 与"扁平人"⑥ 的后果。换言之,信息过载之下,网民不得不经常"分心"去查看各种信息。这实际上是对于人类大脑的一种日常训

---

① 杨伯峻译注:《孟子译注》(简体字本),中华书局2008年版,第220页。

② 腾讯·大浙网:《网传最新版马斯洛需求理论:wifi 是最基本需求》,[2020 – 08 – 09]. https://zj. qq. com/a/20130821/015325. htm.

③ [美]吴修铭:《注意力经济:如何把大众的注意力变成生意》,李梁译,中信出版社2018年版,前言 VIII。

④ 参见 [美]吴修铭《注意力经济:如何把大众的注意力变成生意》,李梁译,中信出版社2018年版,第395—396页。

⑤ 参见 [美]吴修铭《注意力经济:如何把大众的注意力变成生意》,李梁译,中信出版社2018年版,前言 IX—X。

⑥ 参见 [美]尼古拉斯·卡尔《浅薄:你是互联网的奴隶还是主宰者》,刘纯毅译,中信出版社2015年版,第244—245页。

练，带来的后果是人的思维扁平化——看似所知甚多，实则知识面广而稀薄，缺乏专注的能力，进而缺乏深入的思考。

"分心人"后果的产生，一方面由于网络空间存在海量信息吸引人的注意，另一方面也因为人类大脑运作的方式。"不管什么时候，只要我们一上网，信息流就会奔涌而来，这不仅会给我们的工作记忆带来过重的负荷，而且还会导致大脑颞叶难以聚精会神地关注任何一件事。巩固记忆的过程也因此而难以启动。而且，因为神经通路具有可塑性，我们上网越多，对大脑适应精力分散状态的训练就越多——非常迅速、高效地处理信息，可是注意力不会持续太久。之所以有那么多人觉得即便远离计算机，我们也难以全神贯注，原因就在于此。我们的大脑变得善于遗忘而不善于记忆了。"①

人类的记忆建立在注意力之上，有其独特之处。卡尔认为，人类的大脑并非如同电脑硬盘那样精确无误地克隆记忆信息，而是在每次回想时，大脑重新处理相关的信息，记忆可能会损失一些内容，但也会获得新的内容。这是我们的想象力和灵感的重要来源。换言之，建立在注意力的基础之上，记忆和遗忘之间微妙的平衡，其实是我们人类创造力的重要来源。

鉴于人类的意识具有独特的创新能力②，为了拓展认知，需要我们的意识主动去寻找既有信息和新信息之间的联系。通过专注于持续的精神活动，不断地突破意识的局限性，我们人类逐渐深入了解世界，寻找解决各种问题的办法。

人类大脑的意识总在进行各种"新"的活动。"那些古板无趣的信息

---

① ［美］尼古拉斯·卡尔：《浅薄：你是互联网的奴隶还是主宰者》，刘纯毅译，中信出版社2015 年版，第 241—242 页。

② 神经科学家博尔指出："意识的精神空间是经过精心选择的，意识致力于创新，它的一个关键要素是发现信息的深层结构。掌握这种包含模式的、有意义的信息处理形式，能够使我们具备超强的学习能力，这也解释了为什么人类的意识使我们在每一个知识领域都取得了巨大成就。通过发现大自然的隐蔽规则，通过将两种完全不同的思想根据它们潜在的、共同的信息结构联系起来，我们的大脑创造了一个广阔的意义世界。……事实上，当我们观看周围世界时，无意识可能忙着处理一些基本的感觉特性，但是在意识的大本营内，每一项内容都要经过我们掌握的知识结构的严密筛选。我们看到的任何物体，都会触发理解的意识波，即该物体不同层次的意义。"［英］丹尼尔·博尔：《贪婪的大脑：为何人类会无止境地寻求意义》，林旭文译，机械工业出版社2013 年版，前言 XⅦ。

由无意识处理，而意识则处理新的、有难度的信息。"① 换言之，人类意识活动所需的信息需要经过注意力的选择，无意识则帮我们处理各种熟识的或陈旧的信息。如果同质的海量信息瞬间扑面而来，我们的注意力作为意识的守门人，在信息的海洋里疲于奔命，最终必定涣散。这也是日常生活中，人们长时间沉溺于"玩手机"之后身心俱疲的情形。况且，我们应当正视人类意识的局限性。"遗憾的是，经验的储存空间过于狭窄。意识在同一时间只能充分处理 4 个项目。"②

如果我们试图将专注的能力、记忆的能力外包给其他设备，这意味着人将成为"扁平人"。看似各种信息搜索即来，实则个体的知识面广而稀薄。在各种超文本链接中，人的注意力不停地被打断，难以耐心地进行深入的思考。暂且不论现代科技能否实现这种将专注能力、记忆能力"外包"的服务，这种"外包"服务的思想实则想把人类作为生物体最为宝贵的创造力转交给机器设备。这将是人类对于自身独特能力的自我贬低与放弃。"把记忆任务推卸给外部数据库，并不仅仅危及个体的深度和独特个性，还会危及我们共享的社会文化的深度和独特个性。"③ 人类的文明来自千千万万个体的独特个性与思维的深度。"人类文明要保持勃勃生机，就必须在每一代人所有成员的头脑当中重建。记忆外包，文明消亡。"④

面临的危机反过来提醒人们：好的网络活动首先是个体对注意力的合理安排。与良好地运用注意力相关的德性，在网络时代，尤其在网民进行网络活动的过程中，依然是不可或缺的基础德性。由此看来，"网络时代版"的慎独自律，正是这样一种不可缺少的基础德性。

第二，留意"妄"，求"放心"。

---

① 神经科学家博尔指出："注意（attention）是意识的守门人，只让那些我们感觉到的，或再三思量过的、具有生物学重要性且需马上处理的项目进入意识范围，尤其是那些具有让人意想不到的特性、能让我们获得深刻见解的项目。"[英]丹尼尔·博尔：《贪婪的大脑：为何人类会无止境地寻求意义》，林旭文译，机械工业出版社 2013 年版，前言 XVI。

② [英]丹尼尔·博尔：《贪婪的大脑：为何人类会无止境地寻求意义》，林旭文译，机械工业出版社 2013 年版，前言 XVI。

③ [美]尼古拉斯·卡尔：《浅薄：你是互联网的奴隶还是主宰者》，刘纯毅译，中信出版社 2015 年版，第 244 页。

④ [美]尼古拉斯·卡尔：《浅薄：你是互联网的奴隶还是主宰者》，刘纯毅译，中信出版社 2015 年版，第 245 页。

　　一般地，人具有把握自己注意力的能力。人安排自己注意力的过程，首先是一个自己与自己对话、调适身心的过程。慎独所包含的"独处应有德"，不仅是"不欺暗室"，也不仅是闲居静坐，关键在于一个人如何自己与自己内心对话，整合自己的精神世界，涵养个体独特的个性与思维的深度，追求自我身心的和谐。

　　从注意力的角度来看，刘宗周提出的"凛闲居以体独""卜动念以知几"，旨在保持对注意力涣散的警醒。如今，日常生活中网民陷于注意力经济的情况并不少见，例如浏览手机，或打着游戏，不知不觉半天时间倏忽而过，这样的生活经验对于网民们并不陌生。实际上，沉浸式、狂欢式地追看连播的超级连续剧，已悄然成为一种流行的生活方式。① 这些陷于注意力经济的网络活动，是合宜休闲中的消遣，还是逃避现实，其中关键依然在于网民对注意力的运用是否适度。在网络上，网民需要把握自己的注意力，而不是在点击各种超文本链接的过程中，由于信息过载而耗尽精力。当网民闲居时拿起手机，随着海量信息信马由缰之际，慎独意味着"打住"思维分心和思维扁平化的大脑训练过程，在网民的注意力崩溃之前，求"放心"即找回放纵散漫的心。

　　如果个体仅仅是注意力涣散，在适度休息之后尚能恢复。但需要警觉个体的心理意向朝着注意力涣散、形成负面情绪，乃至形成恶念恶语的方向发展。刘宗周提出的"微过"当中的"妄"这个概念值得借鉴。

　　妄的概念，用于网络活动中，指当个体注意力涣散的起初，在负面情绪乃至恶念将起之际，微乎其微的心理意向。妄作为一种隐微的心理意向，其产生跟一个人的思考方式、知识、经历、情绪以及外在的环境相关。刘宗周认为，由于个体心中原本有"惑"，心里看似宁静，其实并非一片清明；在坏的念头、坏的行为未起之前，个体的心理上已经存在着细微的心理意向。如果不加以警觉，当外在的环境和信息触发了这一心理意向，个体原本细微的心理意向就将发展为负面情绪，乃至发展为外在的、行为上的明显过错。

　　网络活动与阅读具有一些相同之处：两者作为处理信息的活动，同时

----

　　① 参见［美］吴修铭《注意力经济：如何把大众的注意力变成生意》，李梁译，中信出版社2018年版，第389—390、393—394页。

也是人的心理活动。网络活动与阅读也具有不同之处：网民的网络活动会在网络空间中留下电子足迹，许多网络公共空间方便网民随时发布信息与他人互动。网络空间中存在着形形色色的信息和诱惑，基于一时的情绪发布信息是比较容易的。但个体发布信息是否可能对他人带来"远程投弹"的影响？在点击发布信息之前，如果个体体察一下心头是否有"妄"这样的心理意向，也是实践慎独工夫的一种方法。

"妄"作为一种隐微的心理意向，其微妙之处在于：当人隐隐感受到它时，也会在心里相应地激发起警觉的意识。妄的概念，其作用在于提醒网民留意自己内心若隐若现的细微过错，更重要的是提醒自己内心还具有改过与振作的精神力量。而当网民进行网络活动时，留意合理地运用自己的注意力，保持心灵的清明，有益于理智地行动。

第三，求知精神。

综合来看，慎独并不单单包括个体改过自省，还意味着个体在独处时注重丰富自身的精神世界。

慎独与格物致知密不可分。君子"慎其独"是在实践"诚其意"，这是个培养稳定的道德品质的过程。《礼记·大学》强调在培养稳定的道德品质的过程中，格物致知是起点。格物致知包含了一种理性的求知精神：培育道德品质不是基于盲目的信仰，而是应当建立在一定的理性认识的基础之上。这一点至今依然值得肯定。虽然格物致知的"知"在《礼记·大学》中有其具体的历史局限，指当时儒家珍视的道德知识。但基于理性的求知精神，今天我们日常依然使用"格物致知"的说法。在小心地摒除"知"的历史局限之后，使用"格物致知"时，将其拓展成致力于了解世界万物，努力认识自然界和人类社会的规律。由于慎独与格物致知相关联，格物致知的内容在今天拓展了，相应地，慎独也应当与更广阔的求知活动和精神世界联系起来。

慎独与格物致知密切关联，蕴含着理性的求知精神。因此，即使在闲居时，慎独也倡导个体进行"有所用心"的精神活动。就网络活动来说，随意浏览信息作为消遣，偶尔为之尚不是问题。如果时常落入注意力经济的陷阱，在五光十色的信息中消遣时光、消耗自己的注意力，这样的网络精神生活质量堪忧。正如孔子所言："饱食终日，无所用心，难矣哉！不有博弈者乎？为之，犹贤乎已。"①

儒家探索慎独工夫这类安顿身心的"生命软技术"②。对于去除包括"妄"在内的各种类型的过错，刘宗周提出以"讼过法"加以解惑与改过。在网络公共交往中，"讼过"这一儒家"求放心"的慎独工夫，对于网民避免落入注意力经济的陷阱，从而拥有相对清明的理性、和谐的身心，依然有其值得借鉴之处。慎独意味着个体专注、求知、自省，不断地丰富自身的精神世界，使之具有活力。由此，慎独有益于保障个体内在的品质。

（三）自省精神与事上磨炼

妄的概念旨在提醒网民在当下的网络活动中警觉心理意向，避免注意力涣散以及心理意向朝着负面情绪和恶念恶语发展。固然，通过培育德性以润泽身心是个好的追求。但问题随之而来，现代社会生活节奏快，在加速的社会里，还能用讼过法这类慎独工夫来"三省吾身"吗？

现代社会的加速，带来了人的"自我异化"的危险。罗萨在社会加速理论中指出，社会加速有三个方面，首先是技术的加速，其次是社会变化的加速，再次是生活节奏的加速。③ 现代科技的进步，科技更迭的周期缩短，造成了社会生活中的事物、信息的时效性越来越短，导致社会变迁的加速。"时效性的缩短，意味着完成事务的截止期限不断往前挪，而且源

----

① 杨伯峻译注：《论语译注》，中华书局 1980 年版，第 189 页。

② 金周英提出了硬技术和软技术的概念，认为："广义技术根据其操作的载体和所根植的知识体系，可进一步分为硬技术和软技术。"基于技术作为解决问题的工具的视角，"所谓技术就是人类用以提高自己能力的手段，用以解决问题的方案。历来人类'解决问题'的方案有两个途径：一是有形的方案如产品；另一个是无形的方案如规则、程序、过程。我称前者为硬技术，即传统意义上的技术，后者为软技术。"从知识的操作性角度来看，"一般来说硬技术是以'物'为载体，其知识多来自自然科学的可操作性知识体系，而软技术是以'人的心理、思维、认知和人的行为'为载体，其知识来自非自然科学以及非（传统）科学的可操作性知识体系"。根据操作资源进行分类，软技术大致包括：经济技术、社会技术、政治技术、文化技术、生命软技术，工程软技术、智力技术、环境软技术和生态软技术、制度设计术等。其中，生命软技术系指"以心理活动、人体和生命、认知领域作为操作资源的软技术，包括心理技术、健康技术、中医的诊断与治疗技术、身心技术（如打坐和冥想）、体验技术、思维技术、意识技术、认知技术及其他生命软技术"。参见金周英《人类需要什么样的未来：全球文明与中国的全面复兴》，湖南科学技术出版社 2016 年版，第 24—26 页。金周英《人类的未来》，湖南科学技术出版社 2019 年版，第 86 页。

③ 参见〔德〕哈尔特穆特·罗萨《加速：现代社会中时间结构的改变》，董璐译，北京大学出版社 2015 年版，第 86—96 页。

源不绝的新事务也会不断被交代下来。如此一来,人们日常生活当中的每件事务必须更急着赶快完成。……加速科技的广泛使用,就会再促使加速科技的进步,然后社会变迁又因此再被加速,最后生活步调也随之继续被加速。这三个面向不断地循环反复,就是现代社会在各方面不断被加速的原因。"①

当个体每天有做不完的事务扑面而来,或者面临的社会关系杂多,而大脑面临着信息过载——多重情况夹击之下,个体难以将所处的关系、所接受的信息有机地整合起来,从而滋养精神层面的自我。尤其在网络活动中,随着个体不断地点击网页,在不同的超链接文本之间切换,一时的感受可能很多,但属于自己的、切身的生命经验反而可能很少。网民在网络活动中阅听各种信息,拥有很多瞬时的感受,但这些感受经常蜻蜓点水般过去,水过无痕。因为,"它们跟我们的内在状态或体验没有有意义的'共鸣'"②。而"对于我们自己的行动和经验缺乏完全的吸收、占有,会导致严重的自我异化"③。这种异化表现在个体难以专心做自己"真正想做的事"。而当个体做自己"真正想做的事",才能够拥有个体生命中富有意

---

① [德]哈特穆特·罗萨:《新异化的诞生:社会加速批判理论大纲》,郑作彧译,上海人民出版社 2018 年版,译者前言,第 5—6 页。

② 罗萨认为缺乏产生共鸣的交往、进而缺乏将外界的信息整合进自己的人生,导致了自我异化。他指出"自我异化也许就会成为晚期现代加速社会当中不断逼近我们的危险。如果我们与时空、行动、体验、互动伙伴的关系都异化了,我们很难避免深度的自我异化。……自我的感觉与认同正是从行动、经验与关系,亦即自我所处(以及让自己所处)的时空、社会世界和物界当中所形成的(参阅 Rosa,1998,2005a:352 ff.)。所有我们所经历的行动时刻和体验时刻,所有我们的抉择,我们所认识的人,我们需要的物,都是我们对自己人生的可能描述、确立我们身份认同的素材。然而,若这些事物都无法好好地被吸收进我们的生命当中,我们也就无法确切形成我们自己的人生故事(这也难怪我们也越来越不想听别人的人生故事)。我们是谁、我们怎么感觉的,都有赖于我们在经历变动时所身处的背景,而我们却不再有能力将这些背景整合进我们自己的经验与行动。这也造成了埃伦博格所说的'自我的耗尽',甚至是过劳或抑郁(Ehrenberg,2008;参阅 Rosa,2005a:388 f.)。如果我们的身份认同的形成与我们的立身处事、我们所关心的事有关(Frankfurt,2001:98 ff.,201 ff.),而我们却不知道什么对我们来说是重要的,如果我们失去了稳定的、有方向的重要事物的先后顺序,那么我们的自我关系就会遭遇危险、受到干扰。与世界产生异化以及与自我产生异化不是两件不相干的事,而是同一件事的两个方面。当自我与世界之间的共鸣'安静下来'的时候,这种异化就出现了。"参见[德]哈特穆特·罗萨《新异化的诞生:社会加速批判理论大纲》,郑作彧译,上海人民出版社 2018 年版,第 137、141—143 页。

③ [德]哈特穆特·罗萨:《新异化的诞生:社会加速批判理论大纲》,郑作彧译,上海人民出版社 2018 年版,第 139 页。

义的时刻。换言之，人获得生命的意义，是需要个体拥有一定的时间，自愿付出精力、努力思考和整合信息，亲身投入行动的。

通过对自我精神世界的滋养，进而推动个体行动起来，实践对于个体生命富有意义的事——儒家的慎独工夫恰恰在个体安顿身心上着力，通过诚于中、形于外，以实现"德润身"的良好目的。借鉴慎独并非死守古代儒家的具体伦理要求，以之规范现代网民的言行，而是应当小心地剔除慎独的历史局限，阐发蕴含于慎独之中的古今通理。

第一，自省精神。

慎独蕴含的自省精神，旨在安顿个体的精神世界。慎独将个体独处视为一种道德实践，并非什么也不做；即便是静坐，个体依然需要在心里进行自己与自己的对话。例如，刘宗周的讼过法体现为静坐。个体选择在一天里宁静的时刻，面对自己，与自己内心的良知对话，推勘心中的疑惑，总结行为的得失，将自身的注意力引导在"释惑"与"改过"上。他总结了微过、隐过、显过、大过、丛过、成过等各种渐进的过错，从防微杜渐的角度，强调时时改过的必要。养成自省的习惯，加上"不贰过"的努力，将有助于个体的进步。不过，慎独所包含的"戒慎恐惧"对于个体精神来说，应当有度。个体在自省中，一方面应真诚地面对自己的长处与不足，敦促自己自强不息；另一方面，面向未知之域，个体应秉持格物致知的精神，抱持开放与学习的态度。

对于生活节奏快的现代人，未必每天都能够专门抽出时间静坐讼过。但讼过法其实可有网络版的实践，例如个体在网上发布信息之前，自我对话，思考可能的后果，慎重行事。甚至网上已经出现了一些协助网民的办法，例如有的邮件系统开发了邮件撤回功能，帮助发件人撤回不合适的邮件；有人建议开发"礼貌性克制软件"①，以便在邮件发出之前提示邮件内容可能不礼貌，等等。

慎独蕴含的自省精神，提示人们在生活的忙碌中记得回顾自己的生活状态，这点依然值得借鉴。尤其在网络信息的海洋中，网民留意自己的网络精神生活的状态，处理信息的质量，也是对于个人的时间和生命的珍惜

---

① 参见［美］理查德·塞勒、卡斯·桑斯坦《助推：如何做出有关健康、财富与幸福的最佳决策》第3版，刘宁译，中信出版社2018年版，第271—272页。

和爱护。行色匆匆的加速社会里，那些安宁的独处时光，往往依然是个体诚其意、慎其独，滋养自己精神世界的时候。无论人类的文明如何发展，个体的精神成长与创造，总是需要这样的慎独。

第二，事上磨炼。

慎独自然地具有内向的维度，强调个体注重内心的精神生活。但慎独不仅具有内向的维度，还具有外向的维度——个体"有诸内，必形诸外"①，个体在社会中行动、与他人的交往，都需要凭借自身的素养。儒家的慎独有其明确的社会性。君子德润自身很重要，但君子对于仁的原则追求则是最重要的。儒家君子必然在修身的同时，以行动实践德性，在事上磨炼。而个体在实际行动中，需要做大大小小的决定时，必然会遇到自己和自己对话的时刻；如果我们期望这些决定是好的，此时，对于慎独以及某种慎独工夫的需要就出现了。因此，慎独成为贯穿在个体的行动中的基础德性，连接个人的修身、行动和社会事务。换言之，与他人交往的德性在个体独处时引而不发，但随着个体进行实际行动、与他人打交道，个体在社会交往中的慎独德性就如同根基枢纽，将个体与他人交往的各种德性连接起来。在这层意义上，慎独的内向维度指向个体涵养自身的内在素养，而慎独的外向维度指向个体将内在素养转化为外在的实际行动。

由此看来，即使在现代加速的社会中，慎独也并非仅仅是网民个人的道德修养或生活策略，而具有一定的公共性。尤其在网络公共交往中，如何对待他人、如何与他人交往，这恰是一个人在网络空间进行精神生活、处理各种信息时，面临的基本问题。

首先是如何对待网络中的他人，尤其是网络中的陌生人。《论语》写道："君子敬而无失，与人恭而有礼，四海之内，皆兄弟也。"② 君子慎独蕴含着对他人的友善。而在网络公共交往中，面对各种不同的观点和争论，君子和而不同，需要从对他人的友善出发，进一步发展出现代的"宽容"德性。③

其次是如何在与他人的交往中获得"实质共鸣"，避免自我异化。换

① 杨伯峻译注：《孟子译注》（简体字本），中华书局2008年版，第220页。
② 杨伯峻译注：《论语译注》，中华书局1980年版，第125页。
③ 请参见第四章第三节"宽容"。

言之，个体通过创造有"实质共鸣"的网络交往，将外界的重要信息整合进自己的经验和行动，做自己"真正想做的事"，从而收获一定的生命的意义，丰富自己的人生。网民一旦点击上网，总会见到众多网络陌生人发出的信息，甚至天天看某个人发布的视频或文字，却彼此从未谋面。面对海量的网络信息，假如个体真的一一打交道（例如一一简单回复），那么所参与的关系数量和种类也会多得让人难以承受。这种情况如果推向极端，就会出现网络空间中的所谓"社会过度饱和的状态"①。反之，如果网民将网络信息都视为浮光掠影，阅听信息流于蜻蜓点水，那么往往只是消磨时光。在承认人的意识和精力有局限性的同时，个体依然有可能通过慎独，选择中道，根据自己的兴趣，有选择地建立一些有实质共鸣的关系，在避免自我异化的同时，追求一定的公共性。

一方面，儒家强调君子对于仁的原则的追求，这一点使得慎独总是具有追求一定公共性的外向维度。即使将慎独视为君子独处的一种状态，那也是指向追求一定公共性的潜在预备状态。

另一方面，这个世界依然有着丰富的重要信息，有着众多的问题，存在需要维护的权利，存在真实的悲欢离合，这些都是建立"实质共鸣"的扎实前提。而探索自身生命的意义，总是需要个体努力整合信息，亲身实践，付诸行动的。网民也许不可能回应网络空间中所有的潜在关系，但可以依据自己的兴趣，在一定程度上拓展自己的网络交往，做自己真正想做的并且有意义的事，即便是小事。

网络空间中的慎独，不但包括网民个体拓展自己的感受、经验和知识，丰富自己的精神生活；还因为慎独内在包含的公共关怀，必然延伸出一定的公共交往。"君子周而不比"②，如果以公心进行网络交往、追求一定的公共性，那么个体内心具有的知识与智慧，应当如何妥善地表达和汇聚起来？这时，个体在网络活动中的慎独工夫，将会循着外向的维度，发展出"慎思明辨"的德性。③

在网络公共交往中，以个体的慎独自律为根基枢纽，宽容、慎思明辨

---

① 参见［德］哈特穆特·罗萨《新异化的诞生：社会加速批判理论大纲》，郑作彧译，上海人民出版社 2018 年版，第 141 页。

② 杨伯峻译注：《论语译注》，中华书局 1980 年版，第 17 页。

③ 请参见第四章第四节"慎思明辨"。

等德性连接起来。从这个角度来看，网络公共交往的过程，一方面是个体丰富精神层面的自我，扩展自己的思维乃至行动能力的过程，而非单单个体独自进行自省改过①；另一方面是个体与他人建立有实质共鸣的关系的过程，即个体与他人共同慎思明辨，一道行动，追求某种公共性，从而共同获得生命的意义。

通过发挥自省精神和在事上磨炼，网民个体方能将注意力逐渐引导在"真正想做的事情"上。一方面避免注意力经济的陷阱，以免个体在海量的网络信息中不断地分心。另一方面尽量避免"所罗门悖论"。所谓"所罗门悖论"，系指根据《圣经》记载，国王所罗门总能明智地看待别人的问题，对自己面临的问题却缺乏洞察力；他滥用权力，最终导致亡国。为了破解所罗门悖论，心理学家提出了"自我抽离技术"，即个体力图以第三人的视角，尽可能挣脱"自我中心"，客观地看待自己遇到的问题。② 这也是一种自省的方式。还有心理学家发现追寻美德的动机——通过自我完善——也能够破解所罗门悖论。③ 而个体培育美德（德性），离不开在事上磨炼，进行扎实的实践。

网上曾有句流行语："听过很多道理，却依然过不好这一生。"实际上，这也是强调"纸上得来终觉浅，绝知此事要躬行"。网络空间存在众多的信息与知识，网民阅听之后，如果缺乏实质的共鸣，缺乏有效地整合信息，这些信息和知识并不能真正地融入个体的知识结构，真正拓展个体的精神世界；如果缺乏实际的交往行动，网民也不可能在习惯中养成德性，在避免自我异化的过程中，去做"真正想做的事情"，从而获得生命的意义。在这层意义上，网络活动中的慎独其内向维度和外向维度应当贯通起来，即个体丰富自己内在的精神世界和拓展自己外在的网络公共交往应当并行。

---

① 网上已出现了一些借助群体的力量，帮助自己改掉小毛病、养成好习惯的方法，例如养成某个好习惯的打卡软件。传统的慎独意味着个体在独处中改过，养成好的行为习惯。如今建立在现代心理学基础上的一些新办法，通过网络空间将有共同需要的人聚集起来，互相帮助、共同养成好的行为习惯——这相当于创造了一种网络公共交往。这些办法自然不能代替个体的精神独处过程，但对于实现个体的慎独，也是一种新的推动力量。

② 魏新东、许文涛、汪凤炎：《智慧推理：概念、测量、影响因素及展望》，《心理科学》2019 年第 2 期。

③ 魏新东、许文涛、汪凤炎：《智慧推理：概念、测量、影响因素及展望》，《心理科学》2019 年第 2 期。

五　探索慎独与意志自律的融合

儒家强调君子对于仁的原则性追求，传统的慎独理论也围绕着仁的原则展开，这一点使得慎独具有追求一定公共性的外向维度。儒家珍视的仁的原则，有其具体的历史局限，例如仁的原则所依托的封建宗法社会里的人伦关系；但是也有其作为"古今通理"的内容，例如"仁者爱人"，对于人的关怀一直是儒家所珍视的道德原则。在最高的道德原则上，儒家的慎独与康德的意志自律，实则有相通之处。

陈徽分析了康德的意志自律与《中庸》的慎独的异同。认为二者都旨在实现一定的理想社会，前者指向实现自由的"目的王国"，后者指向实现"大同"社会。此外，二者的区别在于：康德的意志自律体现意志对于来自理性的定言命令的服从，不受现象的制约；理性的道德法则（定言命令①）是纯形式的规则，无经验的内容。《中庸》的慎独则具有丰富的经验内容，个体通过慎独，力图将封建宗法社会的人与人之间的伦理关系法则内化于心，外化于行。"慎独式的道德自律必须包括认识活动，必须把博学、审问、慎思与明辨等作为慎独活动的重要组成部分，并强调了知行合一。……慎独始终都把着眼点落实于外在的经验世界之上的。由此具有强烈的现实性，并历史地影响着中国人传统的道德修养方式及其人文品格的塑造与形成。"②

今天我们使用慎独概念，并非试图用古代的具体伦理要求规范现代人的行为，而是因为慎独蕴含"古今通理"的内容，值得阐发。至于慎独中具有历史局限性的内容，如封建宗法社会里的特定人伦关系和僵化的道德规范，则需要我们小心地加以鉴别、剔除。

对于康德的意志自律（包含纯形式的定言命令），我们不妨尝试寻找

---

①　康德把对意志有强制性的客观原则，称之为理性命令。而对命令的形式表述则被康德称为命令式。康德将命令式分为两种，或是假言的，或是定言的。假言命令把一个可能行为的实践必然性看作是达到人的某个目的的手段。定言命令（或称为绝对命令）把行为本身看作是自为地客观必然的，和其他的目的无关。定言命令被当作一种必然的实践规律，直接决定行为，而不需要其他的意图、目的和后果；行为中的善只在于信念，完全由道德规律来决定，而不在于后果。康德认为，只有定言命令才是道德命令、实践规律。参见［德］康德《道德形而上学原理》，苗力田译，上海人民出版社1986年版，第64—67页。

②　陈徽：《意志自律与慎独——兼论中西文化的交融》，《安徽大学学报》（哲学社会科学版）1999年第6期。

结合道德原则和实际生活的应用方式。即使认可意志自律只是纯粹的理性自律，不受认识的制约与影响，那么，人在实际生活中，作为有血有肉、有局限性的生物体，依然需要学习足够多的知识，经过足够多的实践，养成运用理性的德性，才能领会纯粹的理性自律、自觉地服从我们的理性所发出的定言命令。在培养德性的"伦理的修行法"① 这层意义上，慎独所包括的认识活动和实践活动（系指剔除历史局限性之后的、现代的认识活动和实践活动），恰是不可缺少的道德实践环节。否则，意志自律非常纯粹，但却不是人类所能理解的，更不是能够实践的了。

由此看来，康德的意志自律所服从的定言命令（道德原则）所蕴含的内容，可以丰富慎独的内容；而慎独因其现实性和实践性，可视为定言命令（道德原则）的一种应用方式。当把慎独和意志自律连接起来，称为"慎独自律"时，也是尝试探索这种互相补充的可能性。

（一）康德的定言命令的两种表述

康德的定言命令的第一种表述可被称为"普遍法则"的表述。"要只按照你同时认为也能成为普遍规律的准则去行动。"② 或者说，"你的行动，应该把行为准则通过你的意志变为普遍的自然规律"。③ 康德认为这是最高的唯一的道德原则。这个道德原则至少包含了两条标准，即"可普遍化的标准"和"可逆性标准"。④

可普遍化的标准指："一个行动是道德的，当且仅当，该行动准则能够普遍化，而一个准则能够普遍化，当且仅当，每个人都能按照该准则行动。"⑤ 例如，倘若借钱不还广为盛行，最终人们都不愿意借钱给他人，最终大家也无法借到钱。如果一个行动准则无法为每个有理性的人所采用，那么推广这个行动准则，最终必然造成自相矛盾，从而说明这个行动准则是不成立的。而道德的行动能够通过可普遍化的标准的检测，不会造成这种自相矛盾。

---

① 参见［德］康德《道德形而上学》（注释本），张荣、李秋零译注，中国人民大学出版社2013年版，第257—258页。

② ［德］康德：《道德形而上学原理》，苗力田译，上海人民出版社1986年版，第72页。

③ ［德］康德：《道德形而上学原理》，苗力田译，上海人民出版社1986年版，第73页。

④ 参见陈真《当代西方规范伦理学》，南京师范大学出版社2006年版，第117—119页。

⑤ 陈真：《当代西方规范伦理学》，南京师范大学出版社2006年版，第117页。

　　可逆性标准指："一个行动是道德的，当且仅当，该行动准则是可逆的，而一个准则是可逆的，如果行动者愿意每个人都按照其（指这个准则——笔者注）行动。"① 可逆性标准意味着人应当换位思考，相互公平地对待彼此。只要有某位有理性的人不接受不公平的对待，任何不公平的原则和行动就无法通过可逆性标准。这两条标准在日常生活的道德推理中很常见，康德所说的定言命令实际上表达了人们的一些道德直观。

　　定言命令的第二种表述可被简称为"人是目的"——"你的行动，要把你自己人身中的人性，和其他人身中的人性，在任何时候都同样看作是目的，永远不能只看作手段"。② 它的根据是："有理性的本性……作为自在目的而实存着"。③ 康德的观点反映了人们日常生活中两个重要的道德直觉，其一，利用人是错误的，不能将人和其他无生命的事物一样对待。其二，人自身的价值不同于工具价值。将一个人作为目的对待，就是要尊重这个人；而尊重一个人，就是尊重他作为一个理性的人按照自己的意志和理由行动的权利。违背了他的意志，就冒犯了他作为有理性的存在的尊严，就没有将他作为目的自身对待。换言之，道德行动不能仅仅把人作为手段，而应当以人作为"有理性的存在"的本性为目的。④

---

① 陈真：《当代西方规范伦理学》，南京师范大学出版社 2006 年版，第 118 页。
② ［德］康德：《道德形而上学原理》，苗力田译，上海人民出版社 1986 年版，第 81 页。
③ ［德］康德：《道德形而上学原理》，苗力田译，上海人民出版社 1986 年版，第 81 页。
④ 可能有的看法反驳定言命令的第二种表述，认为：有时将人仅仅作为手段利用本身就是正确的行为。本书认为这个反驳忽略了最重要的一点：在将某（些）人作为手段利用的同时，究竟以什么作为目的？并非将某（些）人仅仅作为手段利用本身就是正确的行为，而是因为与此同时，以人作为有理性的存在的本性为目的，所以这个行为才是正确的行为。比如，当无良杀手 A 向路人 C 打听被追杀的无辜者 B 躲在什么地方时，C 的撒谎行为显然是正确的。如果考虑到定言命令的两种表述，全面地来看这个事件，C 的撒谎行为以 A、B 和 C 作为有理性的存在的本性为目的，向 A 撒谎从而保护 B，这是任何一个有理性的人为了保护无辜者的生命所应当做的，这一点就连无良杀手 A（只要他运用理性）也不能否认。也就是说，并非将 A 仅仅作为手段利用本身是正确的行为。而是为了保护 B 的生命安全，也为了 A 不犯下谋杀的罪行，将 A 仅仅作为手段利用才是正确的——这一点就连无良杀手 A（只要他运用理性）也不能否认。还有种看法认为：在某些情况下我们别无选择，不得不将人仅仅作为手段，而不可能是"以人为目的"，但这种做法依然是道德的，比如隔离传染病患者，无论当事人是否同意。在这种情形下，问题的关键依然在于什么是"以人为目的"？隔离传染病患者的做法，在两种含义上是"以人为目的"的：（1）以其他大多数人的健康为目的。当然，这不是康德的观点，而是功利主义的观点。（2）以自己和他人作为有理性的存在的本性为目的。如果从这位病人作为有理性的存在的本性出发，为了保护自己和他人的生命健康，在隔离措施得当的前提下，他将会同意被隔离治疗（只要他运用理性）。这其实还是以人为目的，即珍视生命、文明地对待当事人，同时尊重当事人作为一个理性的人按照自己的意志和理由行动的权利。也就是说，上述的反驳并不成立。

定言命令这两种表述的合取，是否能够构成判断一个道德行为的充分必要条件？这个问题依然有待于人们继续探究。不过，"可普遍化的标准""可逆性标准"和"人是目的"，对于慎独理论，至少可以借鉴，从而丰富理论自身的内容。

（二）借鉴定言命令的相关思考

康德提出的作为最高的道德原则的定言命令，当引入不同的生活环境，在具体的文化背景下表达时，需要与本土具体的道德原则相互联系及对话。思想理论的比较与交流，往往能够促进新的思考视角，产生新的内容。

第一，道德原则的相通之处：尊重人和关心人。

儒家以仁为道德原则，强调尊重人、关心人。围绕着仁的道德原则，既有基本的规则，如"己所不欲，勿施于人"，体现了无害原则。这一基本规则由于个体不需要采取行动，在不影响他人的意义上，是消极的。在社会生活中，人的境遇和能力各个不同，儒家倡导"穷则独善其身，达则兼济天下"，认为先进者应当体现对他人（尤其是需要帮助的人）的尊重和关心，共同和谐地生活。从基本的规则出发，儒家提出积极的规则，例如"己欲立而立人，己欲达而达人"、博施济众等。无论消极的规则还是积极的规则，都强调了对人的尊重和关心。儒家赞同，有理性的人在社会生活中，应尊重生命，基于不同的能力发展自己，担当社会责任，与他人和谐相处。

对于平等的理性个体之间的意见分歧，康德的"人是目的"定言命令强调：尊重他人作为一个理性的人按照自己的意志和理由行动的权利。儒家则重视劝导，而不是代替对方做决定，"忠告而善道之，不可则止，毋自辱焉"[①]。尊重人和关心人，这是目前人类文明公认的道德原则，在这方面，儒家的"仁"与康德的"人是目的"原则是相通的。

第二，慎独理论的一些普遍内容。

借鉴定言命令蕴含的"可普遍化的标准"，我们需要留意总结慎独理论中道德原则、道德规范里的普遍内容，小心剔除具有历史局限性的内容。

---

① 杨伯峻译注：《论语译注》，中华书局1980年版，第132页。

　　首先，慎独理论中"仁"的原则，应当摒除传统的、不平等的人伦关系以及相应的道德规范，代之以平等的人与人之间的关系和相应的道德规范。"仁"的原则原先建立在封建宗法社会里的人伦关系之上。我国传统五种人伦关系包括"君臣、父子、夫妇、兄弟、朋友"。目前君臣关系在我国已不存在。而原本存在于父子和夫妇传统人伦中的父权和夫权，这些不平等的人伦关系，也是现代道德和法治所反对的。而"朋友"这一人伦关系中蕴含的"民胞物与"的襟怀①，"太上不异古今，其次不异海内"，②则是"仁"的原则中可贵的普遍内容。这类具有中华文化风格的普遍内容，在充满陌生人和陌生事物信息的网络空间中，成为网络时代慎独的重要理论资源和文化心理基础。网络时代的慎独应具有开放性，向着文明开放，广博地借鉴、汲取具有普遍性的思想资源。

　　其次，对于慎独理论涉及的具体的道德规范，也需要我们留心去除具有历史局限性的内容。譬如，慎独重视以礼涵养德性。而当儒家重视的礼，遇到全球化的网络空间时，需要与时俱进，进一步探索网络交往中可普遍化的礼。又如，慎独工夫中，讼过法涉及的各种日常生活中的"过"，也同样需要区分属于历史局限性的具体内容，而取其中的普遍内容，如自省精神和事上磨炼的精神。而慎独工夫作为安顿身心的古代软技术，今后亦可结合现代科学的发展，继续发展慎独工夫中蕴含的普遍内容。

　　第三，慎独的公共性。

　　借鉴定言命令蕴含的内容（"可普遍化的标准""可逆性标准"和"人是目的"），我们不妨设想：

　　其一，如果人人只在网络空间中浏览，而不发言进行网络交往，提供信息，最终将导致网络空间无新信息可读。鉴于网络空间对于现代社会中个体的发展格外重要③，这一自相矛盾、毁掉网络空间的做法显然不可普遍化。

　　其二，如果人人只在网络空间中提供错误的信息、低俗的信息甚至破坏性信息（如病毒）等，最终导致网络空间成为一个巨大的信息垃圾场，

----

　　① 参见胡发贵《儒家朋友伦理研究》，光明日报出版社 2008 年版，第 195—200 页。
　　② 出自荀悦《申鉴》"杂言下"。载陆贾、刘安、扬雄、王充、荀悦、桓宽《诸子集成》第 7 卷，团结出版社 1996 年版，第 761 页。
　　③ 请参见第三章第　节，一"信息活动的重要性"。

网民个体一上网有如进入丛林世界，甚至手上的电子设备都因中毒而无法正常工作。对此，有理性的人只能选择避开。因为在这类场景下，一个网民被他人或者当作情绪宣泄的工具，或者仅当作牟利的工具——这种做法没有公正地对待人，既无法通过"可逆性标准"，也不符合"人是目的"的原则。

所幸的是，现实的网络空间并非如此。总有网民自愿提供各种有用或有益的信息。这类好的行为也提醒我们：网民们作为有理性的人，总是需要从网络独处的状态走出来，追求一定的、良好的网络公共交往。换言之，网络活动中的慎独应具有外向的维度，指向追求一定的公共性。立足于个体作为平等的"有理性的存在"，网络时代的慎独所蕴含的公共关怀，不再是儒家君子传统的、"为生民立命"的精英式公共关怀，而是指向追求个体相互尊重、符合"人是目的"原则的自由行动及自由联合。

是否进行网络公共交往、进行什么样的网络公共交往，依靠的是网民们的慎独自律。"一个自律的人必须自主地决断自己相信什么，必须自主地衡量行动的各种互相竞争的理由。他必须使用其合理性标准来完成这些任务，并且必须承认有必要依据其合理性标准来为其信念和决断提供辩护。"[1] 康德的定言命令提供了一些可借鉴的、判断的合理性标准。而儒家慎独的网络践行，有助于网民保持明晰的道德判断，涵养道德情感，保持道德自觉和道德自律。[2]

慎独显然包含着自我约束，但这种自我约束不仅考虑个体的行为是否符合既定的行为标准，更体现在个体对既定的行为标准、所遵循的原则本身能否成立的理性反思。"如果把这种反思精神深入到这种自由意志的层次，则儒家伦理中的那种律己精神就能够在自律的基础上得到发扬光大。"[3]

对慎独自律的探索是全球本土化的"伦理的修行法"的一种探索。慎独自律这一网民德性，意味着慎独理论与意志自律的融合，在道德原则的探索

---

① ［美］托马斯·斯坎伦：《宽容之难》，杨伟清、陈代东等译，人民出版社 2008 年版，第 12 页。

② 李伟波：《微媒体视域下的儒家"慎独"思想》，《北京青年政治学院学报》2013 年第 4 期。

③ 邓晓芒：《康德伦理学：解读、研究与启示》，北京出版集团、文津出版社 2020 年版，第 39 页。

上保持开放，在道德实践中体现出本土化的特点，于日常生活中积极寻求有德性的网络生活方式：网民独处时不懈怠，以礼涵养德性；合理运用注意力，专注于有意义的事；以自省精神，事上磨炼，从独处走向网络公共交往；不论在人群中还是独处时，都在内向和外向的维度上追求德性。

第三节　宽容

网络空间浩瀚广阔，恰如前文提及的充满陌生人的大规模现代社会，网络公共交往需要参与者在态度和行为中的宽容。在网络公共交往中，网民的宽容首先意指消极的宽容，即立足于人类理性的有限性，尊重且不干涉对方，对不同于己的言论和行为予以适当的容忍。这种消极的宽容适用于弱网络公共交往。而强网络公共交往关注公共议题，关心公共事务与公共利益。网民通过强网络公共交往增进对问题的理解，集思广益，形成公共意见，或得出共识，或提出可行的行动方案，或积极行动。强网络公共交往不但需要消极的宽容，更需要积极的宽容。在强网络公共交往中，当一个网民基于尊重人类核心价值的道德视角，总是对自己的观点保持开放的态度，愿意从多元观点中去汲取合理成分；当这种审慎对待人类理性的有限性的做法成为某个网民的习惯时，她/他就具有了宽容德性。

一　网络公共空间中的戾气

（一）中医学术语"戾气"的类比使用

网络空间中不容忽视的是戾气的存在。"戾气，或曰暴戾之气。这种遇事即爱使狠斗勇、取径极端的心理或风气，会以多种暴力形式体现出来，如话语暴力、行动暴力以及其他各种隐性的暴力与强迫。"[1] 在《说文解字》中，戾字指身体弯曲。"曲也。从犬出户下。戾者，身曲戾也。"[2] 在现代汉语里，戾具有罪过、乖张、凶暴的含义。在中医理论中，戾气被视为流行性传染病的起因，在中医学书籍中，戾气的意思与疫气、病气、

---

[1]　熊培云：《社会戾气的文化解读》，《中国图书评论》2011 年第 8 期。

[2]　参见李恩江、贾玉民主编《文白对照说文解字译述》全本，中原农民出版社 2000 年版，第 904—905 页。

疠气、杂气相近。①

隋朝巢元方编撰的《诸病源候论》记载温病诸种证候②，其中写道"温病令人不相染易候"具有强烈传染性，需要加以预防："此病皆因岁时不和，温凉失节，人感乖戾之气而生病，则病气转相染易，乃至灭门，延及外人，故须预服药及为法术以防之。"③ 在此，乖戾之气因为四季气候冷热失调而产生，是导致流行性传染病的原因。

明代吴有性（字又可）的《温疫论》写道："夫疫者，感天地之戾气也。戾气者，非寒、非暑、非暖、非凉，亦非四时交错之气，乃天地别有一种戾气，多见于兵荒之岁，间岁亦有之，但不甚耳。"④ 在他看来，戾气被视为自然界存在的、引发传染病的物质，多见于战乱的年代，和平时期天地间虽然也会有戾气产生，但后果不及战乱的年代严重。因为和平时期，国家、社会能调动力量在一定程度上控制疫情。而战乱时往往卫生状况差，人体抵抗力下降，致病物质的力量相应增强，导致传染病流行。传染病流行将会进一步导致社会的混乱，这是一个恶性循环。由此可推知，社会的公共卫生秩序对于防范戾气、提高人群的健康水平，具有决定性的意义。

在我国，将中医学词汇"戾气"一词类比运用到网络社会心理的相关研究之中，基本是从 21 世纪开始的。对于网络暴力的关注则于 20 世纪 90年代中期开始。⑤ 但由于"气"这个字具有弥散的特点，"戾气"一词适

① 在《说文解字》中，疫指"民皆疾也"，通称流行性急性传染病。疠指"恶疾也"。参见李恩江、贾玉民主编《文白对照说文解字译述》全本，中原农民出版社 2000 年版，第 673、669 页。
② "证候"是中医学术语，系指病因及症状。
③ 南京中医学院校释：《诸病源候论校释》上，人民卫生出版社 1980 年版，第 355—356 页。
④ （明）吴又可著，曹东义译注：《温疫论译注》，中医古籍出版社 2004 年版，第 365 页。
⑤ 在中国知网"文献"栏目全文检索"戾气"，并在结果中进一步检索"网"，可发现在2008 年之前，提及戾气的文献大多是中医理论的研究。2008 年开始出现戾气与网络研究直接相关的文献，系赵金等著《天使还是魔鬼——关于网络舆论与网络暴力的谈话》。之后每年的相关研究文献迅速增加，说明这是一个日渐受到重视的问题。与"网络戾气"密切相关联的词汇还有"网络暴力"。在中国知网中相应地全文检索"暴力"，并在结果中进一步检索"互联网"，可发现早在 1995 年已出现了乌家培所著介绍"Internet 网"的文章，并提出了值得关注的问题。该文提到当时有的观点从消极的角度来看待当时西方的"Internet 网"，认为其中充满了色情与暴力的内容。乌家培建议应当全面正确地认识"Internet 网"。乌家培：《信息化浪潮中几个值得注意的问题》，《情报资料工作》1996 年第 2 期。赵金、鄢烈山、孟波：《天使还是魔鬼——关于网络舆论与网络暴力的谈话》，《青年记者》2008 年第 7A 期。

合作为对暴戾的个体心理和社会心理的一种综合描述，而"暴力"一词更适合用于描述具体的行为。

以中医学词汇"戾气"一词类比运用于网络研究，至少有如下值得借鉴的方面。

首先，在类比运用时，戾气既被用来描述个体一时极端的不良情绪、一段时间里极端的不良心理状态，也被用来描述不良的、极端的社会氛围。中医理论认为，自然界四季气候失调产生戾气，戾气导致人体出现健康问题，进而引发传染病。对于一个人来说，戾气是个体身体之外的、自然界的致病物质。而在类比运用于网络研究时，戾气的自然属性减弱，社会属性却增强了。

其次，人保持身心的健康和谐，方能不易被外在的氛围所影响。中医理论认为，当人的身体素质削弱（正气不足）时，才会容易被戾气侵染致病。只要国家、社会有效地组织包括公共卫生系统在内的治理系统，个体努力保持自身的身心健康，就能有效地抵御戾气。

再次，注重防患于未然。中医理论里，"上工治未病"的深刻思想值得借鉴。《黄帝内经·素问·四气调神大论》载："是故圣人不治已病治未病，不治已乱治未乱，此之谓也。夫病已成而后药之，乱已成而后治之，譬犹渴而穿井，斗而铸兵，不亦晚乎？"[①] 对于疾病，应当注重防患于未然，治病于未病。而当病症初现时，根据病症的情况，综合调理身体，及时对症下药。不论对于个体的身心健康，还是网络环境的治理，均应当居安思危，借鉴"上工治未病"的思想，及时防范与疏导，以防小症状拖成大问题。

（二）网络戾气产生的原因

综合来看，网络空间中戾气产生的原因至少包括以下几个方面。

第一，某些权力的不作为或乱作为。在诸多网络热点事件中，某些权力的不作为或乱作为引发的事件备受关注。现代的权力系统包括政治权力、经济权力和社会权力等多种形态。权力的行使应当立足法治、遵守制度伦理，体现权力应当具有的公共性，即权力应当为维护权利和公共利益服务。如果某个权力不作为或乱作为，损害公共利益或私人合法利益时，

---

① 姚春鹏译注：《黄帝内经》上（素问），中华书局2010年版，第32页。

将会失去该权力的合法性，蜕变成为"私权力"。①

公权力中行政管理权力和公民的生活息息相关。若有相关的国家工作人员滥用职权、不文明行政甚至违法行政，当这类信息在网上传播时，必然激起具有权利意识的公民们的愤怒。而司法权力的行使是否合法公正，亦备受关注。尤其是热点案件，涉及司法不公引发的愤怒，在网络这个社会泄压阀中发酵，对于司法公信力将是巨大的伤害。网民们的这种愤怒的情绪并不等于网络戾气，但是，当这种愤怒以网络暴力的方式出现时，由于罔顾法律和法律程序，愤怒就转变成了戾气。

权力的不作为或乱作为，将会带来恶性循环：既伤害公民权利，造成不公平，又削弱了权力的合法性。侵权的事件在网络中传播，将会引发社会情绪发酵，从愤怒转变为戾气。如果删除、屏蔽相关的信息，仅仅是治标，根本的做法是相应的管理者依法合理地及时公开信息、妥善处理事件与善后，补偿权利受损的公民，从而修复受损的公信力，避免今后再出现类似的问题。随着时间过去，当初的热点事件将会渐渐沉寂，新的热点事件将会不断地出现。但如果治标不治本，网民心中对于某项权力的信任度累积地下降，将会埋下今后网络戾气出现的隐患。

第二，贫富悬殊，分配不公的现象存在。在贫富差距大的现实情况下②，富裕人士炫耀性消费的信息出现在网上时，容易引发人们的仇富心理。在市场经济的竞争之下，与其说"不患寡而患不均"，毋宁说人们更注重的是机会的公平，以及收入分配的、比例上的平等。一个人以自己的才能、诚实劳动、合法致富，能够赢得人们的尊重；尤其在富裕之后如果她/他热心公益、以善财回馈社会，更是赢得人们广泛的尊敬。反之，利用不法手段致富，或恃强凌弱，剥夺了他人的权利和资源，引起仇富心理

---

① 段凡：《论权力应是公权力》，《武汉大学学报》（哲学社会科学版）2012 年第 5 期。

② 国家统计局局长宁吉喆在《贯彻新发展理念 推动高质量发展》一文中写道："使共享成为根本目的。带领人民创造美好生活，是推进高质量发展的最终落脚点。但目前我国民生领域还存在着不少短板。……城乡、区域、不同群体之间的居民收入差距依然较大，2017 年全国居民收入基尼系数超过 0.4。公共服务领域仍然存在着供给不足的问题，公共设施的存量仅为西欧国家的 40% 左右、北美国家的不到 30%。要实现全民共享的高质量发展，必须抓住人民最关心最直接最现实的利益问题，坚决打赢精准扶贫精准脱贫攻坚战，在幼有所育、学有所教、劳有所得、病有所医、老有所养、住有所居、弱有所扶上不断取得新进展。"宁吉喆：《贯彻新发展理念 推动高质量发展》，《求是》2018 年第 3 期。

在所难免。"当强者继续肆无忌惮的时候，弱者隐蔽的暴力倾向也被激励。"①

为了实现广大劳动者的体面劳动和生活，需要国家进一步完善社会保障制度，增加医疗、教育、养老等方面的公共资源，促进社会的公平。全社会倡导健康环保的生活方式，推崇公益精神，以形成社会各个阶层的有机团结。

第三，竞争与生活压力。现代社会加速带来强烈的社会焦虑，人们担心在各种剧烈的竞争中落后。从担心孩子输在起跑线上，到担心无法及时保质保量完成任务、指标考核等，社会焦虑的类型多种多样，以至于贩卖焦虑都能形成具有巨大流量的网络热帖。现代社会的加速不仅加剧了竞争，并且工作中的事务也更为繁多。当一个人努力工作而收入有限，可意想不到的事务几乎同时扑面而来，自己却无能为力时，挫折感和无力感引发一时间的情绪崩溃，恐怕在所难免。令人担忧的是，加速的现代社会里，只要人是血肉之躯，如果长期积累使得心理不堪重负，在缺乏共鸣与理解之下，产生戾气恐怕只需要一个契机。

刘可文等学者分析了网络戾气的一些表征，即"乖戾之气""肆戾之气"和"暴戾之气"，分别是非理性、传染性和暴力性。② 除此之外，挫折感和无力感引发的"哀戾之气"也应受到重视。社会焦虑情绪会催生一种"哀戾之气"。"哀戾之气"的特点在于：（1）它的非理性表现并非针对网络热点，而是由于个体自身的焦虑、挫折感，导致个体一时采取非理性或不体面的行为。（2）它的暴力性起初往往不是指向他人，而是指向个体自身，表现为当事人情绪突然的宣泄、自责或自我伤害。（3）它具有特别的传染性——在他人了解原因之后，这样的哀戾之气并非引发他人的暴戾之气，而是引发他人的同情甚至共鸣。

---

① 熊培云：《社会戾气的文化解读》，《中国图书评论》2011年第8期。

② 刘可文等学者结合中医戾气概念，分析网络戾气具有不同的特质。其一，网络戾气包含"乖戾之气"这种非理性的社会心态，即对于网上的热点事件，以刻板印象作出过激的反应。其二，网络戾气包含"肆戾之气"，具有传染性。如果事件本身就有令人暴戾的因素，事件传播所到之处就造成了戾气的"原发性传染"。在从众心理、刻板印象等的影响下，有的网民受到"诱发性传染"，跟风对戾气的蔓延推波助澜。其三，网络戾气呈现出普遍的暴力性，即是"暴戾之气"。刘可文、蒋晓丽、李晓蔚：《论"网络戾气"的表征与根治》，《编辑之友》2015年第5期。

曾在网上热传一时的一些事件①，体现了日常生活中戾气之气的存在。个体在不断累积挫折感后，一时之间的不如意就可能点燃过去累积下来的愤怒与委屈，很有可能从"哀"走向"戾"，从自我伤害发展成"自毁"甚至"毁他"。

不过，这些事件也直观地展现了消除哀戾之气的办法：他人友善、耐心地对待当事人，给予关心和帮助，及时开导、安抚当事人的情绪，使当事人在情绪宣泄之后平复下来，鼓起继续生活和工作的勇气。由此可见，公民之间的友善、相助，能够实实在在地联结起一定的社会团结，公民之间守望相助、互相扶持，对于创造社会生活良好氛围（包括网络氛围）具有不容忽视的重要性。

此外，我们应当直面社会加速带来的不良后果。尤其对劳动者的劳动时间、劳动强度和绩效的过高要求，与劳动者的收入不相匹配时，需要不断地完善和落实社会保障制度，贯彻劳动法律法规，保障劳动者的权利，保障劳动者工作体面有尊严。这需要国家和社会成员的共同努力，一起建构有效的治理系统。

第四，主体性的张扬和脱序。在传统社会向现代社会转型的过程中，个人从传统的宗法社会关系中解放出来，主体性得到了张扬。一方面，传统社会人治与特权等思想的影响依然存在，现代的规则意识深入人心还需要时日。② 当网民的主体性张扬而规则意识缺失时，就可能出现网络作为社会泄压阀被滥用的情形。况且，网络空间处于前台匿名、后台实名的半匿名状态，有的网络发言宣泄情绪，并通过社会泄压阀的放大作用，使得戾气出现。另一方面，后现代的思潮提倡多元性、差异性、相对性，倡导

---

① 曾发生过这样的事件：杭州某小伙因骑车逆行被交警拦下后，接了一个电话，而后猛砸自己的手机，向警察认错并下跪痛哭。当时，他的女友没带钥匙，催他送钥匙，同时单位催他赶紧去加班。他又烦又委屈，一时情绪崩溃。交警耐心劝导他，并念在他是初犯，没有处罚。另外，南京新街口地铁站一男子醉倒痛哭，他为了业务陪客户喝酒，合同能否签下来尚未得知。醉倒地铁站后，这位男子主动向警察道歉，并称他的妻子会来接他。他的妻子赶来劝慰，并带他回家。新蓝网·浙江网络广播电视台：《杭州小伙被交警拦下后情绪失控、下跪痛哭！网友：心酸……仿佛看到了自己》，[2020 - 08 - 09]．http：//n.cztv.com/news/13146655.html．一本政经 news·腾讯新闻：《男子地铁内醉倒，妻子赶来拥抱安慰 网友：生活不易，还好有你》，[2020 - 08 - 09]．https：//new.qq.com/omn/20190421/20190421A01IIE.html.

② 李洋：《转型期中国社会戾气的成因探析》，《内蒙古社会科学》（汉文版）2016 年第 6 期。

个人以自我的偏好来确定自己遵循的价值标准。在此影响下，有些网上发言过于注重自我的个性表达，不考虑对方的感受，更谈不上倾听。"与此同时，网上喊打喊杀的话语暴力也让我们看到许多言说者缺失察纳雅言、包容异己的公民之德或君子之风。每个人似乎都急于表达，而非倾听；急于征战，而非协商。在嘈杂的广场上，相遇的不是人，而是各式各样的噪声。"① 在网络空间中，当网民张扬主体性，却对他人持不友善的态度，脱离了合理的规则和秩序时，就催生了戾气。

　　主体性的张扬与脱序，导致"网络游民"心态出现，带来了不同程度的戾气。我国古代社会的游民是从当时的社会秩序（主要是宗法秩序）中脱离（即"脱序"）出来的人。② 为了在当时宗法社会中继续生存，在摆脱了儒家传统观念之后，他们诉诸野蛮与暴力，亲情、爱情、社会既有的法律和儒家的道德，均可弃之不顾。与历史上的游民不同，网络游民有其不同的"脱序"方式。不同的脱序方式，相应的暴戾之气程度各个不同。有的脱序体现为个体行为在有悖公序良俗的灰色地带游走，例如网络粉丝"打口水仗"的行为。这类脱序有时具有强大的信息传播能力（网络词汇称之为"带节奏"），甚至凌厉的信息攻击能力。

　　有的脱序体现为个体在精神上脱离现实社会整体秩序，从而疏远实际的社会关系。动漫文化的发展带来了"二次元"与"三次元"的差异。动画、漫画、游戏和小说等创造出的虚拟世界，被称为"二次元"世界，与现实世界不同。③ 虚拟世界反映现实与历史，往往具有丰富奇特的想象。但毕竟人的肉身还在现实社会中生活。当一个人从"二次元"的精神世界步入现实的"三次元"世界，可能引发的落差和不满意，如果导致失落，乃至对现实的冷漠与失望，那么上文提及的"哀戾之气"就有了产生的根源。④ 注

---

① 熊培云：《社会戾气的文化解读》，《中国图书评论》2011年第8期。

② 参见王学泰《游民文化与中国社会》增修版，同心出版社2007年版，第16页。

③ 本书所述及的是个体在"二次元"世界和"三次元"世界衔接时出现的"脱序"情况。"二次元"网络文化并不等于"逃避现实"或"沉溺幻象"，众多的二次元网络文化爱好者能有效地运用互联网，建构各式各样的趣缘群体，从事文化生产、组织各种集体活动。参见邵燕君主编《破壁书：网络文化关键词》，生活·读书·新知三联书店2018年版，第7～16页。

④ "二次元"虚拟世界与"三次元"现实世界的差异，能否转变为网民们改进现实的动力？笔者认为网民们进行良好的网络公共交往有助于推动这种转变。因为良好的网络公共交往关注公共利益，追求一定的公共性，正是旨在某个公共领域里改进社会的某个方面。

意力经济和消费文化对于"二次元"世界的渗透不容忽视。"二次元"世界衍生的周边商机，搭配"饥饿销售"、超前消费激起的消费欲望，由于贫富差距的存在无法满足，这也是诱发哀戾之气的原因。

网络游民在网络信息中精神漫游，受到注意力经济和消费文化的共同影响。网瘾患者是一种极端的网络游民。当网络漫游顺心时，他们表现为沉溺网络，疏远周围现实社会和人伦关系，对他人冷漠，没有实际的攻击性。但是一旦网络漫游被中止，他们的暴戾之气立刻显现出来。网瘾少年伤害自己甚至不服管教伤害他人的新闻，屡见报端。

在前现代的规则意识缺乏、后现代的相对主义的共同影响下，个体可能过度张扬个性，漠视他人权利，削弱个体和现实社会的联系。主体性的张扬和脱序催生了网络戾气，从而影响社会的有机团结。

只要社会和人仍是不完美的，当漠视甚至伤害他人权利情况出现时，网络戾气就有产生的可能性。从环境的角度来看，网络戾气可能存在于各种各样的网络空间里；从交往的角度来看，网络戾气可能存在于林林总总的网络公共交往中。鉴于网络戾气的起因复杂，消解网络戾气，并非仅仅依靠网络公共交往就能够解决。不过可以肯定的是，我们需要众多良好的网络公共交往，发现问题，对症下药，疏导戾气。

与造成戾气甚至充满戾气的网络交往不同，网民良好的网络公共交往应当立足慎独自律，具有一定的宽容德性和慎思明辨德性。对于具有海量内容、众声喧哗、有时沸腾的网络公共空间，这些重要的德性能够成为有益的清醒剂。

二　网络公共交往需要何种宽容

只要社会和人是不完美的，网络公共空间中就有可能出现戾气。网络戾气的存在及其不良的后果，从另一面反映了宽容德性对于网络公共交往/领域的重要性。

（一）宽容对于网络公共交往的重要性

对于网络公共交往来说，宽容的重要性体现在以下几个方面。

第一，以尊重权利作为交往基础，网络公共交往得以持续进行。差异性是世界上各种存在的特点，正视世界的差异性、多样性，体现在人类社会中，则是尊重人的个性以及维护个性的权利。在网络交往中尊重当事各方的正当权利，有助于网民个性的表达。如果网络发言动辄陷入谩骂、无谓的抬杠中，或者被"网络水军"大量回复各种无关信息，最先发起讨论的网民最终可能不堪忍受，放弃讨论，甚至不再发言。"拉入黑名单"、删除网文、放弃网文或账号，甚至主动注销账号，都是一个网民放弃网络公共交往的常见做法。由此看来，尊重权利作为宽容的基本内容，对于维系网络公共交往是一个必要条件。

第二，若要疏导和消解网络戾气，并促进某个社会问题的解决，通过具有宽容德性的网络公共交往才能达致效果。当关于社会各种问题的信息出现在网络公共空间时，这是网络空间作为社会问题的预警器、社会的泄压阀发挥作用的表现。但若要疏导和消解戾气，使之不至于蔓延形成思想混乱乃至实际的暴力，则需要形成集思广益的网上公共讨论，共同寻找解决问题的方法。

一方面，需要立足法治之上，体现宽容德性的管理，促进形成良好的网络公共交往环境。宽容的网络环境有助于信息公开、信息交流，网民的思考得以拓展。当网民置身于宽容的网络环境，由于没有动辄得咎的思想负担，从而愿意分享感受、经验和知识。另一方面，需要网民个体具有宽容德性，体现在网络公共交往中相互尊重，在保持独立和个性的基础上，通过适当的协商讨论，追求公共理性。网络空间中的君子和而不同，各自以有逻辑有条理的见解参与公共讨论，共同寻找解决各种问题的方法，最终汇聚成道，即在网络空间中体现出对于规律与真理的追求。

（二）网络公共交往所需的宽容德性

第一，宽容是主体自主选择的一种克制。

刘曙辉认为，"宽容是指行为主体对其不喜欢或不赞成的行为、信仰或生活方式有能力干涉却不干涉的一种有原则的克制。"[①] 宽容作为一种克制，源于世界的差异性和人的局限性。由于差异是世界的本质，而人具有自我局限性，"具体表现为自我中心的困境、自我意识的不完备和前见的局限"[②]。这意味着当一个人面对差异时，有如盲人摸象，受自己的视野、知识和能力所限，看问题可能出错或者不够全面。当面对某个差异时，如

---

① 刘曙辉：《宽容：如何在差异中共存》，上海三联书店 2013 年版，第 211 页。
② 刘曙辉：《宽容：如何在差异中共存》，上海三联书店 2013 年版，第 68 页。

果人们基于对差异的相关认识，产生否定反应，这是合理的。反之，如果人们仅是基于成见、偏好、习惯来否定差异（例如行为、信仰或生活方式），则是任意的。

网络空间直观地展现了世界上实际存在的各种差异。在网络公共交往中，当人们对某个差异产生了合理的否定反应后，鉴于世界的差异性和人的自我局限性，自主选择有原则的克制，这体现了宽容。

第二，不同的网络公共交往要求不同程度的宽容。

刘曙辉将宽容区分为三种类型，即出于恩惠的宽容、出于尊重的宽容和出于承认的宽容。[①] 出于恩惠的宽容取决于权威或权力的强者的意志，具有不平等性、任意性，因此不可靠，不是真正的宽容。对于网络公共空间的管理，我们应当警觉：出于恩惠的宽容并非真正的宽容。促进形成良好的网络公共交往环境，需要立足于法治之上的宽容德性，从而避免相关管理权力的任意性。

出于尊重的宽容和出于承认的宽容，分别是消极的宽容和积极的宽容。消极的宽容是弱网络公共交往所需的重要德性。弱网络公共交往不具有强烈的公共性追求，表现为在网络公共空间中泄压式的散漫发言等，广泛存在于日常生活之中。弱网络公共交往常见的具体做法是网民散漫地表达自己的观点，甚至有的简化成"点赞"，有的仅是打出表情符号。弱网络公共交往并不期待形成对话协商。在弱网络公共交往中，尊重他人的尊严和权利，尊重个性的表达，有益于形成信息丰富、气氛活跃的网络公共领域。但消极的宽容意味着，网民对于自己不赞赏的网络信息，抱持相互尊重的态度，不加干涉，但既不期待能够相互说服，也不期待现状有何改变。弱网络公共交往容易从消极的宽容走向冷淡的态度。譬如，当网民遇

[①] 刘曙辉认为，"出于恩惠的宽容是由权威或权力的强者所赐予的宽容"。对待差异，这样的宽容既不平等，又取决于权威或权力的强者的意志，因此也不稳定可靠。由此，出于恩惠的宽容不是平等意义上的、真正的宽容。出于尊重的宽容，尊重对方的权利，且不干涉对方。这样的宽容具有稳定性，但仅是尊重，无法应对认同冲突的情况，从而无法真正保护少数群体的权利。在这层意义上，出于尊重的宽容是消极的宽容。出于承认的宽容则是一种积极宽容，意味着个体"既不自我膨胀也不自我封闭"。出于承认的宽容主张自我认同是在"承认他者、与他者对话的基础上建构起来的"。这种宽容既平等地尊重他者的尊严，且不是冷淡的尊重，而是在了解并承认他者本真的自我认同的基础上，自主作出的克制选择。参见刘曙辉《宽容：如何在差异中共存》，上海三联书店2013年版，第213—214页。

到不喜欢的网络信息时，常常自主选择关闭网页。

对于旨在积极追求公共性的强网络公共交往来说，仅仅消极的宽容是不够的，还需要积极的宽容来促进公共理性的形成。积极的宽容出于承认，落实于对话和行动。立足于世界的差异性和人的自我局限性，一方面，积极的宽容要求宽容者面对差异时，保持认知的开放，反思自己的观点是否有理由成立。积极的宽容者的自我具有一定的开放性，在了解世界的差异性的同时，拓展自己对世界的认识，丰富自我精神世界的内涵。从认知的角度看，个体了解他者的自我认同的过程，也是拓展自己自我认同的过程。另一方面，积极的宽容承认他者具有人之为人的普遍人格，也具有独特的自我认同（例如独特的行为、信仰或生活方式）。积极的宽容者即使本身并不喜欢、不赞成那些自我认同的内容，但愿意了解并经过了解，认识到那些自我认同对于他人建构个性和自我发展至关重要。

因此，面对他者基于独特的自我认同、希望获得合理的权利时，积极的宽容者选择耐心和沟通，愿意通过对话协商以寻找共识，维护权利，一起寻找解决社会问题、做好公共事务的办法。在这层意义上，积极的宽容立足于法治，立足于既有的法律权利，并且关心公共讨论中的道德权利向着实际的法律权利的落实。

不宽容会导致社会成员之间的疏离。"社会所包含的'公民伙伴'关系乃是我们有理由珍重的关系。当这种关系受到侵犯时，我所说的'疏离'就会发生，即：当我们否认他人同我们一样也是我们社会的成员，也有权利确定和塑造我们的社会时，'疏离'就会发生。"① 消极的宽容面对差异时，仅表示尊重个人权利，但不进行沟通了解，"敬而远之"，同样也容易导致人和人之间的疏离。

而积极的宽容直面差异，宽容者将他者视为具有普遍的人格的社会成员，选择和他者平等地沟通对话。对于某一引发舆论关注的事件、社会问题或者公共事务，利益相关各方在平等的协商对话中，从对差异的了解中汲取新信息，"更新"自我认同的内涵，在此基础上努力寻找共识和解决方案。体现积极的宽容的强网络公共交往，是网民们立足于个性，形成

---

① ［美］托马斯·斯坎伦：《宽容之难》，杨伟清、陈代东等译，人民出版社 2008 年版，第219 页。

"公民伙伴"关系的过程；在差异中对话，致力形成公共理性。公民守望相助、社会有机团结的形成有赖于此。

第三，网络公共交往的宽容应当是有原则的宽容。

无论是消极的宽容还是积极的宽容，网络公共交往所需的宽容应当是有原则的。宽容应当建立在尊重各方权利、公平对待各方权利的公正原则之上。

某一方的宽容，不应当被另一方利用以实现不宽容的目的。因为当另一方这样做时，损人利己，破坏了应当尊重各方权利、公平对待各方权利的公正原则，最后导致有利于不宽容者的不宽容的后果。而宽容者囿于自己的"宽容"，却平白受到了伤害。值得注意的是，在这种情况下，宽容者委屈了自己的权利，宽容者的宽容其实是建立在伤害自己权利的基础上，而并非建立在尊重各方权利、公平对待各方权利的公正原则之上。

宽容不应当是宽容者的"墓志铭"。着眼于社会，为了维护宽容德性，使之受人敬重并能持续发挥良好的社会作用，使倾向于宽容的人不至于被欺负、被利用，宽容应当建立在尊重各方权利、公平对待各方权利的公正原则之上。因此，宽容者面对不宽容的一方，应当坚持理性分析和不卑不亢的行动，要求不宽容者对等地尊重彼此作为人的权利。宽容的德性应当有其适当的"锋芒"，而不应纵容不宽容的行为，不论这种不宽容的行为是出于自己，还是出于他人。

宽容者个人固然可以进一步选择宽恕，这是宽容者高尚的、自愿的道德选择。但宽恕毕竟意味着一方自愿接受不公平的对待。着眼于社会，如果总是个人或某个群体因为宽恕，自愿作出自我牺牲，成全那些不宽容的人的自私，那么，在资源有限的世界里，宽恕恐怕难以成为一个大家都真心愿意长期实践的德性。尤其当不宽容的人利用宽恕者的高尚，逃避惩罚或谋求损人利己的私利时，这种情况下的宽恕不但伤害了宽恕者的正当利益（虽然宽恕者自己愿意忍受这些伤害），而且还伤害了对社会来说至关重要的、公平尊重各方权利的公正原则。

着眼于社会，纵容不宽容的行为将会导致不公平的伤害后果。如果"崇高是崇高者的墓志铭，卑鄙是卑鄙者的通行证"，那么宽容、宽恕等德性将会使更多的人望而却步，心中生出不公平感，这对于社会道德建设反而是种伤害。何况实际网络空间中，不公平感往往导致戾气滋生。唯有人们广泛地相互尊重、相互公平地对待彼此的权利，宽容的德性才能长久地广泛实现，网络戾气才能得以疏导和消解，从而有益于实现和谐又有活力的网络公共交往/领域。

三　网络公共交往中如何实现宽容

着眼于管理方面，我们需要有助于实现宽容的管理制度，培育宽容的环境。"宽则得众。"① 但宽容的现代管理制度不是出于恩惠，而是应当立足法治之上，体现制度伦理，追求社会公平正义，维护公民的合法权利。

着眼于网民，网民的宽容德性首先体现在表达的宽和态度上。网民在网上发表言论的宽和态度，能够促进网民们之间的沟通，而狭隘甚至恶劣的态度则阻碍了沟通。如果网民们只是逞口舌之快甚至彼此攻击，网络空间将会充满暴戾之气，网民将会沦为"暴民"，网络公共交往也不可能持续地开展。为了实现宽容的网络公共交往，需要关注以下几个方面。

第一，依法约束管理的权力。应当制定相关法律法规，建立监督和处罚机制，对滥用权力的不宽容的行为，依法予以追究和处罚。规范权力的行使，使之不能乱作为或不作为，而是围绕着保护公民的合法权利文明地行使。这是消解社会戾气的重要途径。

第二，依法管理应当警觉"法律教条主义"。"尽管为了在社会中确保法治的实施，一个由概念和规则构成的制度是必要的，但是我们必须永远牢记，创制这些规则和概念的目的乃是为了应对和满足生活的需要，而且我们还必须谨慎行事，以免毫无必要地、毫无意义地强迫生活受一个过于刻板的法律制度的拘束。"② 运用法律规范进行管理，旨在妥当处置社会生活中的行为。法律具有丰富的作用，不仅仅是惩罚。不论是运用刑法还是其他类型的法律，均应当在法律规范与社会情理之中寻求调和。对于网络公共交往的管理，法律规范的运用，也是一门具有人文诉求的实践的艺术。这种实践的艺术"需要深刻领会法律精神，并要有足够的智慧洞察人

---

① "子张问仁于孔子。孔子曰：'能行五者于天下为仁矣。''请问之。'曰：'恭、宽、信、敏、惠。恭则不侮，宽则得众，信则人任焉，敏则有功，惠则足以使人。'"杨伯峻译注：《论语译注》，中华书局1980年版，第183页。
② ［美］E. 博登海默：《法理学：法律哲学与法律方法》，邓正来译，中国政法大学出版社2004年版，第259页。

情世故"①。

第三，宽容是有原则的，并不是对所有的言论，网民都应该给予宽容。宽容的德性应当立足于法治和底线伦理之上。如果有的言论公开地恶意煽动仇恨、煽动杀害无辜的人、煽动轰炸某机构等，这样的言论并不应当得到宽容。值得重视的是，如果仅仅删除这类公开的极端信息，并不见得能从根本上解决问题。有时隐藏在这些极端信息之下的，是某个网民不如意的人生境遇甚至扭曲的心理。国家和社会需要建立起比较完善的网上网下联动机制，一旦有网民注意到网上公开的极端信息，可以比较方便地提请社会关注，根据具体情况，或者警方介入，或者所在地区的社会工作者介入，或者多方面合作，这样一来，我们能够发挥网络作为社会泄压阀的作用，在社会问题萌芽的阶段比较妥善地解决。②

这样的做法并非侵犯公开发表信息的网民的隐私。由于网络空间的全球性，当某位网民在网络空间中公开地表达那些极端的想法时，他的言论已是面向世界公开的信息了。在网络时代，网络空间和网下现实社会生活的联系越来越紧密，网络上的公开言论和行动之间的距离变得模糊。有些极端的事件，当事人可能会在网上表达相关的公开言论，对此，网民们不应当以"宽容"为名而漠视了这些言论。如果有网民注意到那些极端的公开言论时，出于公民的责任，应当为维护社会的秩序、实现社会的治理尽一份力。与此同时，相关的网上网下联动机制的探索、建设和实施，也需要网民们一起努力。

第四，在具体的网络公共交往中，网民的宽容德性还体现在尊重他人自由表达的权利，并在公共讨论之中，努力完善自己的观点。网上有句流传甚广的"名言"：我反对你的观点，但我誓死捍卫你说话的权利。③通常情况下，网民并不需要"誓死捍卫"那样激烈的做法。在网络公共交往中，网民的宽容德性是为了沟通，针对特定的公共议题，集思广益，或寻找合乎伦理的共识，或提出解决问题的行动方案，追求一定的公共性。宽容意味着参与公共讨论的网民不是冷漠地或居高临下地对待其他言论，或

①　童伟华：《法律与宽容——以中国刑政为视点》，社会科学文献出版社 2008 年版，第241 页。

②　请参见第六章第二节，二"联结公民维护权利的网上网下渠道，畅通常规渠道"。

③　参见郑若麟《一句伏尔泰从未说过的"名言"》，《学习与研究》2017 年第 6 期。

者单纯为了对抗而对抗。如果参与公共讨论的网民总是审慎地注意自己观点可能会有局限，保持自己观点的开放性，从他人的言论中汲取信息补充、改进自己的观点，她/他将逐渐养成宽容的德性。

在网络公共交往中，网民仅仅"言之成理"还不足以形成沟通，还需要以开放的态度对待自己的观点。个体的"言之成理"在一个时间段里可能是成立的。但如果个体以封闭的态度对待多元的观点，则不足以发展自己的见解、更全面地认识特定的话题，也无法与他人形成有效的沟通。面对多元的观点，网民自主选择有原则的克制，同时对自己的观点抱持开放和批判的态度，一方面既是发展自己的观点、塑造自我认同和个性，另一方面，也为协商对话、公共理性的实现打下了基础。从这层意义上看，慎独自律、宽容和慎思明辨实则联系在一起。

第五，在网络公共交往中，网民的宽容德性还体现在具有一定的耐心。在社会加速的背景下，新闻很快成为旧闻；网络上的热点信息不断地变化，任何热点往往在一周甚至更短的时间之后就被淡忘。尽管现代技术的发展和社会的加速，使人们的时空体验发生了深刻变化，即便人们拥有"时空压缩"的强烈感受，但这并不等于宏观世界里真的出现"时空压缩"了。对于社会而言，事情依然有其发展的过程；人们思考事情依然需要收集信息、处理信息的过程，在社会中做一件事依然有其适当的程序（过程）。各种"过程"的存在，意味着我们做事与思考都必须付出一定的时间。在网络公共交往中，即便数字化信息以光速在网络空间中流转，但那些节省不了的过程和时间并不以人的意志为转移。对于特定的社会问题和公共事务，也是如此。换言之，网络空间传播信息的便捷性，不一定等于解决实际问题的便捷性。

有时因为这种网络信息传播的便捷性，反而增加了网民分辨真假信息的难度。网络空间中的信息鱼龙混杂。对于一件事，即使网上有图、有音频和视频，但网民所看到的图、音频和视频也不一定就代表了事件的真相。而事件真相都需要有真实的证据支持。对于网络热点新闻来说，如果过于"求快"而导致新闻后续报道不断地反转，对于特定媒体的公信力必然是一种伤害，因为网民们可能被养成条件反射，看到热点新闻先表示疑虑。当然，这也提醒了网民，不可轻易地相信网络空间的全部信息。过犹不及，什么都不相信与什么都轻易相信，这两种态度都是对待网络信息的武断态度。这也反过来提醒我们，慎思明辨德性的重要性。

　　强网络公共交往旨在积极追求公共性，寻找解决某个问题的办法；凭借着网络传递信息的便捷性，通过网民们的各种努力，连接社会中能够解决特定问题的善意和资源。寻找解决问题的适当办法，这个过程需要网民们具有一定的耐心和努力。尤其是寻找具有创意的办法，创意、灵感的出现，既需要努力奋斗，也需要一定的时机，这恰恰是需要人以耐心去尝试的。不仅是当事人需要一定的耐心，期盼解决问题的人也需要一定的耐心。这种耐心不但是法治（重视正当程序）所需要的，也是形成实践智慧所不可缺少的因素。

　　网民的慎独自律和宽容德性都需要体现在网络公共交往的具体实践中。对于网络公共交往中如何与他人进行良好的沟通交流，我们还有必要探讨一项重要的交往德性——"慎思明辨"，即探讨网民在网络公共交往中具体如何理性思考、协商对话，如何集思广益、聚合群体的智慧，开展追求公共性的行动。

第四节　慎思明辨

　　慎思明辨出自《中庸》。君子择善固执，追求儒家推重的道，需要具有积极学习和实践的精神。而在积极学习和实践的过程中，能否做到"慎思明辨"是关键。《中庸》载："诚者，天之道也。诚之者，人之道也。诚者，不勉而中，不思而得，从容中道，圣人也。诚之者，择善而固执之者也。博学之，审问之，慎思之，明辨之，笃行之。有弗学，学之弗能弗措也。有弗问，问之弗知弗措也；有弗思，思之弗得弗措也；有弗辨，辨之弗明弗措也；有弗行，行之弗笃弗措也。人一能之，己百之；人十能之，己千之。果能此道矣，虽愚必明，虽柔必强。"①尽管儒家的观点有其时代的局限，例如具体学习内容的历史局限性，但君子从学习到实践的过程——广博地学习，详细地探究，谨慎地思考，明晰地分辨，笃实地履行，《中庸》这一见解依然值得我们借鉴。

　　从个体信息活动的角度来看，"博学"直接关联个体所学信息的广度，

---

　　① 王文锦译注：《大学中庸译注》，中华书局 2008 年版，第 29 页。

"审问、慎思和明辨"直接关联个体思考和所学信息的深度，"笃行"则直接关联个体对所学信息的运用。如果说"博学"直接涉及个体所学信息的数量，那么"审问、慎思和明辨"直接关系到个体所学信息的质量。"笃行"则是个体在实践中，体现对于所学信息的掌握程度。学习过程中的谨慎思考，总是包括对于疑点、问题的详细考察，这也是在进行"明晰地分辨信息"的过程。"审问、慎思和明辨"在追求所学信息质量的过程中，自然地结合在一起。

鉴于网络空间中有着海量的信息，相比信息的广度（数量），恐怕信息的深度（质量）对于注意力有限的网民更为重要。在追求网络信息的质量的意义上，"慎思明辨"自然地成为网络公共交往的一个基础德性。

本书选取"慎思明辨"的表述，一则因为"慎思明辨"是从学习到实践过程中的重要环节。这个环节建立在广泛接触信息的基础上，侧重于信息的质量，不同于"博学"和"笃行"。"慎思明辨"意味着处理、分析接触到的信息，整理信息、缕清疑问。"慎思明辨"，既可以在个体的思想中进行，也可以在群体讨论中进行。

二则因为从网络公共交往的角度来看，"慎思明辨"意味着网民们通过获得有质量的信息，形成有质量的公共协商讨论。网络公共交往中，网民或者从海量的网络信息提取有质量的信息，或者直接提供有质量的信息，并在此基础上，借助各种信息表达方式（主要是语言），组织协商讨论。实际上，各种网络行动，包括交流信息、组织讨论、得出行动方案、落实行动方案等等，都离不开网民们的慎思明辨。这本身也是网民们学习知识、追寻实践智慧的过程。有质量的网络公共交往，尤其强网络公共交往，本身即是网民践行"慎思明辨"德性的过程。

在网络公共交往中，对于网民，若着眼比较消极被动的个体防范角度，"慎思明辨"德性至少体现在以下几方面：警觉虚假的网络信息，留意网络信息的特定局限，避免落入群体心理的陷阱等。这类防范旨在洞悉网络信息环境、群体心理的可能局限，从而改进交往行动。若着眼个体积极主动的交往角度，"慎思明辨"德性表现为网民在网络群体中探索公共交往的实践智慧，至少体现在以下几方面的探索：个体在网络群体中合理表达的实践智慧，合理的网络群体信息分享机制，弱/强网络公共交往中的公共讨论道德，以及如何在保持网络公共交往的公共性的同时聚合群体的实践智慧，等等。

一　警觉虚假的网络信息

随着信息技术的发展，造假技术也迅速发展，换脸、拟声、假动作等已在网络空间中成为可能。[①] 海量的网络信息良莠不齐，在日常生活中，网民需要谨慎地对待林林总总的网络信息。

在分工细化的现代社会，知识日益专业化。鉴别网络假信息往往需要知情人士或专业人士的信息支援。在网络公共交往中，对于特定领域的网络信息，不知情的人或非专业人士因为知识和经验有限，其"慎思明辨"侧重于"慎思"。而作为知情人士或专业人士的网民则不但应当"慎思"，更应当侧重在公共讨论中"明辨"，分享知识和信息，以更准确的信息或专业知识，帮助大家在公共讨论中澄清问题、分析问题，探索可行的行动方案。

在提供知识或准确的信息这层意义上，当网民以自己的专业知识或准确的信息，主动参与网络公共交往，实则是作为志愿者提供了一定的社会服务。知识和信息的提供者其知识素养、数字素养，融汇在"慎思明辨"的行动中。尤其强网络公共交往，往往需要非专业人士和专业人士通力合作，"慎思"与"明辨"一起发挥作用，从而将专业知识和具体的社会情境结合起来，或在公共讨论中提出合理的公共意见，或形成共识、行动方案。

总的来看，在甄别网络信息的质量方面，网民的"慎思明辨"从警觉虚假的网络信息出发，指向分享专业知识或准确的信息。这有助于保障网络公共交往所需的信息的质量。

二　留意网络信息的局限

网络空间存在大量的记录生活的网络信息，这些网络信息的形式包括文字、图片、音频或视频等，具体内容包括日常生活中每天的新闻、网民们自己上传或转发的各种信息等。这类网络信息有其特定的局限。

第一，对生活的片段化呈现。这类网络信息总是"节选"了特定的生

---

① 新华调查：《名人"画皮"、换脸恶搞、色情合成——AI 视频换脸技术滥用调查》，[2020 - 08 - 09]．http：//www. xinhuanet. com//politics/2019 - 05/13/c_ 1124488751. htm.

活片段，以当下信息技术能够记录和表达的方式，收集和展现生活片段的信息。这类网络信息即使是真实的，也有它的不足，往往没能将鲜活的生活的各个方面完全地表达出来。在网上，可能有图、有音频甚至有视频，却不一定有生活的真相。有的网络信息包含的事件信息不充足，甚至可能断章取义，容易引发各种歧义的理解。因此，在网络公共交往中，网民公开分享网络信息时，应当尽可能将特定事件的内容完整地展现出来，清楚地说明一件事的情况，尽力避免歧义。[①] 这样做有助于减少网络公共讨论中因为信息缺乏而产生的不必要的意见纷争。在此，"慎思明辨"不仅意味着分享准确的信息，还意味着尽可能地追求具体事件的完整信息。

第二，相比现实的物理世界带给人的感知，网络信息依然缺乏真切的"社会临场感"。[②] 尤其表达生活片段的网络信息，仅仅展现了需要网民们自行加以诠释的一些生活现象。然而，人类生活的丰富性，使得同一个生活现象即使在网上完整地展现出来，在不同的网民眼中可能具有不同的意义。甚至对于同一个生活现象，网民们的理解也迥然不同。

如果一件事在网上有图、有音频甚至有视频，而且这些网络信息并非虚假的，但网民即使阅听了作为"生活片段"的这些网络信息，也不一定等于了解具体生活的真相。具体的话语、动作、景象，在不同的生活境遇中，在不同的人的观察视角下，往往会有非常不同的含义。理解生活现象所蕴含的意义，有时超出了个体的知识和生活经验。

为了解网络信息展现的生活真相，网民们分享准确的、相对完整的、作为生活片段的网络信息可能是不够的。这也反映了宽容德性的重要。积极的宽容者直面世界的差异性，其自我保持一定的开放性，自觉地致力扩展个体的视野，以了解生活现象之后的真相。尤其在缺乏真切的"社会临场感"的情况下，网民通过自我的开放性，促进交流和理解，从而实现一

---

① 曾经有一段《8岁小女孩买伟哥？妈妈含泪说出真相》短视频在网上热传。镜头下，一位小女孩在药店说要买10盒"伟哥"（西地那非），药店工作人员非常惊讶，也很警觉，质疑女孩的父母这么做竟是为什么。如果视频就此打住，相信一定会引发争议。幸而这段视频随即给出了答案，原来这位小女孩是肺动脉高压患者，必须每天吃药（西地那非），而这种"救命药物"未纳入医保，小女孩自患病以来仅吃药就花了40多万元，她的家庭不堪重负。腾讯网：《8岁女孩买"伟哥"续命？妈妈含泪解释：1年至少得吃1095颗》，［2020-08-09］. https：//new. qq. com/omn/20190917/20190917A02ZKD00. html.

② 请参见第六章第一节，二"数字化的交流的缺点"。

定的同理心①。为进一步分析和了解网络信息、尽可能全面地理解生活现象，宽容德性和慎思明辨恰恰需要携手合作。

三　避免落入群体心理的陷阱

网络公共交往不仅是网民们分享交流信息，还包括网民们在理解生活现象的基础上，为了解决相关的公共议题，进行公共协商讨论。当人们置身网络群体，或者参与某网络群体里的公共协商讨论时，常常会受到群体心理的影响。在此，慎思明辨意味着网民致力于了解群体心理，努力避免落入群体心理的陷阱，科学合理地创造有益于分享交流信息的讨论环境，形成良好的公共协商讨论。已有学者敏锐地发现，实际的网络交往中存在着"群体极化"（group polarization）和"沉默的螺旋"（the spiral of silence）等典型的群体心理现象。根据桑斯坦的研究，当一群观点相似的人在网上群聚、讨论之后，最后容易形成与最初的观点倾向一致，但更为极端的观点。这即是网络中的"群体极化"现象。②

第一，网络环境容易促成"回音室效应"和"信息茧房"。

关于"回音室效应"。一方面，网络建立在信息技术基础上，具有将分散的信息聚合起来的作用。例如，搜索引擎的广泛使用，体现了网络聚合信息的作用。另一方面，网民更容易在网上搜索自己喜欢的信息，类似自己发出的声音在山谷里得到回音，这些信息有助于强化网民自己的看法。而网民对于网络空间里自己不喜欢的观点，可以比较容易地直接忽略不顾。

关于"信息茧房"。值得注意的是，如今网络空间里，商业化的网络信息推送技术已经发展到几乎无孔不入的程度。当个体的信息偏好和网络信息推送技术结合起来，就产生了网民个体可能囿于其中的"信息茧房"。对于网民来说，信息茧房不仅有主动形成的，还有被动形成的。当桑斯坦

---

① 这里的同理心（empathy），不仅包括情感方面的同理心，而且包括认知方面的同理心。首先，同理心是视角的转换（有时又称为"认知同理心"）；其次，同理心是分享的情感反应（又称为"情感同理心"）。参见［英］罗曼·克兹纳里奇《同理心》，黄煜文、林力敏译，中信出版社2018年版，第12页。

② 参见［美］凯斯·R.桑斯坦《网络共和国：网络社会中的民主问题》，黄维明译，上海人民出版社2003年版，第46—49页。

提到"信息茧房"时，他认为："我们只听我们选择的东西和愉悦我们的东西的通讯领域。"① 网民个体根据偏好所引导的个性化搜索，容易主动地形成"信息茧房"。而在如今的大数据信息推送技术下，特定的网络系统常常根据网民的浏览痕迹、搜索记录、通话记录等信息来进行数据分析，而后围绕着网民可能感兴趣的内容推送信息。这样形成的、环绕着网民个体的信息茧房，对网民个体来说则是被动形成的，并非网民主动的选择。甚至有时网民在不知不觉中，已经身处某个被动的信息茧房。"回音室效应"和"信息茧房"为群体极化的形成，提供了信息基础。

第二，在信息的影响和社会压力之下，协商群体的观点容易走向极端。

桑斯坦认为群体极化是协商群体的常态，因为协商群体容易遭遇一些典型的问题：协商群体容易放大其核心成员的错误和偏见，在社会压力下出现信息死角和串联效应，从而导致协商群体观点的极化。

良好的协商需要聚合起群体成员所知道的知识和信息。但是，群体里的核心人物提供的知识和信息会更受重视，而边缘成员的声音则可能被忽视。"信息信号的力量取决于给出信息信号的人的数量和质量。大多数人实际上不喜欢成为独立的异议者。"② 桑斯坦犀利地指出，在社会压力之下，群体里的边缘成员如果持有不同的观点，在从众心理和名誉的压力下，为了安全，往往不愿意说出自己的真实见解。如果群体成员依次发言，后面发言的群体成员知道了前面成员的观点后，很可能也不愿意说出自己持有的不同的信息。

伊丽莎白·诺尔–诺依曼通过实证研究发现：人们在群体中对被孤立的担心和恐惧，促使"沉默的螺旋"驱动起来；比起站在胜利的一方，人们更倾向于使自己不被所属的群体孤立。沉默的螺旋理论解释了在群体讨论中，一些成员为何沉默。社会压力下出现的信息死角和串联效应，也是由于沉默的螺旋的作用。

在特定的群体中，公共舆论如同社会皮肤一样，具有将群体团结起来

---

① ［美］凯斯·R. 桑斯坦：《信息乌托邦：众人如何生产知识》，毕竞悦译，法律出版社2008年版，第8页。
② ［美］凯斯·R. 桑斯坦：《信息乌托邦：众人如何生产知识》，毕竞悦译，法律出版社2008年版，第70页。

的作用。"公共舆论是如果人们不想被孤立的话，必须在公共场合可以说出和展现的观点和行为方式；是在公众中有争论的、不断变动的领域中或新产生的紧张区域里，可以表达而不会产生被孤立的危险的观点和行为方式。"①

但群体里仅有公共舆论是不够的，一方面，公共舆论可能包含偏见和错误。如果人们想通过公共舆论发现真正的问题，寻找解决问题的合理办法，则需要在公共舆论中通过适当的公共交往进一步提炼出公共理性。另一方面，面对一定的公共舆论的压力，人们出于被孤立的担心和恐惧，可能在群体中保持沉默，不敢说出自己的不同的见解，即使自己的见解是经过深思熟虑的理性思考。

对于网络群体，公共讨论环境的合理设置很关键。如果讨论的环境不友好，不利于交流观点，群体讨论中可能出现一方的声音越来越大，而另一方陷入沉默。沉默的螺旋最后导致群体观点极化。群体观点极化的结果，其实是群体中最有影响力的人或人们的观点，成为该群体的总体观点，而群体中的边缘人物的观点没能得以交流。此外，如果某个网络群体的成员都是基于自己的信息偏好主动加入的，那么在这个主动形成的"信息茧房"里，即使没有沉默的螺旋的存在，也可能在人多势众、相互强化观点的过程中，群体观点直接奔着极化而去。

如同桑斯坦观察到的那样，群体极化不一定都是坏的。但是，如果协商群体起初已经包含偏见和错误，群体讨论中又缺乏合理有效的讨论过程，缺乏接受不同观点的途径，从而无法聚合多元的、分散在成员那里的知识和信息，那么最终的协商结果将无法纠正起初的偏见和错误。反而因为协商讨论的过程中"人多势众"，强化了起初的偏见和错误，使得最终的观点更加极端。

沿着桑斯坦的思路，我们不妨进一步思考：如果某个群体起初包含偏见和错误，但在群体协商过程中出现了有益于纠正偏见和错误的做法，例如设置合理有效的协商程序、引入更多的知识和信息，那么协商结果将会纠正偏见和错误，而不是导向坏的群体极化。

---

① ［德］伊丽莎白·诺尔－诺依曼：《沉默的螺旋：舆论——我们的社会皮肤》，董璐译，北京大学出版社 2013 年版，第 185 页。

　　由此看来，为了避免坏的群体极化后果，网络群体协商讨论需要慎思明辨的德性。慎思明辨的内容不仅涉及个体应当如何参与协商讨论，还涉及个体如何寻找合理有效的群体沟通方式，包括网络协商讨论如何设置、如何聚合群体成员们的观点，以及如何适当地表达协商讨论的结果等。

　　参与公共协商讨论的群体成员需要慎思明辨，对偏见和错误保持警觉，分享知识和信息，从而具有足够的相关知识和信息，这对形成群体讨论的基调很关键。个体摆脱沉默的螺旋、群体极化带来的不良影响虽然不易，却是有可能的。"除了要拥有钢铁般的意志，更关键的是要暂时跳出集体环境，独立思考和自我总结，然后再回到集体中分享你的结论。"① 个体的慎独自律和慎思明辨，对于摆脱不良的"群体思想"② 至关重要。不过，群体协商讨论机制的合理设置，更能减轻个体的负担，保障信息的真实有效性，也更能广泛地推动公共协商讨论的顺利进行。

　　群体协商讨论应当具有足够的纠偏机制，包括合理的协商讨论的组织机制，鼓励成员分享自己所掌握的知识和信息的激励机制，鼓励成员慎思明辨的群体氛围等。如果群体起初包含偏见，这些纠偏机制有助于群体协商讨论摆脱沉默的螺旋的作用，排除偏见和错误，避免向着不良的群体极化方向发展。

　　如果协商群体起初并不包含偏见，讨论中又遵循合理的程序，那么最终讨论的结果完善或强化了原先合理的观点。随后需要注意的是：如何以合适的方式表达协商群体协调讨论的结果，使之易于传播，为更多的人理解和接受。目前网络空间常常出现各种不必要的争吵、抬杠甚至辱骂，而"好好说话"的素养和能力在网络公共交往中值得珍视。

　　"警觉虚假的网络信息""留意网络信息的局限""避免落入群体心理的陷阱"，主要是从"避免""留意"局限性等个体在群体中防范的角度，来探讨慎思明辨。这相对被动消极。下面将从个体在网络群体中积极主动的交往角度，分析慎思明辨，探讨慎思明辨德性应当包含哪些内容，网民

---

　　① ［美］兰·费雪：《完美的群体：如何掌控群体智慧的力量》，邓逗逗译，浙江人民出版社2013年版，第138页。
　　② 费雪认为，"当群组内的成员由于社会压力而形成一种'自欺欺人，强迫性同意，以及与群组价值观和道德观一致'的思维模式时，这种现象被称为群体思想。"［美］兰·费雪：《完美的群体：如何掌控群休智慧的力量》，邓逗逗译，浙江人民出版社2013年版，第142页。

才能在网络公共交往中聚合一定的群体的智慧、致力于实现公共性。

四　在网络公共交往中聚合群体智慧（之一）

网络空间中存在大量因兴趣相投而组成的群体。网络群体或联系紧密，或关系松散；从理论社区到娱乐社区，从专门的论坛到公众号下的跟帖，内容形式丰富多样。如果某个网络群体的活动组织得当，则该网络群体能够产生一定的"群体智能"（swarm intelligence）[1]。譬如，一位有名的街猫摄影师发出微博，表示希望大家分享遇到的流浪猫的照片，随后他得到了大量回帖，素不相识的网友们贴出了自己拍下的照片。素昧平生的网友们聚集起来，在这个活动中共同分享了生活的乐趣。特定的利益关联——例如关心流浪猫的共同兴趣，把一些网民聚集起来；网民作为群体成员，在其中发挥自己的才智。"利益相关人将自己视为群体成员，体会到一种家的感觉。心理学家可能会说这唤起了我们所有人内心深处的某些东西。"[2] 那些"内心深处的东西"，至少包括个体成为某个网络群体的一员，在交流中获得认同感和安全感。

当特定网络群体的实践活动追求一定的公共性，网民参与这个网络群体就类似于参加社区实践。舍基的《人人时代》以维基百科为例，认为网络时代引发了"大规模业余化"，即使是普通用户也具有一定的"业余的力量"[3]。例如，网民们通过网络合作一起改进网络百科的词条。网络百科可能会有各种错误，但合理的修改机制，既赋予普通用户尽可能多的编辑自由，也使得百科内容具有一定的质量。所谓网络"人人时代"并非网民的原子化，而是网民人人有机会进行自己的创造，提供信息和资源。每一

---

① 费雪认为："群体智能是小组内个体成员在局部相互作用中产生的一种自发现象。""有关群体智能的研究表明，对于人类而言，关键不是丢失个体性，而是让个体学习如何与邻近的其他个体适当地互动。如果我们以正确的方式互动，群体智能便能自然而然地产生。""当一个群体可以利用群体行为，利用群体中的任何个体都无法完成的方式共同解决问题时，群体行为就变成了群体智能。"参见［美］兰·费雪《完美的群体：如何掌控群体智慧的力量》，邓逗逗译，浙江人民出版社 2013 年版，第 142、8—9、14—16 页。

② ［美］兰·费雪：《完美的群体：如何掌控群体智慧的力量》，邓逗逗译，浙江人民出版社 2013 年版，第 144 页。

③ 参见［美］克莱·舍基《人人时代：无组织的组织力量》，胡泳、沈满琳译，浙江人民出版社 2015 年版，第 50—64、88—113 页。

个参与网络群体的网民，都有可能在特定时间里，在特定的话题里，或者特定的领域中，提供一定新的信息，甚至在某个网络群体里成为核心成员。

网络空间中有益的社区实践通过一定的公共交往实现，能够汇聚向善的风气，形成有所创造的群体智能。当网络群体组织得当，不仅分享信息，并且有所创造进而有能力解决具有公共性的实际问题时，这意味着群体智慧开始涌现。当一个组织良好的网络群体以适当的实际行动实现一定的公共性时，"群体智能"开始转化为"群体智慧"。在这里，"智慧"指的是实践智慧。①

在网络公共交往中，网民的慎思明辨德性，既探索个体在网络群体中合理表达的实践智慧，也探索合理的网络群体信息分享机制，有助于保障个体在网络群体中的内心真实和所分享的信息的真实有效性，从而实现个体之间交往行动的有效性要求。鉴于网络公共交往有强弱之分，慎思明辨德性还应当进一步探索弱/强网络公共交往中不同的公共讨论道德，以及如何在保持网络公共交往的公共性的同时聚合群体的实践智慧等内容，从而有益于网民更好地组织网络群体，凝聚群体智慧以应对实际问题。

各种网络群体的组织和运作、各种群体智能、群体智慧的产生，归根到底依靠参与网民的网络公共交往，而网络公共交往的品质又与德性息息相关。对于网民来说，慎思明辨德性的涵养过程，蕴含在人格养成的过程中，应当是现代网络生活的一部分。

（一）探索个体合理表达的实践智慧

如今在社交媒体上，素不相识的网民之间误解、争吵是常见的现象。为了争夺网民的注意力，有的商业行为甚至刻意制造网上的"粉丝"争吵，以此提高转发量和点赞量等。② 网络空间中，"好好说话"似乎成了新问题。

实际上，良好的沟通一向是个不易实现的目标。由于网络交往缺乏社会临场感，而又有信息间隔的存在，导致误解对方甚至出言不逊的现象容易出现。如果网络交往当事人之间通过语言或语音交流，则缺乏肢体语

---

① 请参见第四章第四节，五（三）"保障网络公共交往的公共性"。
② 人民日报公众号，河北新闻网转载：《周杰伦和周杰伦粉丝真的赢了吗?》，［2020－08－09］．http://yzdsb.hebnews.cn/pc/paper/c/201907/23/c143215.html.

言、说话的环境等信息以增进了解；如果交往当事人之间通过视频交流，也可能出现展示的场景、信息不全面等情况。

若要弥补网络公共交往环境的上述局限，个体"好好说话"有其不可忽视的重要性。个体在表达方面的实践智慧有助于实现网络沟通。

第一，修辞立其诚。①

不论是慎独德性，还是交往行动的有效性要求（包括"真实性""正确性""真诚性"和"可被领会"等）②，都要求交往当事人应当"诚于中"，即交往当事人应当意念真诚，实事求是。从交往行动的角度来看，交往当事人在"诚于中"的基础上，还需要进一步考虑如何与他人实现良好的沟通。在这层意义上，慎思明辨可以被视为慎独在"思"和"辨"方面、朝着外向的维度（即与他人交往）的动态展开。

在信息丰富、传播迅捷的网络空间中，网民公开表达的关于客观世界的内容是否真实，可得到比较明确的科学评价；在真实性方面，通过网民补充信息，或运用知识加以分析，查明真伪通常是有可能的。例如，有人在网上发布自己看到某景区出现"怪物"，随后相关专家根据调查澄清，该"怪物"其实是一只巨蜥。

至于网民公开表达的内容是否与特定社会的规范相符合，通常可被其他网民依据特定社会的规范（例如法律和社会公德）比较明确地评价。但现实生活中也存在一些合法但缺德的情况。例如有人在网上发言，佯装自己丢书（图书馆的书），且以较少的钱赔偿，得到了原本属于图书馆、如今价格不菲的旧版书籍。这种行为虽然程序上合法，但不符合社会公德，在网络上受到广泛的谴责。

倘若一个人真诚地表达真实的信息，却态度倨傲，"简单粗暴"。通过这样的方式表达出来的真实信息，固然也可被人领会，但会影响信息传播的效

---

①　"修辞立其诚"出自《易传·文言》。"九三曰'君子终日乾乾，夕惕若，厉无咎'，何谓也？子曰：'君子进德修业。忠信，所以进德也；修辞立其诚，所以居业也；知至至之，可与几也；知终终之，可与存义也。是故，居上位而不骄，在下位而不忧。故乾乾因其时而惕，虽危无咎矣。'"郭彧译注：《周易》，中华书局2010年版，第279页。

②　哈贝马斯的交往行为理论认为，交往是人们以语言为中介的互动，交往行动则是满足了交往的有效性要求的互动；以沟通为取向的交往，其有效性要求包括"真实性""正确性""真诚性"和"可被领会"等。

果。这样的信息也许传播广泛，却不利于人们相互理解。这类情形如果出现在网上，要实现本就缺乏社会临场感的网络公共交往恐怕更加困难。

交往行动的有效性要求中，"真诚性"指交往当事人真实地表达自己的意向，以便相互理解。这种"真诚性"应当结合"可被领会"一起考虑，不仅仅是指用别人能够明白的话语表达，还应当换位思考，尽可能用别人能够接受的方式表达。在此，"诚于中"不仅指个体内心真诚，还意味着个体抱持善意的诚恳态度。在原则问题上的坚持是对的，但在坚持原则的同时，可进一步考虑通过何种好的办法利于沟通，不仅仅应当做"对"的事情，还应努力把事情做好。类比来看，良药苦口，但如果加上胶囊，或者添加安抚肠胃的成分，人们比较容易吃下去。这样做避免了药物对喉咙和肠胃的强烈刺激。强烈刺激反而容易造成局部新的损伤，既不利于肠胃吸收药物，也不利于宽解病人的心理，从而不利于病情恢复。类比来看，网络公共交往的当事人如果只是以"简单粗暴"的话语坚持自己"真实而又正确"的观点，却不管他人是否能够接受，说明当事人缺少同理心，因而可能削弱协商讨论的沟通效果。在性格、情绪、经验和知识背景各异的网民之中，网络公共协商讨论不应采取具有原则性的"简单粗暴"的表达，而是需要明智地表达，在交流中尽可能做到情理交融。

这不仅是修辞学的技巧问题，还涉及了公共交往中的一些道德实践问题，是否为他人着想、是否明智、是否需要提高实际运用道德原则的能力等。实现良好顺畅的沟通，不仅需要个体遵循交往行动的有效性要求，还需要一定的"实践智慧"：感知具体的情境，选择合适的规则，并以适当的行动落实交往行动的有效性要求。慎思明辨德性要求个体考虑网络公共交往中"道"和"技"的配合，不仅旨在使交往行动实现一定的公共性，也旨在获得德性论意义上的"好"，即个体以适当的方式进行有效的沟通，运用并发展自己的能力，涵养良好的品质。

第二，维护表达权利，同时保持开放的态度。

在网络公共空间里发言，网民难以预料会遇到什么样的听众，可能会遇到什么样的回复。由于网络空间具有一定的社会泄压阀作用，网民公开发言之后，可能出现不友善的回复，例如找茬抬杠、谩骂等情况。对此，有的网民继续在公开发言中尝试"明辨"，尽可能明确地论证、解释自己观点的合理性；但鉴于网民的素养、心理各异，沟通依然难以实现。这体现了修辞学的一个内在局限："无力性"①，即公开的言说能否说服听众，不但和言说者自身的品格、言辞的修辞水平有关，最终还要取决于听众本身。而网络公共空间中，一个普通网民究竟会遇见什么样的听众，这是难以预料的。

在这样的情况下，慎思并采取自我保护的合法行为策略，是网民维护自己权利的正当举措。有的网民直接关闭评论区，有的网民则设置了"评论精选"，有的网民采取诉讼，等等。这样一来，遗憾的是，网络公共交往的活跃度可能减弱。一个原本开放的网络公共讨论，如果因为出现了不理性的、不友善甚至违法的发言，而走向内耗甚至自我封闭——等于放大了这个弱网络公共领域的泄压阀作用，而使得该网络公共领域由弱转强的可能性变小了。如果一个网络公共讨论最后沦为相关网民内耗争吵的地方，无形中缩减了该网络公共领域追求一定的公共性的能力，包括聚集社会资源解决特定问题的能力。

如何保持或增强网络公共协商讨论的公共性？这个任务并非网民个体运用合理的表达方式、保持内心真诚并分享真实有效的信息就能够解决的。还应当综合考虑作为信息交流环境的网络空间、网络群体的设置是否得当，网络群体讨论议题本身的公共性，以及网民参与网络群体讨论时是否切题。也就是说，慎思明辨作为德性不但有个体的维度，还应当有群体的维度。

我们不但应思考网民个体在网上如何合理地公开表达，还需要扩展开来，探讨各种公开的网络群体讨论如何才能促进合理表达；当网民们在网络群体讨论中自愿追求公共性时，网络群体讨论如何设置、如何进行，才能实现或弱或强的公共性。由于网络信息往往规模巨大，因此我们需要进一步慎思网络群体讨论的信息分享机制；由于网络公共交往有强弱之分，因此我们需要慎思程度不同的网络公共讨论道德。

对于网络群体讨论的研究，网络心理学、组织行为学、传播学等多学科均有涉及。本书尝试从伦理学的视角探讨：在追求一定的公共性的网络群体讨论中，网民做"对"的事情并且把事情做好，所需要的品质、能力及其体现。

---

① 参见刘玮《公益与私利：亚里士多德实践哲学研究》，北京大学出版社2019年版，第128—129页。

（二）设置网络群体讨论的信息分享机制

在网民自愿聚集发言这层意义上，将网络上各种公开的讨论称为"网络群体讨论"。网络群体讨论形形色色，兴趣各异，规模各异，存在时长各异。① 只要有一定的访问量，网络群体讨论就比较容易形成，但好的网络群体讨论总是需要网民们的努力才可能实现。

第一，保持网络群体讨论开放，鼓励网民团结并分享信息。

形成一个网络群体讨论，首先需要吸引网民参与。而维护一个网络公共讨论，则需要保持网络群体的持续开放，鼓励网民理性地发言与合作。网络空间中早已出现了一些具体措施，例如对于发布与网络群体讨论不相干的恶意信息（谩骂信息、恶意刷屏信息等），给予删除，甚至关闭恶意信息发布者的发言权限等。在维护基本公共秩序的基础上，对于同一个公共议题，网民的聚集发言能够分享多角度的感知和思考，从而形成信息的多样性。

亚里士多德在《政治学》中指出："由多数人执政胜过由少数最优秀的人执政，这虽说也有一些疑问，但还是真实可取的。因为在多数人中，尽管并非人人都是贤良之士，他们聚集在一起也有可能优于少数人——当然不是就每一个人而论，而是就集合体而论，好比由众人集资操办的宴席较之于由一人出资的宴席。因为，众人中的每一成员都部分地具有德性与明智，当他们聚到一起时，众人就仿佛成了一人，多手多足，兼具多种感觉，在习性和思想方面也是不拘一格。"② 尤其在不容易运用既有规范加以明确判断的模糊地带，譬如"在法律一般而言不能起裁决作用或者不能很好地起裁决作用的情况下"，对于事情的审议和裁决，众人的判断要比个人（即使是最优秀的人）的判断更可取。③

① 当网络群体讨论追求一定的公共性时，可称之为"网络公共讨论"；当网络群体讨论设置得当，形成强公共交往，可称之为比较正式的"网络公共协商"或"网络公共商谈"。"网络公共协商讨论"则是一个综合的词汇。
② ［古希腊］亚里士多德：《政治学》，颜一、秦典华译，中国人民大学出版社2003年版，第92页。
③ 亚里士多德认为，"多数的事物较之于少数的事物更加不易腐败；恰如大量的水比少量的水更加不易腐败。单单一个人必定容易为愤怒或其他这类激情所左右，以致破坏了自己的判断。但是很难设想，所有的人会在同一时间发怒并且犯错误。假设这些群众都是自由人，他们从不违法行事，只是在法律不得已而有所疏漏的地方才有所发挥。若是难以指望众多的人都会如此，也可以假设多数人都是善良的公民，那么，是一个人做统治者不易腐败，还是由人数众多的善良公民的全体来做统治者更加不易腐败？难道不是众人的全体吗？"［古希腊］亚里士多德：《政治学》，颜一、秦典华译，中国人民大学出版社2003年版，第107页。

　　借鉴亚里士多德的论述，如果众人的判断比个人的判断更可取，那是因为具备了一定的前提。亚里士多德比较乐观地认为，由于人们的经历、感知和思考的多样性，不太可能所有人在同一时间情绪失控而且犯错。尽管如此，他还是强调了一定的前提：假设聚集起来的多数人是自由人，或至少是"善良的公民"。由此可见，并非众人聚集成为群体就一定具有理性方面的优势。不论现实生活中的群体讨论还是网络群体讨论，关键是参与者友善团结，并且愿意分享各自所具有的"德性与明智"，才能够形成群体讨论中信息和思考的多样性，并作出合理的判断。

　　第二，结合统计性群体和协商群体的特点，合理运用技术致力于信息公开、信息友好呈现和信息准确。

　　桑斯坦在《信息乌托邦：众人如何生产知识》中分析了统计性群体和协商群体。他认为，对于解决有争议的事实问题，统计性群体有优势。通过"询问大量的人，取平均值"①，这种群体的统计性答案通常是准确的。例如，某家网店的产品受到消费者广泛好评，并且这些好评不是通过欺骗性的"刷单"行为所取得的，那么这种统计性答案是真实的，值得消费者参考。

　　显然，统计性群体作出准确的判断有其前提："如果使用多数规则并且每个人更倾向于正确的话"②。换言之，对于某个有争议的事实问题，一个统计性群体里的成员具有比较准确的相关知识和信息，其观点具有部分准确性；并且群体里多数人都愿意诚实地说出自己的理解，既非随意猜测或者编造，也不受社会压力或他人观点的影响——在这样的情况下，群体讨论的人数越多，信息越丰富，越可能趋向全面和准确。

　　协商群体容易遭遇一些典型的问题，使群体讨论走向不良的极化。③如果对于特定的议题，群体成员并不具有比较准确的知识或信息，那么即使人数众多，群体也不可能因为人数多，就能够得出准确的判断。因此，群体成员得到足够多的、准确的信息（包括知识），是作出正确判断的前

---

　　① 参见［美］凯斯·R. 桑斯坦《信息乌托邦：众人如何生产知识》，毕竞悦译，法律出版社 2008 年版，第 21 页。

　　② ［美］凯斯·R. 桑斯坦：《信息乌托邦：众人如何生产知识》，毕竞悦译，法律出版社 2008 年版，第 28 页。

　　③ 请参见第四章第四节，三"避免落入群体心理的陷阱"。

提。换言之，群体讨论能否"慎思明辨"，需要以信息公开和信息准确作为前提。

不论是统计性群体还是协商群体，如果参加讨论的网民固守思维定式，无视自己的偏见，那么，即使得到准确的信息，也不一定能改变偏见。个体与自己的偏见做斗争，不仅需要更多的知识和信息，还需要本身具有开放的自我认同、"自知无知"的勇气。在这里，宽容和慎思明辨紧密相连。

目前的网络空间里，不论公共议题是事实问题、价值问题还是两者的混合，统计性群体和协商群体经常交叉。[①] 这两种群体的交叉在如今电子商务领域很常见。每一个商品的页面都力图通过丰富的信息、讨论互动，吸引消费者的注意力，让消费者多花一些时间驻留在商品的页面上，成为消费者群体的成员。

然而，在网络社交媒体、网络平台上，情况却不一样。网民常常看到一篇文章或一条评论获得"点赞"的数量、信息热度排行等信息，但对于一个网络群体讨论（例如一篇网文和它的评论区所有回复），并没有关键词的分类等数据整理。如果一个网络群体讨论具有超过百条发言，甚至成千上万条发言，普通网民恐怕就缺乏时间和精力去浏览了。在这样的情况下，网民恐怕无法真正参与那些看似热闹的网络群体讨论。因为这时候，信息看似全部公开，网民却依然无法一窥全貌。海量的未整理信息扑面而来，将网民的注意力不断地推向下一个新话题。如今，每天网络社交媒体、网络平台上，太多的网络群体讨论就这样产生，而后沉没在信息的海洋里。当网民的注意力不断地被转移时，一个网络群体讨论变成网络公共讨论、实现强网络公共交往的可能性，将会被削弱。

因此，着眼于慎思明辨的群体维度，这一问题值得思考：如何通过技术促进信息公开、准确，将统计性群体和协商群体结合起来，在开放的网络群体讨论中，通过大数据等技术，帮助网民看到这个网络群体讨论的全貌？

---

① 电子商务领域常常主动将统计性群体和协商群体结合起来，增强消费者对产品的信任以促进网购。例如，某网店某产品的既往好评，消费者能够在评价区看到。同时，消费者还可以在问答区提出关于产品的各种疑问，和其他人讨论互动。甚至问答区还设有关键词分类，以及相关话题的数量。消费者可以根据自己的需要，查看相关的信息。电子商务领域有强烈的营销意识，通过技术促进商品的信息公开、准确，力图让消费者通过多了解商品的信息，作出购物决定。

　　一个公开探讨公共议题的网络群体讨论，既是参与的所有网民共同创造的，也面向所有网民开放，网民有权利了解这个网络群体讨论发言的全貌，尤其当技术的发展已经使得了解一个网络群体讨论的全貌成为可能。一个开放的网络群体讨论，应当通过大数据技术有效地汇集发言信息，使得公开的信息经过适当整理，对网民友好地呈现，并且帮助网民了解这个网络群体讨论的全貌。随着技术的发展，让信息的呈现对网民更友好，让网民能够综览众人合力创造的一个个开放的网络群体讨论，这应当成为大数据时代新的网络公共产品。

　　除了信息公开和信息友好呈现，获得准确的信息也是保障一个网络群体讨论质量所需要的。不但需要参与者诚实地表达自己所知的信息，还可以通过不同的参与者提供的信息相互印证。涉及专业知识的领域，则需要相关的专业人士的参与。对于专业人士而言，进行一定的知识普及，是其应当承担的社会责任。对于形成网络公共协商讨论（即追求一定公共性的网络群体讨论），不仅需要专业人士对社会承担启蒙的责任，而且还需要群体成员的自我启蒙。尤其当公共议题涉及新的领域，当所有人的知识和信息都不足时，网民应积极地运用自己的理性，致力摆脱自己加于自己的不成熟状态，分享思考以形成合理的判断。

　　这一节从个体在网络群体中的合理表达、网络群体讨论的信息分享机制等两方面，比较综合扼要地探讨网络公共交往。下面将具体分析弱/强网络公共交往中慎思明辨的内涵，即探索弱/强网络公共交往中的公共讨论道德，以及如何在保持网络公共交往的公共性的同时聚合群体的实践智慧等。

五　在网络公共交往中聚合群体智慧（之二）

　　彭兰认为，"群氓的智慧"在两种情境下更能被激发出来：情境之一，"以简单任务为导向"，"网络群体执行线索简单的任务，行动积极，分工细致，作用明显。网络激发群体智慧的许多案例，都发生在这种情形之下，除了维基百科，各种形式的人肉搜索也是如此"[①]。情境之二，"以创造和分享为导向"，"如果网络群体互动的目标，是为了创造某种网络文化

---

　　① 彭兰：《群氓的智慧还是群体性迷失：互联网群体互动效果的两面观察》，《当代传播》2014年第2期。

产品，或者分享信息与知识，那么这样的互动就有助于激发群体智慧。因为互动促进互利，也会形成竞争局面，能够调动人们的积极性，增强个体参与的持续度。维基百科、豆瓣网站和电子商务网站等，都体现出这种群体互动的效果"①。

彭兰同时指出，有两种情形可能无法期待群体智慧发挥作用：公共意见形成和公共决定。公共意见的形成，可能受群体心理的不良影响，出现"非理性、盲从、极端"等群体性迷失。公共决定则是一个复杂的过程。"网络社会的局面更为复杂，群体互动可能会削弱人们的判断能力。"②

不论哪种网络群体讨论，群体的智慧和个体的智慧都需要群体成员涵养德性，经过努力奋斗才可能获得。并非因为互联网的诞生，就自发产生了完美的群体或群体智慧。自发形成的网络群体讨论，任其发展，并不都能出现"群体智能"这类个体自发合作的行为，遑论实践智慧意义上的"群体智慧"。但在合理的技术设置的基础上，产生"群体智能"这类个体自发合作的结果则是可能的。

我们自然无法期待所有的网络群体讨论都能直接涌现"群体智慧"，但我们仍然可以探讨如何慎思明辨，形成网络公共讨论，聚合实践智慧意义上的"群体智慧"。至少我们可以从网络公共交往的角度来考虑：交往主体需要什么样的品质、如何进行公共讨论，能使得一个网络群体讨论不偏离追求一定公共性的目标？

鉴于弱网络公共交往/领域和强网络公共交往/领域的差异，对于网络群体讨论的公共性，显然不能加以同样的要求。有的网络群体讨论属于弱网络公共交往，侧重个体观点的表达。从大数据的角度来看，这样的网络群体讨论实际上构成了网络舆论的一个部分，即使是很小的一部分。而有的网络群体讨论则属于强网络公共交往，或侧重对公共议题提供更多真实的公共信息资源，或侧重个体观点的交流，以期寻找解决问题的办法，形成一定的共识，乃至进行网上和网下相结合的、有益于公共利益的行动。如果说，弱网络公共交往形成网络舆论的一部分，那么强网络公共交往则

① 彭兰：《群氓的智慧还是群体性迷失：互联网群体互动效果的两面观察》，《当代传播》2014 年第 2 期。

② 彭兰：《群氓的智慧还是群体性迷失：互联网群体互动效果的两面观察》，《当代传播》2014 年第 2 期。

在此基础上更进一步，追求形成一定的公共理性，乃至落实于实践行动。

"互联网所带来的群体互动，使得个体智慧转化为群体智慧的可能性大大增加。"[①] 信息技术的飞速发展，有助于聚合原本分散的信息和创造力，为人类的发展提供丰富的公共信息资源。网民们在各种网络公共交往中慎思明辨，有可能助推形成有益于个体发展的"群体智慧"。这不但需要网民个体探索合理表达的实践智慧，还需要网络群体讨论的信息分享机制设置得当；面对不同类型的网络公共交往，通过探索和实践公共讨论道德，我们能够发现"助推"形成群体智慧、追求公共性的一些方法。

（一）弱网络公共交往中的基本公共讨论道德及助推

弱网络公共交往是网民们经常进行的网络活动。由于对交往行动的要求不高，弱网络公共交往/领域实际上构成了网络公共空间大部分的内容。在弱网络公共领域中，网民更多地发挥网络的社会泄压阀的作用，表达自己对某个公共议题的态度和看法，并不需要达成共识或为解决问题采取实际行动。这也是网上公共讨论常见的情况。日常生活中，常见有些网上刚开始非常热烈的公共讨论，热度一过却没有下文，不了了之。但这些看似不了了之的公共讨论仍然是有意义的：一则因为它们表达了众多网民的看法。即使是网民在一个讨论区里"保持队形"的简单回复，甚至是网民"点赞"这样的简单动作，最终它们形成了网络舆论的一部分。二则对于关心这些话题的网民们而言，这些公共讨论加深了他们相关的印象或理解。

但"群体极化"和"沉默的螺旋"等群体心理现象的存在，提醒我们网络公共交往可能存在的一些问题：个体是否在网上信息的洪流中随波逐流、缺乏独立的思考？抑或个体的确思考了，却不敢公开运用、表达自己的理性？

网民在网络独处中阅听网络信息，通过弱网络公共交往，以相对简单的方式表达自己的看法——如果仅此而已，或许网民个体的精神生活，因为网络公共空间的存在而得到滋养，变得更丰富。但在网络公共空间里，仅仅消费信息、获取信息是不够的，网民作为公民，有责任维护和发展网络公共空间。换言之，慎思明辨的个人维度应当向群体维度拓展开来。如果众多网民的个体智慧没有在网络上运用，网络公共空间中的群体智慧恐

_____

① 彭兰：《群氓的智慧还是群体性迷失：互联网群体互动效果的两面观察》，《当代传播》2014 年第 2 期。

怕难以形成。而从长远来看，缺乏群体智慧的网络公共空间对于网民个体的精神滋养，将会是有限的。

由此，弱网络公共交往可被视为培育网民的公民意识的起点，形成公共理性的初步练习。固然，不是所有的弱网络公共交往/领域都能发展成为强网络公共交往/领域，毕竟弱网络公共交往/领域需要通过参与的网民进一步努力和行动，才能转变为强网络公共交往/领域。也不是所有的弱网络公共交往/领域都需要发展成为强网络公共交往/领域，要不然网络生活就太严肃沉重了。但是，如果网民个体的成长应当包含个体作为公民的成长，与弱网络公共交往相联系的慎思明辨德性，也应当结合个人维度和群体维度来考察，包括探索和实践基本的公共讨论道德，以及如何助推网络公共交往由弱向强转化。

第一，发言有礼有节，尽可能言之有物，维护网络公共空间的信息环境。

若要维护网络公共领域的信息环境，为群体智慧的形成提供良好的信息环境，在弱网络公共交往中，网民应慎思自己发布的内容是否给信息环境带来不良的影响。网民发言有礼有节，避免网络公共空间走向充满谩骂甚至仇恨的极端情况，有助于形成符合底线伦理的网络舆论。网民发言"尽可能言之有物"，避免网络公共空间总是充满雷同的信息，为信息环境持续增加新的信息。对于有社会影响力的网民来说，有必要慎思自己的发言是否占用了网络公共资源以及可能造成的负面影响。① 因为网民注意力稀缺，值得被引导到公共议题上来，用以关注相关的知识和信息，尤其在情况紧急的时候。

发言有礼有节，尽可能言之有物，应当成为基本的网络公共讨论道德。这种基本的网络公共讨论道德与国际通行的罗伯特议事规则的精神相一致。尽管与强网络公共交往相比，弱网络公共交往只是松散的讨论，甚至有的只是网民在网络公共空间中发言，作出交流的邀请却不一定得到回

---

① 2020 年 3 月 16 日，美国纽约州州长安德鲁·科莫在电视节目（网络同步播放——笔者注）中和他的弟弟 CNN 主持人克里斯·科莫谈论新冠肺炎疫情期间宵禁问题时，跑题谈起"谁是妈妈最喜爱的儿子"这个问题，兄弟俩随即就这个问题争论起来。在美国疫情严峻的情况下，公众人物的发言如此跑题占用了公共资源，这个做法很不合适。环球网：《谈疫情谈的吵起来了？纽约州长和主持人弟弟节目中争论：谁是妈妈最喜爱的儿子》，［2020－08－09］．http：//weibointl．api．weibo．com/share/149431223．html？weibo id＝4483863705741323．

应。但是同为有序的"公共讨论",基本的讨论道德是相通的。

第二,助推弱网络公共交往,促进网民作为公民的成长。

如果网民们仅停留于弱网络公共交往,那么网民作为公民的素养（包括数字素养）和能力成长是很有限的。我们还应当着眼于网络群体,进一步思考如何通过更好地设置网络基础设施,适当地"助推"弱网络公共交往;协助并推动网民作为公民的实践,从而发挥弱网络公共交往的潜能,为其向强网络公共交往转变创造条件。

助推的心理学基础在于人具有两种思维方式:直觉思维系统和理性思维系统。直觉思维系统诉诸直觉,来自人们的情感反应,反应迅速。而理性思维系统是人们有意识的思维,具有计划性和自觉性。经过长时间的锻炼,人能够提高理性思维系统的运行速度,使得一些原本依赖理性思维系统思考的内容转变为依靠直觉思维系统。日常生活中,由于惰性、偏见、情况复杂等主客观因素的存在,人们做决定时,不见得真正运用理性思维系统,而可能诉诸直觉思维系统。[1] 人并不总是思维缜密的"经济人",而是有情感、有弱点、有体力和脑力局限的"社会人"。

助推,系指在人的直觉思维系统上适当加以引导,推动人直觉地作出好的选择——那些选择具有科学依据,也具有合理性,是人的理性思维系统经过思考所做的决定。"英文'nudge'（助推）一词的原意是'用胳膊肘等身体部位轻推或轻戳别人的肋部,以提醒或者引起别人的注意'"。[2] 塞勒和桑斯坦认为,助推是使用一些科学合理的方法"左右人们的选择,引导人们的决策",帮助个人自由地作出好的决定。一方面,这些合理的方法诉诸人的直觉思维系统,"以一种预言的方式去改变人们的选择或者改变他们的经济动机及行为"[3],温和而不具有强迫性。例如,为了鼓励人们食用健康食品,远离垃圾食品,不能仅仅张贴"禁吃垃圾食品"的布告,而是把水果放在和人们视线平齐的地方。另一方面,这些合理的方法

---

① 参见［美］理查德·塞勒、卡斯·桑斯坦《助推:如何做出有关健康、财富与幸福的最佳决策》,刘宁译,中信出版社 2018 年版,第 23—27 页。

② ［美］理查德·塞勒、卡斯·桑斯坦:《助推:如何做出有关健康、财富与幸福的最佳决策》,刘宁译,中信出版社 2018 年版,推荐序,第 Ⅷ页。

③ ［美］理查德·塞勒、卡斯·桑斯坦:《助推:如何做出有关健康、财富与幸福的最佳决策》,刘宁译,中信出版社 2018 年版,第 7 页。

基于科学的研究，那些被直觉思维系统所推荐的内容，本身也能够被人的理性思维系统接受。塞勒和桑斯坦主要将助推运用于经济领域，力图设计友好的选择系统，来帮助人们作出好的决定。

值得留意的是，一个助推行为本身合理与否，与实施助推的设计选择系统的"选择设计者"本身息息相关。适当的助推，要求"选择设计者"具有足够的科学知识、良好的职业道德，并以合适的方法帮助被助推人选择合适的目标。助推行为应当以人为目的，而不能依靠高超的技巧打动人心，只有利于实现"选择设计者"的目的，而不利于被助推人。换言之，助推行为应当符合无害原则和自愿原则。但由于选择设计者本身并非全知全能，被助推人应当有机会根据自身情况，选择是否接受助推。

在道德实践方面，塞勒和桑斯坦的"助推"理论可资借鉴。适当的助推可被视为道德实践的辅助工具，即以科学的知识为基础，通过触动人的直觉思维系统的方法，或帮助人养成好的行为习惯，或推动人实践好的行为。

众多的网络交往是网民自愿参与的活动，若要求网民参与所有的网络公共交往、追求公共性本身是不可能的。但是，如果在弱网络公共交往中，网络环境设置适当地提供引导因素或消除一些小的障碍，助推更多的网民自愿进行网络公共交往、养成良好的公共交往行为习惯，这是可能实现的。

日常网络生活中已经出现了这样的例子。譬如，阅听一则报道某个家庭陷入困境的网络新闻并简单回复，原本是一个弱网络公共交往。现在新闻页面里简洁地加上一个可靠的救助链接，帮助网民了解帮助新闻当事人的具体途径。添加一个可靠的救助链接的做法是一种助推行为：增加一个小细节，使得想提供帮助的热心网民，能够比较容易地、直觉地付诸行动。① 在这个过程中，网民阅听信息、简单回复——被适当助推——有所行动，弱网络公共交往向着强网络公共交往方向发展。

如何更好地设置网络环境，在网络环境中形成适当的助推？这直接有赖于"选择设计者"的职业道德和创新能力。尤其需要网络公共空间的各

---

① 如何让救助渠道具有足够的公信力，还需要相关的"选择设计者"进一步探索和改进。

种基础设施的设计者（相关的工程师和管理者），例如社交媒体、网络平台的设计者和管理者，慎思自己的职责，为网民们设计合理的网络行为环境。① 而寻找合适的助推的过程，本身是一个集思广益的过程，需要设计者广泛地汇集网民们的创意。当相关管理者、设计者和网民慎思明辨、共同寻找适当的助推办法，这也是一个聚合群体智慧的过程。

在寻找和运用合适的助推的行动中，应当以一个人的德性推动另一个人的德性，通过汇聚个体智慧，促进群体实践智慧的形成。正如工程师社会伦理责任普遍要求的那样，"在履行工程师责任的过程中，工程师应当将公众的安全、健康和福祉置于首要地位"②。工程（包括软硬件的设计工程）的目的应当有利于公众的安全、健康和福祉，而不应当使用助推行为达到设计者的目标，却忽略了被助推的网民的正当利益，从而偏离了公共性。

如果说，弱网络公共交往可被视为培育网民的公民意识的起点，形成公共理性的初步练习，那么强网络公共交往则是网民们致力形成公共理性的过程。通过适当的助推，有益于协助广大网民从弱网络公共交往转向强网络公共交往。在强网络公共交往中，网民通过群体讨论比较深入地了解某个公共议题，或追求言论系谱的公共性，即丰富该议题的公共信息资源，形成公共意见（可能达成共识）、提出行动方案等；或开展实际行动，追求实践系谱的公共性。

在强网络公共交往里聚合群体的实践智慧，助推的行动同样有益，值得继续慎思探索。例如研究运用大数据技术，结合德尔菲法等方法，汇集网络群体成员所分享的信息，同时又尽量保障群体成员的发言权利，这是技术方面可能实现的。但各种硬技术和软技术的综合运用，则需要具有一定实践智慧的网民们的行动。强网络公共交往对于商谈能力（即协商讨论的能力）提出了更高的要求，与弱网络公共交往相比，强网络公共交往的参与者是有热忱追求一定公共性的网民。在公民意识的基础上，如何做好网络公共讨论、追求达成共识、形成行动方案，以及落实行动，均需要网民积极地慎思明辨。

---

① 参见［美］理查德·塞勒、卡斯·桑斯坦《助推：如何做出有关健康、财富与幸福的最佳决策》，刘宁译，中信出版社2018年版，第3—4页。

② ［美］查尔斯·E.哈里斯、迈克尔·S.普里查德、迈克尔·J.雷宾斯：《工程伦理概念和案例》，丛杭青、沈琪等译，北京理工大学出版社2006年第3版，第9页。

（二）强网络公共交往中的公共讨论道德

不论是几个网民之间的小型网上公共讨论，还是网上大型公共讨论，各个网民的商谈能力都是进行公共讨论的基础。网民良好的商谈能力，将使得网络公共交往尤其是强网络公共交往发挥良好的作用，在不同观点的人之间，达成合乎伦理的共识、形成行动方案等目标。对于网民个体来说，"慎思明辨"的德性在强网络公共交往中，也具体体现为在实践中不断学习、提高商谈能力。

密尔在《论自由》中提出，在人类心灵未臻完善的状态下，所有对真理的认识都是尝试性的和暂时的；唯有思想自由和讨论自由，才能让人们在智力的扩展和提高的过程中，发现真理的某个方面。密尔进而提出了公共讨论的道德：一切意见应当允许自由发表，但发表意见的表达方式必须有所节制，不能越出公平讨论的界限。① 皮奥尼迪斯将密尔的公共讨论的道德总结为七个方面：

"1. 所有观点都应该得到表达，都应该被听到并得到认真思考。（L，第 2 章）2. 应该给予表达和对少数非流行见解的慈悲性理解以特殊的优先权和强调。（L，52、54 页，随处可见）3. 任何一种得到表达的观点都不能被认为授予了某种权威，从而可以免受批判。（L，26、54 页以下，随处可见）4. 对于所有的参与者来说，非常有必要做自己所提观点的坚决支持者，因为那些提出来只会受到反驳的见解可能会被曲解。（L，42 页）5. 所有的讨论者必须以最令人满意的方式证明自己的见解，即使他们相信其他参与者的见解都是蛮横的或者绝对错误的。（L，40f）6. 应该避免求助于欺骗性策略（撒谎、错误、存心的错误见解等等）以赢得争论，尽管这不可能完全杜绝。（L，60 页）7. 参与者不应该因为其意见而受到辱骂。如果任何攻击性语言都被容忍的话，那它一定来自于那些攻击支配性意见的意见。（L，60—61 页）"②

密尔和皮奥尼迪斯提出的公共讨论道德值得借鉴。上述 7 个方面中的第 1、2、3、7 方面涉及公共讨论中应当如何对待参与者及其观点，第 4、5、6 方面涉及发言者本人应当怎么做，从而维护、证明自己的见解。但这

---

① 参见［英］约翰·密尔《论自由》，许宝骙译，商务印书馆 1959 年版，第 18—64 页。

② 此处，"L"指密尔的著作《论自由》（On Liberty）。菲利蒙·皮奥尼迪斯：《密尔对表达自由的辩护及其当代意义》，张兴富译，《现代哲学》2004 年第 3 期。

些公共讨论道德的内容显然是原则性的，依然不够细致。

对于强网络公共交往来说，网民的"慎思明辨"德性不但应当体现在对自己观点的理性思考、对他人观点的宽容与吸收等方面，还应当体现在讨论本身如何进行、如何达成共识、如何行动等多个方面。所有的过程都离不开体现了公共讨论道德的、适当的议事规则。探索及运用适当的议事规则，应当是慎思明辨的题中之义。

正如在网下开会一样，网上的公共讨论一样需要具体的规则。进行强网络公共交往时，国际通行的罗伯特议事规则值得借鉴。罗伯特议事规则以宏大的篇幅，详细叙述了各种议事程序，旨在通过适当的措施保护会议组织，同时最大程度地考虑参会成员的权利。最初编撰罗伯特议事规则的亨利·罗伯特强调："离开了规则，每个人都自由行事，结果就是每个人都得不到真正的自由。"① 也就是说，参加会议时，每个人有权利努力将自己的观点转化为总体的意愿；但每个成员行使权利是有边界的，不能扩张自己的权利而破坏了他人利益和整体利益。对"协商会议"② 的议事规则的详细研究，是罗伯特议事规则突出的特点。如今，为了有效地组织大大小小的网络讨论和会议，罗伯特议事规则值得参考。

罗伯特议事规则集中研究的"协商会议"有五种主要类型。③ 根据网

---

① ［美］亨利·罗伯特著，莎拉·科本·罗伯特、亨利·M. 罗伯特三世、威廉·J. 埃文斯等修订：《罗伯特议事规则》，袁天鹏、孙涤译，格致出版社、上海人民出版社2015年第11版，格言（版权页后页）。

② "'协商会议'（deliberative assembly）泛指采用'通用议事规则'来运作的会议组织。它具有以下特征：●它是一个由人组成的集体；它有权通过自由充分的讨论，以整个会议组织的名义，自主地决定一致的行动。●它的会议要在'共同的场所'进行，或在等同于'共同的场所'的条件下进行，即所有人都有机会实时地参与相互的口头交流。●它的成员——指有资格加入的人——在会议组织中通常可以根据自己的判断采取自由的行动。●在任何一项决定中，每位在场成员的观点都拥有相同的权重，并且通过投票/表决的方式表达；如果其投票属于多数方，则该成员为此决定（通过或否决）承担直接的个人责任。●即使成员表达的意见与会议组织的决定不同，也并不意味着该成员希望退出会议组织，会议组织也无权以此为理由要求该成员退出。●如果有成员缺席——无论是立法机构还是一般的组织，缺席都是很难避免的——出席的成员可以代表全体成员做决定，但必须满足会议组织指定的相关条件（例如，必须满足'法定人数'［quorum of members］，请参阅第21页，以及第40节）。"［美］亨利·罗伯特著，莎拉·科本·罗伯特、亨利·M. 罗伯特三世、威廉·J. 埃文斯等修订：《罗伯特议事规则》，袁天鹏、孙涤译，格致出版社、上海人民出版社2015年第11版，第1页。

③ "根据在议事规则上的不同特征，协商会议可以分为五种主要类型：（1）公众集会（mass meeting）；（2）固定组织的会议（assembly of an organized society），特别是指其最基层组织的会议；（3）代表大会（convention）；（4）立法机构（legislative body）；（5）董事会（board）。"参见［美］亨利·罗伯特著，莎拉·科本·罗伯特、亨利·M. 罗伯特三世、威廉·J. 埃文斯等修订《罗伯特议事规则》，袁天鹏、孙涤译，格致出版社、上海人民出版社2015年第11版，第3—7页。

络群体组织的类型，强网络公共交往可类比"公众集会""固定组织的会议""代表大会"等。在网络中的"公众集会"由发起者确定会议主题和立场，没有固定的组织机构，网民们根据兴趣聚集，决定并实施共同的行动，或可称为"网络兴趣组活动"。在网络中，"固定组织的会议"类似某个网络社团、俱乐部的公开会议，"代表大会"类似某个网络社团、俱乐部的代表大会。

强网络公共交往的交流形式可能是实时视频通话、实时语音通话，或者实时笔谈、延时笔谈，或者这些沟通方式的混合等。这与罗伯特议事规则所集中研究的"协商会议"有所不同。罗伯特议事规则强调会议的参与者应当同一时间在现场，并且进行口头交流，即便是电子会议，也应当如此。① 与之不同，有的强网络公共交往则是笔谈（书面交流），并且参与者不一定同时出现在某个网络公共领域。例如，有的讨论帖其参与者旨在追求信息和知识的公共性，认真地分析同一个科学问题，发挥各自的知识和理性思维，共同撰写丰富的公开讨论内容。但这些参与者不一定同时都在线。笔谈是他们的表达方式，而不是实时的口头交流。

因此，网民们在进行强网络公共交往时，不能直接照搬罗伯特议事规则，而应当慎思明辨、探索适当的议事规则，结合罗伯特议事规则的基本原则和具体的开会程序，根据网络空间的特点、当下强网络公共交往的具体情况，创造适合实际情况的议事规则。（了解实际情境，选择合适的公共讨论道德的规则，这也是个培养实践智慧的过程。）

罗伯特议事规则针对不同的会议类型提出了详细的操作程序，强网络公共交往自然不能全部照搬。但网民可借鉴罗伯特议事规则的原则，以及具体的会议操作程序，慎思明辨，有所创新。

---

① 《罗伯特议事规则》第 11 版增加了电子会议的内容，认为："上述'可实时通话'的条件是电子会议的最低要求，如果章程规定电子会议必须以视频会议的方式召开，仅仅语音通信是不能满足这个条件的，那就必须采用技术实现所有参会者既可以听到彼此，也可以同时看到彼此；章程还可能规定必须使用额外的协作手段来帮助会议顺利进行。但是必须明白，无论使用什么技术手段，'实时的语音通信'是保证'协商会议'特征的根本。所以，以书面的方式——例如信函、电子邮件、聊天室或者传真等——进行协商，不符合'协商会议'的特征，因而是不建议采用的。这些方式也许具有磋商沟通的效果，但不是'通用议事规则'意义上的协商过程。"〔美〕亨利·罗伯特著，莎拉·科本·罗伯特、亨利·M. 罗伯特三世、威廉·J. 埃文斯等修订：《罗伯特议事规则》，袁天鹏、孙涤译，格致出版社、上海人民出版社 2015 年第 11 版，第 74 页。

　　第一，借鉴罗伯特议事规则中平衡个人和群体的权利的根本原则。罗伯特议事规则设计了详细的措施，力图保护包括多数方、少数方、缺席者等各方的权利。① 强网络公共交往尤其需要注意这一点，以避免群体心理陷阱的影响。例如，网络公共讨论的程序如果设置不妥，容易出现同一种观点重复出现、不断强化，而少数方可能因此闭口不言，形成"沉默的螺旋"和不良的群体观点极化等现象。此外，由于目前网络空间有赖于电子屏幕呈现信息，如果网络公共讨论的程序设置不妥，容易出现"信息刷屏"的现象。如果参与者面对瞬间出现的"信息爆炸"，恐怕难以好好吸收信息，遑论继续开展讨论。

　　第二，借鉴罗伯特议事规则的（建立在足够的辩论协商过程的基础上）多数方决定的根本原则。"从根本上讲，是参与会议的'多数方'（majority）决定了一个会议的总体意愿。但是这样的决定，必须要经过一个自由、充分的辩论协商过程才可以做出。"② 罗伯特议事规则孜孜以求的正是通过各种可操作的规则，形成"自由、充分的辩论协商过程"，最终达成会议的总体意愿。尽管有的强网络公共交往以深化对一个公共议题的理性认识为目的，不一定需要达成多数方决定的共识。但聚合群体的智慧同样需要"自由、充分的辩论协商过程"，这也是强网络公共交往所追求的。在组织协商讨论过程方面，网络群体需要借鉴罗伯特议事规则具体的会议操作程序，具体问题具体分析，慎思如何进行本土化，从而创造合适的议事规则。

　　第三，慎思适当的议事规则，一方面可参考罗伯特议事规则的基本要求，例如参考会议规则的简化办法。毕竟罗伯特议事规则涵盖了议事过程

---

　　① "'通用议事规则'在构建时的一个核心原则，就是要谨慎仔细地平衡'组织'（organization）和'会议'（assembly）中个人和群体的'权利'（rights），包括：●意见占多数者，即'多数方'（majority）的权利；●意见占少数者，即'少数方'（minority）的权利，特别是对于占总人数少于1/2但大于1/3的所谓'强少数方'（strong minority）的权利；●每个成员的权利；●'缺席者'（absentee）的权利；●所有上述人群作为一个整体的权利。'通用议事规则'的实质就是通过适当的措施保护上述各项权利。正是对保护这些权利的不懈追求才换来了'通用议事规则'今天的发展。"［美］亨利·罗伯特著，莎拉·科本·罗伯特、亨利·M.罗伯特三世、威廉·J.埃文斯等修订：《罗伯特议事规则》，袁天鹏、孙涤译，格致出版社、上海人民出版社2015年第11版，"通用议事规则的根本原则"第47页。

　　② ［美］亨利·罗伯特著，莎拉·科本·罗伯特、亨利·M.罗伯特三世、威廉·J.埃文斯等修订：《罗伯特议事规则》，袁天鹏、孙涤译，格致出版社、上海人民出版社2015年第11版，"通用议事规则的根本原则"第47—48页。

中的多种细节，需要经过系统的学习才能全面地掌握。但议事规则专家已从实践中提炼了精要的议事规则，为日常讨论和开会制定议事规则提供了良好的基础。① 在条件许可的情况下，有的强网络公共交往在进入议事阶段之前，可邀请议事规则专家在线协助，网民们先一起形成具体的议事规则。（而形成具体的议事规则的过程，相当于衍生了一项新的强网络公共交往。）另一方面可参考罗伯特议事规则本土化的实践案例。本土化的实践具有生动的细节、"接地气"的内容，有助于广泛传播议事规则。2008年开始，在网下的中国乡村实践中，寇延丁、袁天鹏等引入罗伯特议事规则，引导安徽省阜阳市南塘村的村民们学习议事规则。在议事规则专家的协助下，南塘村村民将议事规则本土化，最终提出了"南塘议事规则十五条"。② 南塘议事规则强调了罗伯特议事规则的一些技术要点，包括发言时不跑题；对事不对人，不攻击别人的发言动机；发言面向主持人；不说脏话，不尖酸刻薄等。面对基层农村，南塘议事规则还特别强调发言内容必须是可操作的、对行动的具体建议。与村民们创造本土化的议事规则类似，在网络公共交往尤其强网络公共交往中，网民们同样可借鉴并运用通行的议事规则，结合伦理决策的机制，创造适合不同的公共交往和公共领域的议事规则，进行自我组织、自我管理。

对于解决网络公共交往/领域中存在的如何组织和交流的问题，既有的议事规则提供了可资借鉴的内容。网民们如何在各式各样的网络公共领域里、大大小小的网络公共交往中引入议事规则，培养规则意识，创造良

---

① 孙涤、袁天鹏、张翼和申鹏等学者总结了议事规则的 12 条基本原则（极简版），内容包括：第 1 条，动议中心原则；第 2 条，主持中立原则；第 3 条，机会均等原则；第 4 条，立场明确原则；第 5 条，发言完整原则；第 6 条，面对主持原则；第 7 条，限时限次原则；第 8 条，一时一件原则；第 9 条，遵守裁判原则；第 10 条，文明表达原则；第 11 条，充分辩论原则；第 12 条，多数裁决原则。他们将议事规则的基本精神总结为五项："权利公正、充分讨论、一时一件、一事一议、多数裁决"。此外，何飞总结出"会议规则极简 10 条"，适合普通会议程序的基本要求。会议规则极简 10 条包括：1. 法定人数原则；2. 动议完整原则；3. 主持人原则；4. 充分辩论原则；5. 公平发言原则；6. 程序动议原则；7. 过半数表决原则；8. 一事一议原则；9. 权利独有原则；10. 会议记录原则等。参见 [美] 亨利·M. 罗伯特三世、丹尼尔·H. 霍尼曼、托马斯·J. 鲍尔奇《罗伯特议事规则》简明版，孙涤、袁天鹏、张翼、申鹏远译，格致出版社、上海人民出版社 2015 年版，代序Ⅵ—Ⅷ。何飞：《罗伯特议事规则实践指南：如何进行高效沟通和科学决策》，百花洲文艺出版社 2018 年版，第 185—191 页。

② 参见寇延丁、袁天鹏《可操作的民主：罗伯特议事规则下乡全纪录》，浙江大学出版社 2012 年版，第 195—196 页。

好的具体规则，这将是一大挑战。但这也是创造良好的网络公共交往/领域必不可少的环节。法治、民主和国家治理都需要可操作的、良好的议事规则，网民的慎思明辨德性也需要在良好的讨论程序中培养。

具体说来，在某个公共议题的网上公共讨论中，讨论的议程如何设置，每个网民应当如何妥善地发言，发言的结果谁来总结，总结的结论如何修改，最后的共识与哪个机构沟通以及如何行动等，这一系列的过程，都需要网民们一起不断地探索。在学习和运用议事规则的同时，网民才能在网络群体活动中逐渐培养慎思明辨的德性，在提高公民行动能力的同时，促进网络公共交往尤其强网络公共交往的发展。

日常生活中存在着品质不同的网络公共交往，甚至有时还存在不友好的争吵。但是，追求公共性的网民们可以结合基本的公共讨论道德、借鉴并创造适当的议事规则，以及技术的助推，进行网络公共交往实践。当网民们公开运用自己的理性，并以有序的方式尝试聚集群体的智慧，这可被视为启蒙运动的一种网上延续。

康德认为，当人们具有公开运用自己理性的自由，才能最终带来人类的启蒙。康德重视的是个体公开地运用理性，"指任何人作为学者在全部听众面前所能做的那种运用"①。如今，着眼于网络群体，关于启蒙运动恐怕应当进一步加以思考：当人们聚集起来，如何一起公开运用理性，如何适当地组织，如何聚合群体的智慧，如何拓展公共知识资源，如何形成共识、落实行动，等等。在这层意义上，实践网络公共交往的过程中，网民们不仅在进行自我的启蒙，而且探索着群体的启蒙，尽管这个过程可能"路漫漫其修远兮"，但值得上下求索。

（三）保障网络公共交往的公共性

在具体网络公共交往中，上述（体现公共讨论道德的）议事规则保障参与者的发言权利，设置合理的协商讨论程序，有助于形成一定的网上公共信息资源，或达成合理的共识或提出行动方案。对于讨论议题本身来说，合理的议事规则有益于保持群体讨论在形式方面的公共性。但对于讨论议题本身内容方面的公共性，仅仅依靠议事规则也还是不够的。也就是说，"慎思明辨"德性不仅需要追求网络公共交往的形式方面的公共性，

---

① ［德］康德：《历史理性批判文集》，何兆武译，商务印书馆1990年版，第26页。

还需要追求内容方面的公共性。

网络空间作为信息交流环境，存在形形色色的观点。试想，如果某网民公开提出一个接近灰色地带、探讨人性幽暗方面的话题，例如关于"丧"的心理和行为①的话题。随后一些网民聚集起来，借鉴并运用罗伯特议事规则进行公开讨论，深入地探讨这个话题方方面面的细节。虽然这一公开的讨论最终不一定形成共识或行动方案，但他们的讨论毕竟丰富了这类灰色地带的信息。假设这一公开讨论内容丰富，甚至提供了一些相关的知识，却缺乏对这一话题本身的反思。这样的公开讨论，看似在追求某种知识、分享某些经验和感受；即使实现了"明辨"，却缺少"慎思"，至少忽视了不加反思地展示这些信息，可能带来的不良社会影响。这也是谈到聚合网络群体的智慧时，强调所力图聚合的应当是"群体的实践智慧"，而不仅仅是"群体的智能"。如果网民们在公开讨论中有意识地采取重视人类核心价值的道德视角、重视无害原则等伦理原则，那么网民们的群体讨论也将会重视内容方面的公共性，这是实现从弱网络公共交往向强网络公共交往转变的一个契机。

前文提出了尝试解决网上道德异乡人之间道德冲突、形成行动政策或策略等问题的方法。② 在网络公共交往中，慎思明辨意味着将道德思考、伦理决策的方法和合适的议事规则有机地结合起来，这构成了网民的协商讨论能力的两个重要的方面。一方面，道德思考、伦理决策的方法侧重保障网络公共讨论的"质"不偏离伦理原则，从而保障网络公共讨论内容的公共性。另一方面，议事规则侧重保障网络公共讨论的秩序，既保障参与者的发言权利，又使得公共讨论能在适当的组织下顺利有效地进行，从而保障公共讨论形式的公共性。

六　三种网络公共交往德性的融合

对于生活在社会中的人，德性总是兼有内向（自我指向）和外向（他人指向）的两个维度。网络公共交往是个体间通过数字化信息进行的交往

---

① "'丧'形容一种没有活力的精神状态，具体表现为情绪低落、消极颓废、对未来失去希望等。"邵燕君主编：《破壁书：网络文化关键词》，生活·读书·新知三联书店 2018 年版，第435 页。

② 请参见第三章第三节，五"信息权利的伦理原则的应用"。

行动，在这种处理数字化信息的活动中，个人内在的信息活动和个人外在的网络行动紧密相连。[①] 相应地，与网络公共交往相关的德性其内向和外向的两个维度，自然地紧密相连。

第一，在网络公共交往中，慎独自律、宽容和慎思明辨这三种重要德性，以"慎独自律"作为基础枢纽，融合在一起。"慎独自律"德性注重个体在独处状态中的道德实践，保障个体内在的信息活动的品质。由于个体内在的信息活动贯穿于个体和他人交往的过程之中，因此"慎独自律"德性蕴含着一种潜能：促使个体的各种德性和能力在网络公共交往中实现。在这层意义上，慎独自律可被视为一种基础的"综合德性"。[②] 网民个体以慎独自律德性为根基（基座），在对待他人的态度方面衍生"性情之德"——宽容；在与他人交往的行动方面，衍生具有行动能力的"理智之德"——慎思明辨。

第二，在网络公共交往中，慎独自律、宽容和慎思明辨这三个重要德性的融合，指向形成一定的实践智慧，旨在既完善网民个体自身、又使得网民之间良好合作以追求一定的公共性。

作为网民个体的数字化信息活动，网络公共交往包含三种行动：个体的网络自处，通过数字化信息与他人交流，与他人合作（共同追求公共性）。弱网络公共交往包括前两项（个体的网络自处和与他人交流），而强网络公共交往则包括三者。相应地，在网络公共交往中，宏观来看，网民个体的实践智慧至少包括三种能力：个体安顿自我身心的能力，与他人交流的能力，以及与他人合作（追求公共性）的能力。

这三种能力包含微观的、个体的道德认识活动。在个体的道德认识活动方面，实践智慧具体至少包括个体感知具体情境的能力、选择规则的能

---

① "脑—机接口技术"直观地体现了这一特点。请参见第一章第三节，一"网络空间"。

② 本书使用的"综合德性、性情之德和理智之德"，借鉴了陈来对于中国古代德性的分类。性情之德指人的一般心理的性质和状态良好，"是在礼乐文化的总体中界定的"。理智之德指人运用理性的能力良好。《儒学美德论》指出，性情之德和理智之德均具有自我指向，综合德性则涉及自我指向和他人指向的道德，具有把各方面的德性汇聚起来的综合之意。本书进一步认为，在网络公共交往中，宽容（性情之德）和慎思明辨（理智之德），兼具自我指向和他人指向（德性蕴含的内容以及体现德性的行动直接涉及他人）；而慎独自律则作为上述两种德性的根基（基座），成为一种基础的综合德性。参见陈来《儒学美德论》，生活·读书·新知三联书店 2019 年版，第 32、90—91 页。

力以及进行道德判断的能力。根据李义天的研究，鉴于对各种道德原则的理解事实上存在着差异，当我们以实践智慧来选择行动方案时，需要根据具体的情境，选择有助于实现幸福的恰当方式。一方面，感知具体情境的能力，即"对当下情境保持敏感，洞察其基本性质和细节，了解该情境的道德要求并作出准确的判断"①。另一方面，感知具体情境的能力和选择规则的能力应当结合在一起。"行为者需要具备一种立足于各项普遍原则之上，从而对其进行恰当挑选和使用的能力，需要具备一种准确洞察当下情境的具体特征、要求和约束性条件，从而能够判断当下情况与已有规则之间具有何种相关性的能力。这些能力才是实践智慧的核心，它们不是仅靠运用规则就能完成的任务。"②

实践智慧不仅包含个体的认知活动，而且意味着个体具有相应的行动能力，即有能力把"所知"落实为"所行"。对于网络公共交往来说，实践智慧不但体现在微观的、个体的道德认识活动中，也体现在宏观的、个体间的交往行动中。网民涵养慎独自律、宽容、慎思明辨等德性，不但能够在网络公共交往中，实践和发展上述道德认知活动的相关能力（至少包括个体感知具体情境、选择规则以及进行道德判断等能力），还将道德认知活动得出的合理判断，落实于追求公共性的网上合作行动之中。

根据前文的分析，这三种重要德性的培育与融合，在网络公共交往中有章可循。网络公共交往中，当网民面对各种不同的伦理原则、法律规范乃至议事规则，应着眼于公共性（有益于维护个体的权利），协商讨论，选择适当的规则；如果发现既有规则并不合适，则需要进行新的伦理决策，形成适当的规则。③ 在选择合理规则的基础上，个体之间就公共议题，进一步开展网络公共交往；在网络公共交往中，个体进行道德认识活动，安顿自我身心，与他人沟通，通过网上合作行动追求一定的公共性。

在网络空间中，道德认识能力、安顿自我身心的能力、沟通能力、组织行动的能力等的培养，犹如人学习游泳，都需要网民进行具体的网络公共交往，以自己的实践涵养重要的德性。网民有德性的网络公共交往实

---

① 李义天：《美德伦理学与道德多样性》，中央编译出版社 2012 年版，第 135 页。

② 李义天：《美德伦理学与道德多样性》，中央编译出版社 2012 年版，第 127 页。

③ 参见见第三章第三节，五（二）"网民个体作伦理决定的参考方法" 和第三章第三节，五（三）"网络公共交往中伦理决策的机制"。

践，有助于形成良好的网络生活方式，促进个体的身心和谐，进而有益于个体在网络群体的合作中培育一定的实践智慧。

第三，网民个体涵养重要的德性、培育实践智慧的努力，汇聚成促进人类文明发展的合力。

网络公共交往（尤其弱网络公共交往）是现在网络生活中常见的、基本的交往，是网络时代的人们进行社会化的一种基本活动。如果我们期望发挥网络空间的良好潜能促进人的发展，期望网络空间成为一个文明的信息交流环境和社会生活环境，那么在常见的网络公共交往中，网民涵养重要的德性，进行有德性的网络公共交往，将是一个必然的选择。

立足于法治，当网络公共交往伦理成为常识、涵养一定的网络公共交往德性成为网民日常行动，实现网络善治、现代权力系统文明运作和社会文明发展等宏大的目标，在日常网络生活中就有了"着落"，即具有观念基础和可操作的个体实践方法。

当亿万网民涵养重要的德性、追寻实践智慧的努力汇聚起来，网络公共交往有望聚合一定的群体的实践智慧，形成促进现代权力系统文明运作和社会文明发展的合力。关于网络公共交往的实践目的的具体论述，将在下一章展开。

第五章　网络公共交往的实践目的

作为网络空间中的道德实践，网络公共交往有其深刻的实践目的。网络空间中已经出现了网络时代的伙伴合作模式，即网民在闲暇时间进行良好的公共交往，追求一定的公共性，通过网络时代的伙伴合作，网络公共交往有助于促进公民社会健康成长、营造人类共同的意义世界、共同应对人类面对的问题，从而有益于人和社会在网络时代的发展。

探究网络公共交往的实践目的，不妨先着眼于科技时代的背景，探讨人在科技时代的历史责任。网络公共交往的实践是现代人担负科技时代历史责任的一种具体行动，而具有历史责任的自觉意识，则有助于网民们主动地开展良好的网络公共交往。

第一节　人在科技时代的历史责任①

通过与现代权力系统的融合，现代科技对人类社会具有全方位的影响。运用现代科技总是伴随着风险，带来发展的同时也带来了各种问题，然而，正如约纳斯所说："人类只能前进，并且必须以一定适度的道德从技术本身中获得治疗其疾病的手段。"②

2020 年突如其来的新冠肺炎疫情，再次沉重提醒我们：自然界中尚有众多人类未知的事物，需要人类以理性的精神不断地探索；个体在大自然

---

① "人在科技时代的历史责任"是一个开放性的话题。之前笔者曾做过初步的探讨，在此基础上，尝试进一步探索。尤其当全人类面临新冠肺炎疫情这一重大挑战时，笔者认为对于人在科技时代的历史责任，需要进一步的思考。童谨：《论现代技术的危险和人的历史责任》，《重庆工商大学学报》（社会科学版）2012 年第 1 期。

② ［德］汉斯·约纳斯：《技术、医学与伦理学：责任原理的实践》，张荣译，上海译文出版社 2008 年版，第 31 页。

面前是渺小的，团结一致对于人类社会的生存与发展至关重要。人类唯有居安思危、众志成城，运用现代科技应对问题、防范风险，才能在大自然面前，避免因为"人祸"而加深种种天灾所带来的危害。

网络公共交往/领域既是人类运用现代科技的成果，也是人类应对全球危机不可缺少的利器。善用网络公共交往，意味着担当科技时代的历史责任。对于历史责任的自觉意识，可能成为善用网络公共交往的观念先导。科技时代的历史责任是个开放的话题，就网络公共交往而言，人在科技时代的历史责任至少包括：在对待自然和生命方面，应当"敬畏自然和敬畏生命"；在营造共同的社会生活环境方面，"居安思危并在社会舆论中维持乐观希望"和"在公共交往中形成改善现代权力系统的合力"。笔者尝试结合网络公共交往阐发这些历史责任的内涵；期望对于这些历史责任的自觉意识，能够作为网络公共交往（尤其强网络公共交往）的观念先导，触发个体的网络公共交往，进而形成集体的网络公共交往，汇聚成为改善现代权力系统、促进社会文明发展的合力。

一　敬畏自然和敬畏生命

有的网络活动缺乏敬畏自然的理念，过度追求能量、计算能力及其设备，破坏自然环境，并给网络空间带来了安全隐患。而缺乏敬畏生命的理念，网络空间中的陌生人之间将难以避免"信息隔离"带来的坏影响，遑论合作交往。对于网络活动（包括网络公共交往）而言，敬畏自然和敬畏生命的理念并不遥远，应当作为基本的道德观念成为个体网络活动的先导。

第一，敬畏自然。

敬畏自然，并非畏惧自然，而是怀着忧患意识，以慎重的态度探索人类未知的领域，寻找自然界的各种规律。这种敬畏一方面来自于深刻了解自然界对人类的伤害能力，一方面来自于对人类的有限性的认识。尽管旨在克服人体局限的"人类增强技术"一直在发展，但无论脑力还是体力，人类目前依然是有局限的。这种有限性促使我们既要对人类的认知能力怀有谦逊态度，同时又需要慎重地运用认知能力，探索自然规律。迄今为止，现代科学技术取得了巨大的发展，但未知的领域依然存在。诚如郎景和医生所言："我们更应该敬畏自然。自然不是上帝、不是神灵，自然是规律、是法则。诚如一个疾病的发生、发展规律，一项治疗的适应、禁忌，必须去认识、去适应、去遵循，违背自然去办事，必定要受到惩罚！"①

第二，敬畏生命。

千千万万的生命栖居于自然环境之中，共同构成了我们人类生存于其中的大自然。人类自身生命蕴含的规律，以及各种生命与人类的关系，尚在科学探索之中。人类对于自然的敬畏，包含着对于生命的敬畏。

需要正视的是，人类需要与其他生物保持某种道德关系，但不得不具有一个前提：保证人类的基本生存。一方面，"人要适应环境的变化，就需要与其他生物保持着某种关系。只有同舟共济，才能共同受惠。即所谓合则共同得利，分则相互伤害。"② 另一方面，人类的生存需要消耗其他的生命。即使如佛教希望"不杀生"，但人们依然每天需要摄入一定的食物，至少包括植物类的食物。因此，"我们更应谦卑地认识到，人的生存要依赖于其他生物，但其他生物的生存却不依赖于人类。"③ 于是关键的问题不是人类如何拯救地球、拯救其他物种，而是"人类如何拯救自己"，这需要我们现有的文明更好地发展。④ 人类文明的更好发展，从根本上有赖于人类在生活的方方面面进行良好的道德实践。

"敬畏生命"蕴含着恻隐之心。史怀哲明确提出"敬畏生命"，认为人因为生存的需要，不得不消灭一些生命，但"假如他已被'敬畏生命'之伦理理念所触动，伤害和毁灭生命就只可能是出于迫不得已，而绝非自私自利，不顾及他者"⑤。

在这里，我们看到无害原则⑥可能具有的局限：人类的存在，终究会对人类用来维护基本生存的生物，造成一定的伤害。因此，无害原则一再强调的是：人不要造成"不必要的伤害"。儒家对于人，提出了"己所不欲，勿施于人"的黄金规则；对于动物，也有合乎中道的做法，如"子钓而不纲，弋不射宿"。儒家先哲和史怀哲讲到无害原则，是以"恻隐之心"

---

① 郎景和：《一个医生的故事》，北京联合出版公司 2015 年版，第 318 页。

② 雷毅：《人与自然：道德的追问》，北京理工大学出版社 2015 年版，第 116 页。

③ 雷毅：《人与自然：道德的追问》，北京理工大学出版社 2015 年版，第 116 页。

④ CCTV《面对面》：《丁仲礼指责 IPCC 方案》，［2020 - 08 - 09］. http：//news. sina. com. cn/c/sd/2010 - 03 - 22/141219915628_ 4. shtml.

⑤ ［法］史怀哲：《敬畏生命：史怀哲自传》，杨巍译，江苏凤凰文艺出版社 2017 年版，第 228 页。

⑥ 请参见第三章第三节，一"无害原则"。

作为基础的；不是单单发布一个理性的道德命令，而是在理性中包含了合宜的道德情感。正如史怀哲所强调的，任何深刻的思想当它内在包含着某种"朴实而又虔诚的动机"时，方能具有绵绵不绝的活力。① "恻隐之心"或"仁慈"（尽管在不同的文化里有不同的表达）这种道德情感看似微弱，但由于人类具有同理心，在长期的文明发展过程中，已经构成了人类文明中的道德直觉。②

在"恻隐之心"这样的道德直觉基础上，"敬畏生命"蕴含着对于生命的慎重态度，提醒我们人类看到自己的有限性，继续探寻人和其他物种的合理相处之道，从而保护人类生存的环境。探索自然规律，遵循自然规律；目的在于维护人类的根本利益和与大自然的共生。

第三，敬畏自然和敬畏生命，应当建立在个人和集体的科学素养之上。

立足于科学素养之上，敬畏自然和敬畏生命的理念对于人类实践的引导更为具体化，也更合理。

个体的科学素养包括掌握一定的科学技术知识③、科学研究的方法④，

---

① 参见［法］史怀哲《敬畏生命：史怀哲自传》，杨巍译，江苏凤凰文艺出版社 2017 年版，第 229 页。

② 雷毅指出："我们的道德直觉告诉我们，一切引起不必要的痛苦的行为都是恶，无论承受痛苦的是人还是动物，这是一种普遍的义务。这就意味着仁慈地对待动物、敬畏所有生命都是善，是我们需要推崇的美德，而一切残忍地对待、杀戮生命的行为都是恶，是文明人应该摒弃的东西。"雷毅：《人与自然：道德的追问》，北京理工大学出版社 2015 年版，第 115 页。

③ 关于科学技术知识对于公众的基本功能，美国国家科学基金会的总结值得借鉴。"美国国家科学基金会在 2010 年秋季举行了两次研讨会，多学科背景的诸多社会学家讨论了如何概念化和测量公众理解科学和工程的问题。……同时，会议明确了科学技术知识对于公众的三个基本功能：第一，科学技术知识有助于公众参与科学，特别是当技术应用引发科学与社会之间的关系议题时（比如，核能利用和核废料处理、胚胎干细胞研究的作用与国家资助的讨论等），公众科学技术素养显得十分必要。第二，科学技术知识有助于公众在工作、居家生活、休闲活动等日常生活中做出正确的决定（比如，抗生素治疗及其合理使用、家庭用具的热电原理等）。第三，广阔丰富的关于整个世界的科学技术知识以及科学技术的作用能促进公众超越实际应用的目的，拥有对科学广泛的好奇心。这三项功能是公众科学素养的重要组成部分，也是判断公众是否具备足够科学知识的基础。"李大光：《国际公众科学素养问卷修改的争论》，《科学》2012 年第 4 期。

④ 周建武认为："科学素养大致包括科学知识、科学方法和科学精神三个方面，现代公民应该理解和掌握基本的科学技术知识和成果、科学研究的方法，并具备追求真理、尊重事实和证据、有实证意识的科学精神和科学态度。科学方法是科学素养中最重要的内容，经典的科学方法有两大类，即实验方法和逻辑方法。而逻辑方法就是科学的思维方法，即科学推理。科学是现代人的普遍信仰，而推理是人们认识这个世界的方式。"周建武编著：《科学推理：逻辑与科学思维方法》，化学工业出版社 2017 年版，前言，第 1 页。

以及秉持尊重自然规律、努力求真的认知态度。现代人类社会的成员，无论是不是科学界的专业人士，在有受教育的机会的前提下，均应当有意识地了解一定的科学技术知识，提高自身的科学素养。现代社会生活环境复杂，如果个体缺乏一定的科学素养，有可能导致破坏自然环境和社会环境，乃至危害自己和他人的生命的后果。尤其当新冠肺炎疫情这类全球性的突发公共卫生事件发生时，科学有效地应对，直接关系到人类每个个体自身的生存，乃至人类整体的命运。真实的案例提醒我们，个体的科学素养水平不仅和个人的生活有关，甚至还与他人性命攸关。[1]

着眼于社会，科学素养不仅包含个体的素养，"而是集体及所处语境的总和"。[2] 沃尔夫 - 迈克尔·罗思等学者强调公民科学，强调在社会、社区的公共对话中，形成"集体的科学素养"。"作为一个互动平台，公众集会提供了空间，允许出现大量不同形式的讨论，其中包括但不限于科学讨论，科学素养成了集体完成的一种异质成果，容纳了各种观点、利益和需求，在今日看来还丰富了实验室科学家所用的那种局限的客观定义。事实上，这种异质的论述甚至更为客观，因为它综合考虑了更多看待、理解真实世界的方式，比那种实验室的科学论述用来解决问题的方式要远为丰富。"[3] 科学界专业人士和公众的公共交往，经过对话交流，能够加深彼此对于同一个问题的科学认识，有助于得出共识，共同提出解决问题的合理方案。良好的公共交往促成集体科学素养的提高，促进集体的合理行动。

敬畏自然和敬畏生命这样的理念，同样有必要通过集体科学素养和个体科学素养的培育，逐步体现在个体的行动中。建立在科学素养基础上的、合乎伦理的行动，方能脚踏实地，而不至于流于虚幻或朝着不合理的方向发展。

在网络时代，网络公共交往/领域正是培育个体科学素养和集体科学素养的重要途径。虽然网络空间里依然存在一些暴戾或愚昧的地方，但社

———————

① 新浪网：《福建晋江男子赴宴致 3710 人被隔离 3697 人已解除》，［2020 - 08 - 09］. http://news. sina. com. cn/s/2020 - 02 - 16/doc - iimxyqvz3350642. shtml.

② ［加］沃尔夫 - 迈克尔·罗思、［美］安杰拉·卡拉布列斯·巴顿：《科学素养的反思》，张锋、李水奎译，上海交通大学出版社 2018 年版，第 31 页。

③ ［加］沃尔夫 - 迈克尔·罗思、［美］安杰拉·卡拉布列斯·巴顿：《科学素养的反思》，张锋、李水奎译，上海交通大学出版社 2018 年版，第 44 页。

会的文明发展恰恰需要广大网民自觉地培育科学素养，传递敬畏自然和敬畏生命等文明理念。

值得留意的是，敬畏自然的理念和网络活动（包括网络公共交往）如今应当更紧密地关联起来。譬如，人类从自然界获取电能和其他能量，但已有人将巨量的电能消耗于网上，用以支撑挖掘某些高耗能的虚拟货币，并产生巨量的碳排放。与此同时，电力供应、减贫等全球人类发展问题依然严重。① 这类逐利的做法视自然为工具，遑论敬畏自然，难以维护人类的根本利益和与大自然的共生；对能量、计算能力及其设备的过度追求，从根本上给网络空间带来了稳定、安全等方面的隐患。②

敬畏生命的理念则提示人们留意"鼠标之下"与"触屏之下"的恻隐之心，避免"信息隔离"可能带来的坏影响，从而合理对待网络空间里的陌生人。这是文明的交往行动不可缺少的一项道德直觉。在充满陌生人的网络空间里，数字化信息之后依然是一个个活生生的人类个体，是来自世界各地丰富多样的人类生活。通过现代科学技术，世界各地的网民们能够直接地交流，这将原先需要借助想象的"同为人类"的意识具体化了。尽管地球村依然动荡，但世界各地的网民们聚集起来，就人类共同面对的问题，各自在本土上行动（即成为"全球本土化网民"），这种可能性已然出现。③

---

① 联合国报告《2017 年最不发达国家报告：变革能源准入》表明："全球 47 个最不发达国家在获得能源方面远远落后于其他发展中国家。在这些国家中，62% 人口过着没有电的生活。"2021 年，《联合国秘书长可持续发展目标进展报告》显示："新冠疫情抹去十年全球发展成果"，"在 COVID - 19 大流行之前，在减少贫困、改善妇幼健康、增加电力供应和推进性别平等等重要领域的目标落实方面取得了进展。然而，在许多情况下，这些进步的速度还不够快。此外，在减少不平等、降低碳排放和解决饥饿等真正具有变革意义的领域，进展要么停滞不前，要么倒退。"2021 年，"剑桥大学的剑桥比特币电力消耗指数显示，在全球比特币挖矿每年估计消耗 128.84 太瓦时（Twh）的能源，超过乌克兰和阿根廷等整个国家的能源消耗。"朱旌、汪璐：《联合国报告：最不发达国家 62% 人口过着无电生活》，[2021 - 07 - 14].https://www.sohu.com/a/206147986_ 120702. 中国青年网：《联合国报告：新冠疫情抹去十年全球发展成果》，[2021 - 07 - 14].http://news.youth.cn/gj/202107/t20210708_ 13079659.htm. 腾讯网：《为比特币挖矿洗脱"不环保"罪名 首个购买"碳排放权"的加密货币交易所诞生！》，[2021 - 07 - 16].https://new.qq.com/omn/20210629/20210629A07NPX00.html.

② 郑先伟：《警惕挖矿木马攻击！高校超算系统应密切注意》，《中国教育网络》2020 年第 6 期。牛耕：《一枚币值 40 万元，居民楼里在挖矿》，《财经天下》2021 年第 7 期。赵政宁、朱成庆：《非法挖矿的侦查分析——以门罗币为例》，《数码设计》（下）2020 年第 2 期。

③ 请参见第五章第三节，四"营造人类共同的意义世界"，第五章第三节，五"共同应对人类所面临的问题"。

二 居安思危并在社会舆论中维持乐观希望

不论科技水平低下的古代社会，还是当下现代社会，风险与人类同在。在与各种灾难抗争的漫长岁月里，"生于忧患，死于安乐"、"居安思危，思则有备，有备无患"等名言，体现了中华民族强烈的忧患意识。在当下的科技时代，居安思危的忧患意识，需要补充相应的科学的内涵，尤其以风险素养作为基础。立足科学素养（包含风险素养）的基础上居安思危，并在社会舆论中维持乐观——担当这样的历史责任，人类才能直面问题，善用网络公共交往，应对网络空间中存在的问题，创造可能的、美好的网络社会生活。

第一，居安思危和风险素养。

有学者主要从统计学的角度提出风险素养的含义："风险素养，就是在信息充分的情况下处理不确定性的能力。"[1] 一方面，应当培养公民的统计思维，即理解和客观估算不确定性和风险的能力。另一方面，应当鼓励、帮助公民学会承担不确定性，作出明智的决策。更多的公民具有风险素养，有助于解决社会面临的某个危机。

有的学者从流行病学的角度提出风险素养的含义："风险素养即区分不同程度风险的能力，这不只是对政策制定者的要求。对自然疾病的有效应对，需要依靠每个民众和他们保持镇静并听从指挥的程度。"[2]

不论是流行传染病的防控，还是应对生活中其他方面的危机，风险素养的关键是人们努力了解面临的可能风险，以基本的统计学知识，自觉地评估不同情况的差异，从而采取相应的应对措施。尤其在席卷全球的新冠肺炎疫情面前，人类社会需要广泛的、提高科学素养（包括风险素养）的科普教育，从而为培养居安思危的忧患意识打下扎实的科学基础。而在这种居安思危的忧患意识之上，人类才可能具有在社会舆论中维持乐观希望的力量。

第二，在社会舆论中维持乐观希望的历史责任。

新冠肺炎疫情这类全球性的突发公共卫生事件是人类社会共同面临的

---

① 参见［美］约翰·布罗克曼编著《那些让你更聪明的科学新概念》，李慧中译，浙江人民出版社 2017 年版，第 258—259 页。

② ［美］内森·沃尔夫：《病毒来袭》，沈捷译，浙江人民出版社 2014 年版，第 218 页。

问题，它所引发的公共卫生危机以及次生的经济、社会等问题，都让人倍感沉重。然而，对于人类整体而言，在社会舆论中维持乐观希望，却是生存和发展所需要的坚定信念和必要行动。鉴于网络空间已是当下形成、展现社会舆论的重要公共空间，网络公共交往已是形成社会舆论的重要方式，网民实践网络公共交往时理应重视这一历史责任。

康德曾经提出："然而一部历史是怎样先天地成为可能的呢？答案是：如果预告者本人就制造了并布置了他所预先宣告的事件的话。"① 当"人类进步"这样的观念被思想家结合时代的发展情况一再地提出，就有机会影响每一代人当中的一部分，推动他们努力实践。从积极的角度来看，这样做促成了一定程度上的"预言自动实现"。

默顿发现，众多富有洞察力的人已经留意"预言自动实现"的情况。他提出"自证预言"的理论，反映了社会信念独特的力量。"对于一种情形的公共定义（或是预言，或是断言）构成了这种情形的一个不可缺少的组成部分，并且影响着情形后来的发展。这是人类事务所独具的特征。在人类不能触及的自然界中不会发现这种情况。"② 例如，某个银行本来运行良好，但关于该银行破产的谣言，却可能使存款人相信它将要倒闭而纷纷前去提款。错误的信念最终导致该银行真的倒闭。默顿认为，如果缺乏慎重的"制度化控制"，自证预言就会起作用，各种各样的忧虑最终转变成为现实；消解自证预言的办法在于："只有对当初的假设提出疑问并且引进新的定义，后来的事件系列才能使那个初始假设成为谎言。只有这样，这种信念才不会生成事实。"③

综合来看，对于极端悲观的社会信念，我们一方面需要澄清该观点蕴含的错误假设，另一方面更需要改进社会中可能助长这些极端悲观的社会信息的某些制度或做法。而对于乐观的社会信念，一方面我们需要提供、核实相关的科学依据，另一方面则需要相关的制度上的支持和具体行动。

作为人类的一员，在一定的科学素养尤其是风险素养的基础上，在社

---

① ［德］康德：《永久和平论》，何兆武译，上海人民出版社2005年版，第67页。

② ［美］罗伯特·K. 默顿：《社会理论和社会结构》，唐少杰、齐心等译，译林出版社2006年版，第635—636页。

③ ［美］罗伯特·K. 默顿：《社会理论和社会结构》，唐少杰、齐心等译，译林出版社2006年版，第638页。

会舆论中维持乐观希望，并非过于天真。面对艰难时世，史怀哲依旧选择相信真理，对人类追求真理的精神力量充满信心，在意愿和期望方面保持乐观。"伦理性地肯定世界，本身就包含着一种永不消失的乐观意识和期冀。因此，它从不会害怕直面惨淡的现实。"① 建立居安思危基础上的乐观希望，也正是这样一种"伦理性地肯定世界"的做法。

乱世从来是广大民众的灾难，和平和发展对于具有局限性的人类个体非常可贵。如今，维护法治的社会文明秩序（在现代社会里，这意味着充足的物质生活和丰富的精神生活），这样的追求对于人类成员来说，已成为实实在在的历史责任。我们人类只有怀着乐观的信念，依靠科学知识，脚踏实地研究、解决本土的各种具体的社会问题乃至人类共同面对的、全球性的问题，才能尽力避免种种末世论从忧虑变成现实。② 尤其在信息传播即时迅捷的网络空间中，对于这种历史责任的自觉意识应当成为网络公共交往的观念先导，导向在过度悲观和极度乐观之间选择中道，避免社会舆论走向极端。

面对处于新冠肺炎疫情中的世界，医学的目的总是希望给予病人帮助、助其恢复健康。我们研究、解决各种具体的社会问题乃至全球问题，也应当借鉴医学的人文精神。"诚如威廉·奥斯勒所言，临床工作的三条基线是：心地善良、心路清晰、心灵平静。借此，我们可以透析纷乱复杂的临床医疗中的医院、医生，病人、病家，社会、体制的各种现象和问题，厘清正确与错误、主要与次要、材料与方法，即是与非的界定，以做到'你必须'或'你应当'。"③ 在知识的基础上，"心地善良、心路清晰、

---

① 史怀哲同时写道："源自真理的精神力量必定会盖过现状所造成的压力。在我看来，除了凭借自身心理和精神之癖性创造的命运，人类再无任何其他可能的期待。为此，我并不肯相信人类会沿着毁灭之路一直走到尽头。假如有这样一类人，他们不仅敢于反抗精神盲目的局面，而且真诚、深刻到足以传播伦理进步之理想，那么我们就能预见一种新的精神动力随之显现。它是如此强大，足以唤起潜藏于人类内心的某种情感。"［法］史怀哲：《敬畏生命：史怀哲自传》，杨巍译，江苏凤凰文艺出版社2017年版，第234—235页。

② 在具体行动中，正如管理学上的"斯托克代尔悖论"强调信念和用于实际行动的原则的区别：乐观的信念指向未来，但必须用实际行动的原则应对当下现实。"这是一个非常重要的教训。你不能把信念与原则搞混，信念是你一定会成功——这点你可千万不要失去了——而原则是你一定要面对现状中最残忍的事实，无论它们是什么。"换言之，前途是光明的，道路是曲折的，关键是具有乐观的信念，并直面危机，寻找解决问题的办法。参见［美］吉姆·柯林斯《从优秀到卓越》，俞利军译，中信出版社2002年版，第79—106页。

③ 郎景和：《一个医生的故事》，北京联合出版公司2015年版，第323—324页。

心灵平静"是医务工作者的美德体现。对于病人，医生"有时去治愈，常常去帮助，总是去安慰"①。帮助和治愈，系指医生的实际行动；安慰则是医生凭借知识与信念，科学地评估事实之后，慰藉人心的做法。不论应对疾病还是其他问题，在听"天命"之前，我们必须先尽"人事"的努力。

对于科技时代的人类来说，面对危机和问题这样的"临床工作"时刻，人类个体之间交流善意，守望相助，方能维持人类共同的乐观希望。这不仅仅是医生追求的美德，而应当是科技时代的人们共同的德性追求。在网络空间这个人类有史以来最大的信息交流环境中，当网民们直面问题，善用网络公共交往时，这样的德性追求不会缺席。

三　在公共交往中形成改善现代权力系统的合力

我们生活于其中的现代权力系统，作为支配社会生活的主要结构，恰如双刃剑，既推动了社会的飞速发展，同时也带来了各种问题。要维系世界上 70 多亿人口的生存与发展，人类不可能离开以现代科学技术为基础的现代权力系统。因此，不断地以价值理性促进现代权力系统的文明运作，成为人类共同的现实选择。文明化现代权力系统，需要千千万万公众的共同努力。对于个体来说，参加某个或一些公共讨论或民主商议，即进行公共交往，以形成改善权力系统的合力，既是践行积极公民的义务，也是发展自身的能力。换言之，以各种公共领域作为桥梁，公众将个体的感受、经验和知识汇集起来，以合法的方式导入权力系统，把生动活泼的生活世界和权力系统联系起来，在监督约束各种权力以维护权利的同时，也论证了权力系统的合法性，督促权力系统文明运作。这是一个开放的、宏大的问题，本书主要结合网络公共交往进行探索。

现代科学技术是现代人类个体难以回避的基本力量，尤其现代技术直接作用于我们生活的方方面面，与社会生活有着千丝万缕的联系。网络空间作为信息方面的社会基础设施，与网下实实在在的现代社会生活如影随形。无论是在社会舆论中维系乐观的希望，还是持续地文明化现代权力系统的实际行动，都需要个体在日常生活中，合理运用技术，通过网上或网下的公共交往，才能将"建立在知识基础之上的这种希望进一步变成尽可

———————

① 姚志彬编著：《让人文照亮医学》，花城出版社 2017 年版，第 74 页。

能多的人们的意志和行动"①。

芬伯格指出:"在任何社会关系是以现代技术为中介的情况下,都有可能引入更民主的控制和重新设计技术,使技术容纳更多的技能和主动性。"② 网络空间本身正是现代科学技术创造出来的大型社会化工具,在其中还有各种各样的社会化工具被创造和使用。在日常生活中,亿万网民已经根据不同的兴趣,使用各种不同的社会工具进行交流,时而创造出新的使用方法。这种通过数字化信息进行交往的复杂场景在人类历史上第一次出现,恐怕是现代科技时代最为特别的情形。

舍基的研究表明,互联网的力量使得构建群体在技术上变得简单,而有效的社会化工具改善了网络中的群体行为(网络群体行为根据难度区分为:共享、合作和集体行动)。胡泳提出,互联网时代的技术发展给"干巴巴"的技术世界增添了人的关系,带来一种具有人文精神的趋势:"人和人可以超越传统的种种限制,基于爱、正义、共同的喜好和经历,灵活而有效地采用多种社会化工具联结起来,一起分享、合作乃至展开集体行动。"③

既然各种网络群体和网络交往已经出现,而且现代人为了生存与发展,难以舍弃网络空间这一海量的信息交流环境,那么,关键的问题就在于人们如何"有效"地创造和使用这类社会化工具,追求好的价值目标。舍基认为,"社会化工具的成功应用并无诀窍,而每个有效的系统都是社会因素和技术因素混合作用的结果。"④

综合来看,网络空间为人们组成大大小小的群体,聚合群体的实践智慧创造了一定的可能性。但网络空间作为社会化工具,既可能被用于黑暗的目标、造成伤害,也可能汇聚善意和智慧,促进人的发展。并且,网络空间作为重要的信息交流环境,与现代社会生活如影随形,权力系统主导支配社会结构的作用,同样也延伸到网络空间里。网络空间中,改善权力

---

① 童世骏:《批判与实践:论哈贝马斯的批判理论》,生活·读书·新知三联书店2007年版,第308页。

② [美]安德鲁·芬伯格:《技术批判理论》,韩连庆、曹观法译,北京大学出版社2005年版,中文版序言第2页。

③ [美]克莱·舍基:《人人时代:无组织的组织力量》,胡泳、沈满琳译,浙江人民出版社2015年版,译者序Ⅷ。

④ [美]克莱·舍基:《人人时代:无组织的组织力量》,胡泳、沈满琳译,浙江人民出版社2015年版,第211页。

系统的努力，不仅止于网下的权力系统、同时也包括网络空间本身。因此，善用网络空间、文明化网络空间，不单单是科技时代中个体需要采取的生活策略，也是个体作为公民应当承担的一项义务。网民作为积极公民进行网络公共交往，恰恰形成了除了技术因素之外，网络空间这一社会化工具成功运用所需要的、重要的社会因素。

善用网络空间、文明化网络空间，首先是追问"人类需要什么样的信息技术"？"我们会看到问题不在于我们是否应该拥有技术，而是在于我们应该接受冷酷的、无意志的技术还是应该接受有机的、具有生命力的技术。"① 对于信息技术如何使用和发展，不但专业人士和管理者有发言权，广大网民作为使用者同样有权利也有责任发出自己的声音。例如，日常生活中一些信息技术在追求利润的商业驱动下，无孔不入地收集个人数据，侵犯个人隐私。这样的现象提醒我们，技术应当为人类的尊严和真正需要服务，而不是相反。

其次，对于通过网络空间汇集群体的实践智慧、解决人类社会中的各种问题，网民人人有责任也有能力发挥一定的作用。

通过公共交往尤其是网络公共交往，我们有可能在全世界整合人类的想象力、经验和知识，破除一定的、阻碍各种好的发明产生的障碍。"假如我们可以利用 70 亿人思维中的巨大差异，那么我们就会更有可能发现那些默默无闻的、简便的解决方案。"② 肯尼迪设想："我们需要创建另外一套模拟自然界的发明系统……我们需要能够保护我们人类身体的研发系统——那种公开、自由、适应性强的系统。这种系统必须能够从每一次攻击中获取力量，必须与遭受苦难者关系密切，而不是与之隔离。遭遇技术失败的那些人，领先用户、检举揭发者（在此指'指出缺陷的人'，如监督机构、批评家和改革家，肯尼迪认为他们有力地推动技术进步。——笔者注）、患者、弱势群体以及穷人，是最能够诊断出我们所面临的问题的人。他们是，或者说必须是，研发工作的中坚力量。"③

---

① ［美］布莱恩·阿瑟：《技术的本质：技术是什么，它是如何进化的》（经典版），曹东溟、王健译，浙江人民出版社 2018 年版，第 240 页。

② ［美］帕甘·肯尼迪：《想象思维：为什么有人想到了你想不到的》，杨清波译，中信出版社 2018 年版，第 262 页。

③ ［美］帕甘·肯尼迪：《想象思维：为什么有人想到了你想不到的》，杨清波译，中信出版社 2018 年版，第 267 页。

　　从促进人类的生存与发展的角度出发，在各种公共交往中，并不存在所谓对于社会来说多余的"无用之人"。在聚集群体的实践智慧的过程中，不论是专业人士还是普通公众，每个有理性的个体基于各自不同的生活环境、生活经验、知识和想象力，都能够有所贡献。专业人士和普通公众的公共讨论，有助于共同发现各种社会问题的症结所在，考虑并平衡各方的合理利益，形成合理的共识和行动方案；并且，所提出的行动方案今后才能真正得以执行。而一个个具体的社会问题的解决，通过制度改进，能够累积成为改善现代权力系统的合力。

　　对于专业人士来说，面对相关的社会问题，专业人士应当承担起相应的社会责任，与公众对话，一起探讨解决某个社会问题的可能方案。如今专业知识分工细密，科学技术的复杂性前所未有，"隔行如隔山"。在公共交往中，专业人士应当留意以可被理解公众的方式，阐释相关的知识。一方面，这有助于普及知识，增进公众的知识及科学素养，从而实现公共交往的"可领会性"这一有效性要求。另一方面，由于各行业的专业术语实际上形成了一定的权力建构，与公众对话交流时，专业人士"说人话"意味着促使权力系统向着生活世界开放，其运作方式更人性化。①

　　对于普通公众来说，通过公共交往，学习一定的知识、培育科学素养，运用自己的理性发言——这是自我的启蒙，发展自己的能力；同时也是个体作为一名公民，为改善置身于其中的社会的必要努力。对于网民来说，追求一定公共性的网络公共交往本身正是人们尝试善用现代科学技术的一种行动，旨在汇集文明化现代权力系统、促进社会文明发展的合力。

　　约纳斯写道："既然我们都是体制的共同当事人，由于我们靠着体制及其滥用的成果过活，那么，我们所有的人（我们中的每一个人）就能够为改变其危险状况做点事情……归根结底，人类的事业很可能受到来自下面的而非来自上面的推动。变好还是变坏，这些重大的看得见的决定将在政治层面上做出（或者也被耽误）。但是，我们大家可以悄悄地为此准备基础，我们从自身开始。这个开端就是现在和这儿，正如在所有的善和正

---

　　①　日常生活中，在网上的讨论区里，有的网民会表示希望有"课代表"出现，对专业人士的话或正式文件进行总结或说明，以便缺乏相应知识背景的网民了解情况。而主流媒体经常在正式规范文件出台之后，跟进发布专家访谈或图示简化内容。通过便于公众了解的方式，发布信息，这也是文明化现代权力系统的一种具体做法。

义中。"① 对于我们置身于其间的现代权力系统的文明运作，乃至促进整个社会的文明发展，人人有责。②

第二节　网络公共交往与合作模式
公民社会的健康成长

我国自改革开放以来，国家与社会发生了一定的结构分化，"以产权的多元化和经济运作市场化为基本内容的经济体制改革则直接促进了一个具有相对自主性的社会的形成"③。网络空间的出现，恰逢我国社会主义公民社会④，即现代民间组织和民间关系正在成长之中。

一　"公民社会"：立足于生活世界的现代民间组织和民间关系

本书所用的"公民社会"这个概念主要借鉴哈贝马斯⑤和俞可平两位学者的理论分析，指各种非政府的、非经济的现代民间组织和民间关系的

---

①　［德］汉斯·约纳斯：《技术、医学与伦理学：责任原理的实践》，张荣译，上海译文出版社2008年版，第52页。

②　以防控新冠肺炎疫情为例，科学地戴口罩是一个有效的医学措施。试想，如果某个政府对于医学专家的劝告置之不理，而专家们又和广大公众缺乏足够的公共对话和交流，广大公众不理会专家的劝告，社会上甚至出现歧视戴口罩的人的现象。最终整个国家和社会没能及时有效地动员起来，导致伤亡惨重。这样的情况在世界上有的国家，例如在美国、巴西，不幸出现了。

③　孙立平、王汉生、王思斌、林彬、杨善华：《改革以来中国社会结构的变迁》，《中国社会科学》1994年第2期。

④　参见俞可平《论国家治理现代化》，社会科学文献出版社2015年版，第123页。

⑤　李佃来指出：哈贝马斯对市民社会的探讨分为两个阶段。第一个阶段从历史的角度分析市民社会尤其是公共领域的发展演变。第二个阶段引入交往行动，从规范的角度，建构生活世界这一概念，规约市民社会。"如果说，第一阶段架构的是一种政治国家（公共权力领域）——市民社会（经济领域+公共领域）的分析模式，那么，第二阶段则架构的是一种系统（政治+经济）——市民社会（生活世界）的分析模式。"第二阶段的思想体现在哈贝马斯的著作如《交往行为理论》《在事实与规范之间：关于法律和民主法治国的商谈理论》等。笔者认为，在第二阶段里，如在《在事实与规范之间：关于法律和民主法治国的商谈理论》一书，哈贝马斯使用德语"Zivilgesellschaft"一词来表述Civil Society的意思。这时，哈贝马斯的"市民社会"概念里已经不包含经济领域。如果将"Zivilgesellschaft"译为"公民社会"，既能体现概念的变化，也更方便区分。李佃来：《公共领域与生活世界——哈贝马斯市民社会理论研究》，人民出版社2006年版，第75页。参见［德］哈贝马斯《在事实与规范之间：关于法律和民主法治国的商谈理论》修订译本，童世骏译，生活·读书·新知三联书店2011年版，第1、452—454页。

总和。现代民间组织和民间关系立足于生活世界①之上，介于国家与市场之间。我国现代民间组织和民间关系的主体是所有具有平等法律地位的公民，不论其具体地域所在，也不论其经济地位如何。

　　李永杰通过对公民社会理论的历史考察，提出："现代公民社会的内涵是随着历史的演变而逐渐形成的。古代的公民社会是与'自然状态'对应的'政府状态'；近代公民社会（市民社会）奠基于政治国家和公民社会二分，公民社会（市民社会）是政府之外的包括市场在内的所有领域；而现代公民社会则是建立在政治国家——市场——公民社会三分的基础上的。而在现代公民社会中，核心要素就是……现代社会组织。"② 以往"政治国家——公民社会"二分法，将民间组织和民间关系都归于经济系统，都化约为市场经济关系。而这种"政治国家——市场——公民社会"三分法是为了反映社会现实的发展：经济系统已经构成了一个相对独立的领域。并且，现代的民间组织和民间关系有着市场经济关系之外，更为丰富的内容，例如慈善组织、志愿者组织等。

　　哈贝马斯在后期著作里运用了这种"政治国家——市场——公民社

---

　　① 哈贝马斯认为，生活世界构成了交往行动的背景。生活世界由不同因素组成，这些因素包括文化、社会和个人。文化促进交往个体之间相互理解，个体之间通过交往行动达成共识，将会增加社会文化知识。社会提供的规范，促进交往个体之间的合作，而交往行动则促进社会的联合。个人通过交往，实现社会化，促进个人的同一性。正如哈贝马斯写道："我把文化称之为知识储存，当交往参与者相互关于一个世界上的某种事物获得理解时，他们就按照知识储存来加以解释。我把社会称之为合法的秩序，交往参与者通过这些合法的秩序，把他们的成员调节为社会集团，并从而巩固联合。我把个性理解为使一个主体在语言能力和行动能力方面具有的权限，就是说，使一个主体能够参与理解过程，并从而能论断自己的同一性。"杨栋柱分析道："因为生活世界作为交往行动产生的场域，是一种具有背景性和前提性的东西。不同的主体在进行交往时，总是基于生活世界这一活动范围，进而达到相互理解和支持。尽管每个主体的生活世界有所不同，或大或小，或分散或集中，但是他们的生活世界都是一种前在的、现实的背景，构成了交往行动的前提并对交往行动产生着至关重要的影响。所以任何一个个体都离不开生活世界，生活世界是个体生存和发展的条件。每一个人，不论是在哪里，不论是独居还是群处，他一直都是在一种主体间所共同拥有的世界里存在，人们的共有生活世界就像一篇文章里的语境和文本，相互影响，相互渗透，最终相互支撑构成一个网络。也恰是由于生活世界的存在，才为主体间的相互理解和沟通提供了可能。这样，交往行动才能展开，社会才得以形成，个体才能发展。"［德］哈贝马斯：《交往行动理论·第二卷——论功能主义理论批判》，洪佩郁、蔺青译，重庆出版社1994年版，第189页。杨东柱：《如何过一种理性的生活——论哈贝马斯对生活世界的合理化构建》，《理论界》2016年第7期。

　　② 李永杰：《现代社会组织与社会和谐发展》，社会科学文献出版社2014年版，第35页。

会”三分法来分析社会现实。这种变化直接体现在他运用德语中的
“Zivilgesellschaft”，而不是用德语“Bürgerliche Gesellschaft”，来表达“市
民社会”。哈贝马斯认为今天被称为“市民社会”（即“公民社会”，德语
“Zivilgesellschaft”，英语“Civil Society”）的，“构成其建制核心的，是一
些非政府的、非经济的联系和自愿联合，它们使公共领域的交往结构扎根
于生活世界的社会成分之中。组成市民社会的是那些或多或少自发地出现
的社团、组织和运动，它们对私人生活领域中形成共鸣的那些问题加以感
受、选择、浓缩，并经过放大后引入公共领域。旨在讨论并解决公众普遍
关切之问题的那些商谈，需要在有组织公共领域的框架中加以建制化，而
实现这种建制化的那些联合体，就构成了市民社会的核心。”①

　　哈贝马斯指出公共领域的重要作用：作为调节国家、社会和公民之间
关系的中介，公共领域与生活世界中的私人领域保持有机的联系，成为社
会问题的预警系统与传感器。他尤其重视政治公共领域的作用。“也就是
说不仅仅觉察和辨认出问题，而且令人信服地、富有影响地使问题成为讨
论议题，提供解决问题的建议，并且造成一定的声势，使得议会组织接过
这些问题并加以处理”。② 人们在政治公共领域中，“对现行的政治系统进
行理性的反思、监督和批判，以公共事务为主题，进行自由对话和公共讨
论，提出各种公共意见、形成公共舆论，为政治系统提供具有厚实民意基
础的、参考性的问题解决方案。”③（当然，实际上，公共领域并不仅仅只
有政治公共领域，正如公共议题并不局限于政治性的事务。网络公共领域
的多样性也反映了这一点。）

　　哈贝马斯提出了用于观察和批判现代社会公共生活的重要模式（本书
借鉴这一模式，并尝试加以扩展，用于分析网络公共交往）：立足于生活
世界之上的民间组织和民间关系——公共领域——权力系统（国家权力）。
公民的公共交往形成了各种公共领域，将生活世界和权力系统联系起来。
公共领域像一座桥梁，在这座桥梁的两端，一端是立足于生活世界的公

---

　　① ［德］哈贝马斯：《在事实与规范之间：关于法律和民主法治国的商谈理论》修订译本，
童世骏译，生活·读书·新知三联书店 2011 年版，第 453 页。
　　② ［德］哈贝马斯：《在事实与规范之间：关于法律和民主法治国的商谈理论》修订译本，
童世骏译，生活·读书·新知三联书店 2011 年版，第 444 页。
　　③ 傅永军：《公共领域与合法性——兼论哈贝马斯合法性理论的主题》，《山东社会科学》
2008 年第 3 期。

民，另一端是权力系统。如果公民缺席公共领域，或者公民在公共领域中缺乏公民意识，那么权力系统将会因为欠缺来自生活世界的鲜活的内容而趋向僵化。反之，公民们在公共领域中的公共交往，能够将权力系统与实实在在的日常生活联系起来，将来自生活世界的需要、意义、价值这些鲜活的因素，以合法的方式导入庞大的权力系统中；进而促使权力系统以文明合法的方式运用权力，体现权力的公共性。

根据哈贝马斯的公共领域定义，他所强调的权力系统系指国家权力。本书则将权力系统理解为广义的权力系统，指科技时代支配社会的主结构，现代社会公共生活中政治、科学、技术、经济、文化等各方面权力所构成的现代权力系统。为了促使整体权力系统的文明运作，公共交往应当立足生活世界，面向各个权力领域进行。

广义地看，公共交往的过程，实际上是权力系统内外的公民一起论证现代权力系统合法性的过程。公民们的公共交往方式应当是合法、理性、文明的，交往的目的应当着眼于公共利益，旨在追求公共性。因此，建立在公民们良好的公共交往之上，公共领域乃至整个民间组织和民间关系并非制造混乱的对抗模式，而应当是文明的合作模式。

由此，我国社会主义公民社会（现代民间组织和民间关系）应蕴含活泼的、文明的公共领域，在其中公民立足于公共交往伦理基础之上，通过守法而积极的交往行动，和权力系统进行理性对话，促使权力系统文明运作。也正是在这层意义上，个体作为公民在公共领域里进行良好的公共交往，成为从"统治"转向"治理"的现代文明社会对于公民的一种期待。① 换言之，实现国家治理的现代化需要公民们普遍地进行追求公共性的公共交往，包括在网络空间中进行网络公共交往。

二　合作模式的网络民间组织和民间关系

随着经济的发展和民主政治的发展，我国社会生活中的各种民间组织

---

① 俞可平指出："马克思主义坚持认为，作为政权的国家必然要逐渐消亡。在作为'自由人联合体'的共产主义理想社会中，国家已经不复存在了。马克思的这一观点，惊人地预言了当代政治发展的一个重要趋势，即人类政治过程的重心已经开始从统治（government）逐渐转向治理（governance）。统治是政府或公共权力机构对社会事务的单向强制性管理，而治理则是官民对公共事务的合作管理。现代政治的重心开始从统治向治理的转型，是国家消亡的逻辑结果；而'少一些统治，多一些治理'的政治要求，则符合马克思主义关于国家将逐渐消亡的历史性预言。"俞可平：《让国家回归社会——马克思主义关于国家与社会的观点》，《理论视野》2013年第9期。

和民间关系已然出现；随着网络的飞速发展，在网络空间中，各种民间组织和民间关系已然延伸或发展起来。

俞可平指出："我们把公民社会当作是国家或政府系统，以及市场或企业系统之外的所有民间组织或民间关系的总和，它是官方政治领域和市场经济领域之外的民间公共领域。公民社会的组成要素是各种非政府和非企业的公民组织，包括公民的维权组织、各种行业协会、民间的公益组织、社区组织、利益团体、同人团体、互助组织、兴趣组织和公民的某种自发组合等等。由于它既不属于政府部门（第一部门），又不属于市场系统（第二部门），所以人们也把它们看作是介于政府与企业之间的'第三部门'（the third sector）。"①

李永杰认为现代公民社会的核心要素是现代社会组织，具有典型意义的现代社会组织类型包括：慈善组织、行业协会、商会、基金会、志愿者组织、农民专业合作社和民间环保组织等。现代社会组织是政府的有力补充，能够促进社会的和谐发展。②

我国社会主义公民社会（现代民间组织和民间关系）是政府主导型的。现代民间组织的成立需要依法登记。和政府机构和企业不同，现代民间组织具有非政府性、非营利性、相对独立性和自愿性等特点。③ 但现代民间组织有自己的组织机制和管理机制，具有一定的行动能力，成为网下

---

① 俞可平认为，"公民社会"是改革开放后我国学界对于"civil society"的一个新译名，"它强调 civil society 的政治学意义，即公民的公共参与和公民对国家权力的制约，越来越多的年轻学者喜欢使用这一新的译名"。俞可平：《中国公民社会：概念、分类与制度环境》，《中国社会科学》2006 年第 1 期。

② 参见李永杰《现代社会组织与社会和谐发展》，社会科学文献出版社 2014 年版，第 35、133—144、7 页。

③ 俞可平认为："作为公民社会主体的民间组织，指的是有着共同利益追求的公民自愿组成的非营利性社团。它有以下四个显著的特点。其一是非政府性，即这些组织是以民间的形式出现的，它不代表政府或国家的立场；其二是非营利性，即它们不把获取利润当作生存的主要目的，而通常把提供公益和公共服务当作其主要目标；其三是相对独立性，即它们拥有自己的组织机制和管理机制，有独立的经济来源，无论在政治上、管理上，还是在财政上，它们都在相当程度上独立于政府；其四是自愿性，参加公民社会组织的成员都不是强迫的，而完全是自愿的。民间组织的这些特征，使得它们明显地区别于政府机关和企业组织。此外，它还有非政党性和非宗教性的特征，即它不以取得政权为主要目标，也不从事传教活动，因而政党组织和宗教组织，不属于民间组织的范围。"俞可平：《中国公民社会：概念、分类与制度环境》，《中国社会科学》2006 年第 1 期。

现代公民社会的核心要素。

　　网络空间作为信息交流环境，为信息传递和交流提供了极大的便利，网下的民间组织和民间关系自然地延伸到网络空间中。一方面，网下原本丰富多样的民间组织延伸到网络空间中，在网上出现相应的信息形式，在网上开展活动。另一方面，各种民间关系在网上迅速发展起来，表现为网络舆论和网络群体的出现。广大网民在各种网络公共空间中发言，形成了位于各网络公共空间中的网络舆论。与此同时，网民们出于各种兴趣组成了不同的网络群体。网络群体丰富多样，组织的程度不同，行动能力也不同。有的网络舆论、网络群体的影响延伸到网下，呈现出网上网下互动的形态。

　　朱鑫灏梳理了相关学者对我国"网络公民社会"的研究，提出"网络公民社会可以被简单地界定为：利用互联网技术而在虚拟空间中发生的，以社会交互、公共论辩、集体行动、自我组织、公共参与和监督为基本表现的，独立于公共权力领域和市场经济领域而自主运行的社会自治空间，是人们参与社会公共生活、嵌入公共治理格局的一种重要的社会性实体力量"①。"网络公民社会"之可能需要两个基础条件：第一，"网络公民社会"作为形成网络舆论的网络公共空间，受国家的依法监管，但并不是公共权力领域的附属，具有相对的独立性。第二，"网络公民社会"具有一定的公共性。"互联网就像一条能量巨大、囊括范围极广的洪流，可以把所有人（只要可以使用网络的人都可以包括在内）都卷进公共生活当中。人们可以通过这条洪流并在这条洪流中表达自己的政治理念、利益诉求、价值偏好——可以向政治系统输入自己的意见和建议，进而使社会个体嵌入公共决策。具体而言，表现在三方面：形式上具有开放性、信息流向公共权力领域、内容上指向公共事务。"② 在此基础上，朱鑫灏提出理想状态的"网络公民社会"需要三个条件：公民条件（具有主体意识、公共意识和自治意识的公民），技术条件，以及合作模式的制度条件（政府和网络公民社会合作互动）。合作模式一方面表现为政府通过网络与民间进行信息沟通。另一方面表现为政府有意识地引导和支持体制之外的社会的成长

① 朱鑫灏：《网络公民社会研究》，中国社会科学出版社 2014 年版，第 26 页。
② 朱鑫灏：《网络公民社会研究》，中国社会科学出版社 2014 年版，第 91 页。

成熟，将"网络公民社会"视为"合作伙伴"，与政府良性互动，合作进行公共治理。① 在此，"合作模式"涉及的双方是政府和民间（网络民间组织和民间关系）。

如果进一步考虑国家治理包含了社会治理②，那么只强调政府和民间（网络民间组织和民间关系）的合作治理可能还不够，还需要扩展开来，进一步看到现代权力系统的其他方面，例如经济、科学、技术、文化等领域与各种民间组织和民间关系的合作治理。在网络空间中，除了政治公共领域以外，其他类型的公共领域的出现，也提示了现代权力系统的复杂性。③

不论网络空间呈现了多么复杂的网络活动，在网络公共交往中，人始终是最关键的因素；不论技术条件或制度条件，都需要人来加以实现。网络中的公共领域，需要广大的网民以实际行动维护和发展。如果网络中的民间组织和民间关系具有一定的行动力量，也需要通过广大网民的网络公共交往加以实现。

既然网络民间组织和民间关系已经出现，并且权力系统内外的公民都可能成为网民，那么对于网络空间，关键的问题是：如何提升存在于其间的网络公共交往的品质，发挥网络民间组织和民间关系的力量，创造各种良好的公共领域，在与权力系统各个方面进行合作治理的过程中追求公共性。换言之，合作模式的网络民间组织和民间关系建立在网民们广泛的、良好的网络公共交往基础上，应当出现在网上的国家治理（包括社会治理）的各个方面。

网民是网络公共交往的主体。良好的网络公共交往，依托网民的德性和能力，在一定的技术条件和适当的制度环境基础上，才能创造各种具有公共性的网络公共领域，共同建设健康且有活力的社会。对于生活在社会中的个体而言，进行网络公共交往，创造网络公共领域，指向一个切身的

---

① 参见朱蠡灏《网络公民社会研究》，中国社会科学出版社 2014 年版，第 206—207 页。

② 参见原新利、张有亮、贾军《民生视角下社会治理的法治供给研究》，中国民主法制出版社 2017 年版，第 25—31 页。

③ 为体现国家治理的丰富含义和现代权力系统的复杂性，本书没有使用"网络公民社会"这一术语，而是使用"网络民间组织和民间关系"，并认为理想的"网络民间组织和民间关系"是合作模式的。

目的：促进我们生活于其间的现代权力系统文明运作，促进社会的文明发展，从而实现美好的社会生活。

良好的网络公共交往如何促进社会主义公民社会（合作模式的公民社会；现代民间组织和民间关系）的健康成长？规范层面的思考总是具有一定的理想性质。不过，规范和事实相互映照，有助于直面当下的不足之处，探索实践的途径。

三　网络公共交往产生多元的公共领域

当网民公开发布和讨论某个公共议题的网络信息，最基本的网络公共领域就在网络空间里出现了。网民们的兴趣各不同，相应地，所产生的网络公共交往/领域的内容丰富多样。尽管网络公共领域各式各样，或弱或强，品质不一，但毕竟最基本的网络公共交往产生了各种网络公共领域，体现了网民们关心公共利益的公民意识。

政治型网络公共领域，往往关注社会热点问题，并且可能直接影响政策制定甚至立法，总是备受舆论关注。

哈贝马斯对欧洲公共领域发展历程的分析显示，在欧洲历史上，政治公共领域是公共领域最重要的类型。根据哈贝马斯的研究，在欧洲资产阶级公共领域出现之前，曾经出现过古典公共领域和代表型公共领域。欧洲古典公共领域以古希腊城邦的公共生活为典型。公民在广场上参加公共生活（政治生活），公共领域建立在公民的各种对谈和实践基础上；公民在公共领域里进行论辩、竞技等实践，彰显自己的个性。欧洲中世纪代表型公共领域系指贵族等特权阶层在公开场所，展现自己的地位和对于国家的所有权，也属于政治公共领域。资产阶级的公共领域先是在文学公共领域里发生，由于文学公共领域提供了市民进行公共批判的场所和练习，而后逐渐发展出在市场经济和国家之间进行调节的政治公共领域。①

随着互联网在社会生活中广泛运用，不少学者赞同网络空间拓展了公共领域。例如，许英认为：在信息时代，网络公共领域将成为"良性的社会纠错机制"，影响现实科层体系的运作和决策。"理论上，这种全球化的

---

① 参见［德］哈贝马斯《公共领域的结构转型》，曹卫东等译，学林出版社1999年版，第3—11、55—60页。

'网际公共领域'已经成为继古希腊'城邦型'、欧洲中世纪'代表型'和近代西欧'市民型'之后公共领域的第四种类型。"① 杨仁忠指出，"网络传媒构成的公共领域是一种全民参与、网状论辩、空前多元的新型结构"，"促进民主政治的发展从而重兴了政治公共领域。"② 罗亮认为，"网络的民主价值主要体现在网络技术为政治主体提供了一个'表达的空间'和'对话的广场'，从而在网络空间中重建了'公共领域'的民主公共生活。网络公共领域是一个由网络媒介，尤其具备 Web2.0 技术特征的网络媒介所构筑的一种全新形式的公共领域。……公民在网络公共领域中的行为主要是网络表达、讨论以及由此形成的公共舆论。"③ 上述学者的论述对于政治公共领域最为重视。目前看来，在讨论网络民间组织和民间关系时，将政治公共领域几乎视同公共领域，是个较为常见的做法。④

　　不过，对于网络公共领域类型的丰富性，我们应当予以正视。如果我们将网络空间视为社会信息交流环境——各种现实社会活动在信息层面上的拓展，那么社会中的各种公共领域也会逐渐呈现在网络空间，而不仅是政治公共领域。

---

① 参见许英《中国茶遐思——公共领域与信息时代》，载张立升主编《社会学家茶座》2004年第 2 期总第 7 辑，山东人民出版社 2004 年版，第 148—150 页。
② 杨仁忠：《公共领域论》，人民出版社 2009 年版，第 285 页。
③ 罗亮：《网络空间的民主生活实践：民主视野下的网络公共领域及其治理研究》，中国社会科学出版社 2017 年版，第 156 页。
④ 实际上，其他类型的公共领域里的人们，也可能就公共利益问题展开讨论，形成各种公共意见或开展行动。只是政治公共领域最直接地和国家公权力相关联，涉及的公共讨论也最引人注目。哈贝马斯在追溯欧洲公共领域的发展历程之后，着眼于现代社会时，显然集中关注了政治公共领域。参见哈贝马斯提出的"公共领域"的定义："所谓'公共领域'，我们首先意指我们的社会生活的一个领域，在这个领域中，像公共意见这样的事物能够形成。公共领域原则上向所有公民开放。公共领域的一部分由各种对话构成，在这些对话中，作为私人的人们来到一起，形成了公众。……当他们在非强制的情况下处理普遍利益问题时，公民们作为一个群体来行动；因此，这种行动具有这样的保障，即他们可以自由地集合和组合，可以自由地表达和公开他们的意见。当这个公众达到较大规模时，这种交往需要一定的传播和影响的手段；今天，报纸和期刊、广播和电视就是这种公共领域的媒介。当公共讨论涉及与国家活动相关的问题时，我们称之为政治的公共领域（以之区别于例如文学的公共领域）。……'公共意见'这一词汇涉及对以国家形式组织起来的权力进行批评和控制的功能。……公共领域是介于国家与社会之间进行调节的一个领域，在这个领域中，作为公共意见的载体的公众形成了，就这样一种公共领域而言，它涉及公共性的原则——这种公共性一度是在与君主的秘密政治的斗争中获得的，自那以后，这种公共性使得公众能够对国家活动实施民主控制。"参见［德］哈贝马斯《公共领域》，汪晖译，载汪晖、陈燕谷主编《文化与公共性》，生活·读书·新知三联书店 2005 年版，第 125—126 页。

政治公共领域依然非常重要，但网络空间、网络公共交往则涉及更多类型的公共领域。现代社会是复杂的大规模社会，如今网民表达公共关怀、追求公共性的行动是多元的。网民可能因为利益关系或者无关功利的好奇心，去了解更多的网络信息；也可能根据自己的兴趣和能力，进行网络公共交往，实现自己关心的某种公共性。现实生活中，关于各个知识领域、各种职业、各个地区生活、各种爱好等丰富话题的网络公共领域纷纷出现，且公共性强弱各异。

除了那些具有相对固定网络场所的网络公共领域之外，网络活动的流动性，使得网民可能在各种网络活动中，创造出一定的公共领域。甚至在网购这类经济活动中，因为网民同时进行的网络公共交往，网民在个人网络经济活动中也能够创造出一定的网络公共交往/领域，甚至将弱网络公共交往/领域汇集成为强网络公共交往/领域。

例如，有的电子商务卖家加入公益计划，在所售商品成交的同时，进行网络公共交往：网上捐赠一定的金额给某个慈善基金会。有的买家在网购商品后获得积分，随即将积分用于网上"种植"公益森林。买家和卖家以这样的网络行动，在日常生活中体现了公民意识。网民在生活世界里，善用网络空间，以看似细微的行动，汇集成社会力量，在一定程度上文明化我们置身于其中的经济系统，改善社会的具体方面。譬如"蚂蚁森林公益林"的活动，5.5亿多的网民参与，累计种植超过2亿棵树。① 在电子商务领域，企业、个人店铺和作为消费者的网民共同进行网络公共交往、追求公共性的创新模式，值得继续探索和发展。

弱网络公共交往/领域有助于养成网民追求一定公共性的习惯。单个弱网络公共交往/领域不一定能够成为强网络公共交往/领域，也可能无法直接影响决策乃至整个权力系统。不过，当它们妥当地汇集起来，聚沙成塔，却可能协助解决某个具体的社会问题。（这也说明慎思明辨德性在组织网络群体行动、形成强网络公共交往方面的重要性。）在各种网络公共领域里，这些看似不起眼的行动，也是文明化我们共同的社会（包含经济系统在内的现代权力系统）不容忽视的力量。而公民在日常

---

① 上海热线：《国际环境日，蚂蚁森林绿色能量榜发布，请为每克"绿色能量"点赞》，[2020 - 08 - 09]．https：//rich. online. sh. cn/content/2020 - 06/05/content_ 9578058. htm.

生活中经常进行公共交往、养成追求一定的公共性的习惯——这正是旨在追求公共性的各种民间组织活动以及相关的理论研究，所孜孜以求的一个重要目标。

因此，网络公共交往/领域的关键问题可能不在于"是不是创造了政治公共领域"，而在于"能否形成强网络公共交往/领域"——通过网上和网下的互动，汇聚起使现代权力系统乃至社会生活文明化的理性力量，实实在在地影响社会。这一点有赖于网民们的网络公共交往的品质，有赖于网民良好地组织起来，以各种方式，合理地公开运用自己的理性，以行动追求一定的公共性。

四　网络公共交往促进公开性

网络公共交往具有直接连接的作用，能够将信息和信息相连接，将信息和人的注意力相连接。信息的公开能将公众的注意力吸引到各种公共议题上来。当网民们聚拢起来进行公共讨论，就共同创造了一个网络公共领域。一个网络公共领域连接起不同的人们，当它组织良好时，将使参与者产生一定的"共同在场"的社会临场感。这种"共同在场"的社会临场感是产生公共精神的社会心理基础。

网络公共交往还具有间接连接的作用：通过数字化信息，连接不在场的、但利益相关的网络主体，从而创造出新的网络公共领域。网络公共交往/领域因此也呈现出一种流动性。这样的运用在社交媒体中很常见。譬如，就某个公共话题，一个网络主体公开发布信息，并"@"其他网络主体，这是一种连接行为。那些被"@"的网络主体可能是利益相关的某个网民、某个政府部门、某个媒体、某个企业或某个社会组织等。这些网络主体可能不在同一个现场，却因利益相关而被第三方联系起来。网络公共讨论经常因为参与者的不同视角，而逐渐将利益相关的各方联系起来。

由于网民的影响力、能力和参与程度的不同，网络公共领域的品质各个不同。但是通过网络公共交往的连接作用，不同的网络个体和网络公共领域能够被迅速连接起来，处于一种"共同在场"的情况。

阿伦特曾指出公共领域的公共性含义包括"共同性"，公共领域如同一张桌子，人们围桌而坐，桌子让人们相互联系而又彼此分开。① 而网络公共交往将这张"桌子"转变成了网络——人们可能从来没有亲身出现在网下的同一个现场，他们却被网络迅速连接起来。由于网络公共交往的连接作用，对同一个公共议题，网民们带来不同的视角、感受、经验和知识；通过深入的公共讨论，网络主体之间的真实联系、重要联系逐渐公开显示出来。（需要注意的是，这种透视和公开"利益联系"的做法，应当建立在知识和理性分析的基础上，而不是依靠臆想和谣言。）

信息的公开和网络主体共同在场的公开状态，本书称之为"公开性"。这一公开性使得网络公共领域中的各方都面临着如何共处、如何进行公共讨论的交往伦理问题。

对于现代权力系统而言，网络公共交往/领域形成了一种"众目睽睽"的网络舆论监督的形态。网络舆论监督带来了一定的"倒逼"的压力，督促权力系统参与公共讨论。对于真实的公共议题，权力系统的一方有责任参与公共讨论，并通过实际依法合理解决问题，论证和显示权力的合法性。因为既然真实的问题已然呈现，不能选择无视，即使屏蔽信息或删除信息也无法了之。未解决的、真实的问题往往会一再地出现，重要的是依法合理地解决问题，加以疏导，防微杜渐，而不是掩盖问题或任其滋长。

就同一个公共议题进行公共协商讨论，寻找共识和解决问题的方案，从而论证权力的合法性，这是参与公共讨论的各方共同的事。如果现代权力系统的一方，粗暴地对待权利受损的一方，这将会削弱权力自身的公信力，也无法实现权力合法性的理性论证。而网络舆论的一方，如果陷于非理性造成戾气陡增，也将使得公共讨论难以进行下去。

维护人们共同生活于其中的、特定社会的法治秩序——这一公共性的基本追求，将促使利益相关的各方选择文明地公开讨论，而非选择"掀桌子"式非理性的交谈或行为。为了公共讨论能够进行下去，形成公共理性，网络公共交往的各方，需要立于法治之上的宽容，遵循一定的议事规则，有理有据地讨论协商。进行网络公共交往，必然要求当事的各方实践立足于法治的公共交往伦理。在网络公共交往中，不论是权力系统的一

---

① 参见［美］汉娜·阿伦特《人的境况》，王寅丽译，上海人民出版社 2009 年版，第 34—35 页。

方，还是网络舆论一方，所有相关的网民都应当合理地公开运用个体的理性，虽然运用的方式不同，运用的水平不一。

综言之，网络公共交往带来了信息的公开和网络主体共同在场的公开状态，形成了网络舆论的压力；对公共性的追求，则要求网民们公开合理地运用理性。

五　网络公共交往促进形成改善社会的合力

网络空间已经出现了丰富多样的公共领域。政治公共领域之外的其他网络公共领域，不一定像政治公共领域那样常常因为聚焦社会热点而引发集体关注。但是在其他网络公共领域里，所汇集的追求公共性的行动不容忽视；这些追求公共性的网络公共交往，尽管不在政治公共领域，却同样体现了网民公开运用理性、开展行动的力量。那些扎根日常生活、善用网络公共交往/领域，汇集社会的善意和资源的具体做法，同样也是网民们通过理性运用的不同方式，积累合力，推动权力系统乃至整个社会生活的文明化。

康德提出，公众的自我启蒙需要在所有事情上具有"公开运用自己理性的自由"。个体公开运用自己的理性，"指任何人作为学者在全部听众面前所能做的那种运用。一个人在其所受任的一定公职岗位或者职务上所能运用的自己的理性，我就称之为私下的运用。"① 康德认为，个体公开运用自己的理性，意味着个人是作为共同体的成员，乃至作为"世界公民社会的成员"，通过写作、演讲等言论，公开地面向公众表达自己的见解。即使个人的表达能力有高低之别，但这些公开的、文明的表达超越了一己的利益，指向公共性。

借鉴康德的启蒙思想，网络公共交往的实践作为自觉地公开运用个体理性的方式，亦可被视为网民自我的启蒙。鉴于网络活动的丰富性，网民公开运用自己理性的方式也相应地拓展开来，不仅是理性的言说，也可能是其他理性的文明行动，这些借助数字化信息进行的"言"和"行"，立足于公共交往的伦理，在形式上是公开的，着眼于公共利益，追求一定的公共性。

在此，"公共性"概念显然也相应地扩展开来，既包含"言论系谱的

---

① ［德］康德：《历史理性批判文集》，何兆武译，商务印书馆1990年版，第26页。

公共性"，即进行公共讨论形成公共舆论等；也包含"实践系谱的公共性"，即参与公益活动为社会提供公共服务等。①

归纳起来，网络公共交往的实践至少包括以下典型：

1. "信息积累型"网络公共交往/领域。网民们自愿就同一个公共议题，平等地发言，理性地分享自己的感受、经验和知识，形成网上的公共信息资源。

网民们在网络公共空间里，围绕公共议题，积累来自日常生活的感受、经验和知识，包括视频、音频和文本信息，不但使生活世界延伸到网络空间中，有其数字化的信息形式，同时也丰富了生活世界的文化内容。公共的信息资源不断积累，潜在地为各种公共讨论、形成一定的公共理性，提供了信息支持。这种强网络公共交往/领域追求"言论系谱的公共性"，旨在积累公共的信息资源。

2. "协商共识型"网络公共交往/领域。网民们自愿就同一个公共议题，经过合理组织的公共讨论，形成网络舆论，达成一定共识，并与相关的掌握权力或资源的组织协商，积极影响决策或立法。

在这里，如果"掌握权力或资源的组织"指国家机构，那么这种强网络公共交往/领域属于政治型公共领域。如果"掌握权力或资源的组织"指国家机构之外的组织，那么该网络公共交往/领域是政治型公共领域以外的类型。这类强网络公共交往/领域不论连接的是哪一类组织，均追求"言论系谱的公共性"，旨在通过平等协商形成共识，并以舆论的方式影响决策或立法。

3. "公益行动型"网络公共交往/领域。网民们自愿参与政府、社会组织、企业、事业单位等组织所开展的公益活动。或者，网民们自发地汇集善意和资源，开展公益活动。

这种强网络公共交往/领域广泛连接社会中蕴藏的善意和资源，形成大型公益和"微公益"相互交织的社会支持系统；追求"实践系谱的公共性"，旨在积累善意和社会资源，通过实际行动增进社会福利。

---

① 参见［日］今田高俊《从社会学观点看公私问题——支援与公共性》，载［日］佐佐木毅、［韩］金泰昌主编《社会科学中的公私问题》，刘荣、钱昕怡译，人民出版社 2009 年版，第60 页。

在不同的公共领域里，这些典型的网络公共交往实践可能分别出现，也可能混合在一起进行。无论是"言说"还是"行动"，网络公共交往的实践立足于公共交往伦理，旨在通过各种公开运用理性的方式，将日常生活里丰富的公共议题带入公众的视野，汇集社会的善意和资源，通过追求各种类型的公共性，积极改进我们置身于其中的社会的方方面面，从而促使权力系统文明运作、社会生活文明发展。

第三节　网络公共交往与人的发展

通过良好的网络公共交往实践，网民能够在社会生活的方方面面，真正成为参与治理的主体。立足于公共交往伦理之上的网络公共交往的实践，汇集社会中的善意和资源，而非引发社会混乱和对抗，积极地促进社会方方面面的合作治理。国家治理的实现、社会有序健康、富有活力，最终都指向了人的发展这一伦理目的。

一　人的自由而全面的发展：自由人的自由联合

马克思和恩格斯提出了人类未来的理想社会："代替那存在着阶级和阶级对立的资产阶级旧社会的，将是这样一个联合体，在那里，每个人的自由发展是一切人的自由发展的条件。"[1] "在共产主义社会高级阶段，在迫使个人奴隶般地服从分工的情形已经消失，从而脑力劳动和体力劳动的对立也随之消失之后；在劳动已经不仅仅是谋生的手段，而且本身成了生活的第一需要之后；在随着个人的全面发展，他们的生产力也增长起来，而集体财富的一切源泉都充分涌流之后，——只有在那个时候，才能完全超出资产阶级权利的狭隘眼界，社会才能在自己的旗帜上写上：各尽所能，按需分配！"[2] 在自由人的联合体中，每个人的自由而全面的发展，这是共产主义作为"消灭现存状况的现实的运动"的目标。

共产主义社会作为人类未来的理想社会设想，既包含社会的发展，同

---

① ［德］马克思、恩格斯：《共产党宣言》（纪念马克思诞辰200周年多语种珍藏版），中央编译出版社2018年版，第62页。

② 《马克思恩格斯选集》第3卷，人民出版社2012年版，第364—365页。

时也包含人的发展和人类的解放。在社会发展方面，共产主义社会的生产力极高度发达，物质财富极大丰富，消灭阶级差别，也消灭了固定分工，生产资料为联合体共同所有。社会的发展为人的自由而全面的发展提供了物质基础和自由时间。共产主义社会里，人将从"对人的依赖"和"对物的依赖"关系中挣脱出来，免于人身依附关系，也免于被金钱财富等支配造成的异化。

高度发展的社会相应地需要人的素质的普遍提高。在共产主义社会高度发展的同时，人能够享有足够多的、可供个人支配的自由时间。劳动依然是需要的，但那时的劳动成为自由的劳动，即每个人可以根据自己的兴趣，自主地进行劳动和实践，向着"占有人的全部本质及其力量"方向全面发展。而从社会的角度来看，这是每个人"各尽所能"的过程。人的发展和社会的发展高度一致。

在共产主义社会，人的发展依然需要每个人努力地自由劳动和实践，个人自愿自觉地全面发展自身的潜能。这意味着："任何人都没有特殊的活动范围，而是都可以在任何部门内发展，社会调节着整个生产，因而使我有可能随自己的兴趣今天干这事，明天干那事，上午打猎，下午捕鱼，傍晚从事畜牧，晚饭后从事批判，这样就不会使我老是一个猎人、渔夫、牧人或批判者。"①

伴随着生产力的极高度发展，共产主义社会将形成世界性的普遍交往；地域性的共产主义终将扩展开来，形成全世界的自由人的联合体。这种普遍交往依然需要通过每个人的交往实践来实现，而个人在公共交往的实践中，发展自身潜能，最终将成为自由的人。"单个人摆脱了民族和地域的局限，同整个世界的物质、精神生产发生实际联系，形成了利用全球性生产的能力。各个人之间形成人们全面的依存关系，人是名副其实的'世界历史性的'人，是真正普遍的人。"② 每个人在和他人的自由联合过程中，有足够的生活资料和闲暇时间全面发展自身，从而成为具有自由个性的个人。"在自由人的联合体中，个人得到了自由而全面的发展，成为

---

① 《马克思恩格斯选集》第 1 卷，人民出版社 2012 年版，第 165 页。
② 参见金建萍《人的发展和社会发展的一致性研究》，中国社会科学出版社 2013 年版，第 270—273 页。

自主交往的人。人的公共性得到了全面的发展和体现，公共领域成为人的自由自觉活动的领域，公共利益成为真正人的人类的普遍利益。这是人类理想共同体中理想的人的发展状态，也是社会公共性发展的理想状态。"①

综言之，个人的自由而全面的发展，一方面需要社会的高度发展提供充裕的物质条件和良好的社会环境，一方面需要个人自身的努力实践，需要个人积极参与世界性的普遍交往，在自由人相互联合的过程中，发挥自身的潜能，在各尽所能的同时自由发展。

现在的网络空间里，不少网民乐于分享，以无关金钱的兴趣，一起有所创造地行动。立足于这些事实，有学者提出"网络共产主义"的行动已经出现。

二　网络共产主义行动的尝试

巴布鲁克提出数字技术带来了"高技术礼品经济"，即"公共品经济"。他认为，网络空间中出现了大量信息和知识的数字产品，其中众多数字产品是免费共享的公共品，由此，一些"网络共产主义"的行动已经成为网络生活中日常的现实。在网络活动中，许多网民愿意花费业余时间，不是为了获得金钱，而是出于兴趣，无偿分享信息或共同创造一些事物。如 Linux 免费操作系统不断更新，源于众多来自世界各地的程序员的自愿贡献。这种平等合作的"数字共享关系"挑战了资本主义的私有财产制度。但巴布鲁克同时也指出，"数字共享关系"建立的前提是：参与的网民具有信息技术、比较充裕的时间和金钱，因而能够比较自由地根据兴趣分享与创造。②

凯利强调"数字共享"是网络的基本原则，指出共享带来了广泛的、无偿的"去中心化的公众协同"，众多网民在无偿协作中创造出具有高市场价值的大量成果。这种"去中心化的公众协同"显示了数字化社会主义、网络共产主义的力量。

凯利认为，"只要借助恰当的技术、在恰当的条件下、辅以恰当的收

---

① 郭湛主编：《社会公共性研究》，人民出版社 2009 年版，第 42 页。

② Richard Barbrook. The Hi-Tech Gift Economy，［2020－08－09］. http：//subsol. c3. hu/subsol_2/contributors3/barbrooktext2. html. 参见方松华主编《马克思主义中国化理论前沿》，上海社会科学院出版社 2016 年版，第 487—488 页。

益，我们就会共享一切。"① 如今，网络空间中已经出现了"去中心化的公众协同"——"当众多拥有生产工具的人都朝着一个共同的目标努力，共享他们的产品，不计较劳务报酬，乐于让他人免费享用其成果时，新社会主义的叫法也就不足为奇了。"② 甚至在大规模的公众协同基础之上，产生的集体行动其整体的价值超出了单个人贡献的力量之和。像 Linux 免费操作系统，每个程序员的志愿付出，最终集体收获了可以广泛运用（包括商业运用）的操作系统。"有意思的是，这一方式已经超出了社会主义者许诺的'各尽所能，按需分配'，因为它做到了'增益付出，超需回报'。"③ 例如，在网络社区里人们经常乐于无偿地互相提供信息，一个网民能接收到的信息，往往比他所能提供给该网络社区的多得多。凯利指出，数字共享的目标是同时最大化"个体的自主性和群体协同力量"。他乐观地认为，共享习惯已经成为时代文化的基础部分，期望这种集体的力量应用于更多的社会协作，继续推动社会朝着"非资本主义的、开源的、大众生产的社会"发展。

高奇琦指出，网络空间中已经出现了许多被称为"网络共产主义的行为方式"。他展望当网络时代发展到人工智能时代，将只需要少数人和人工智能合力工作，而社会的物质财富将极大丰富；在人工智能的协助下，如果有合理的全球治理机制，实现全球小康社会是可预期的。那时大多数的人将获得大量可支配的自由时间，有闲暇发展自身。在那样的情况下，精神生活对每个人来说将格外重要。鉴于人工智能的发展势不可挡，眼下公众应当一起关注人工智能的发展，以确保人工智能的发展成果用于造福人类。④

上述学者都肯定了网络空间中出现的数字共享以及在此基础上的公众合作。但是，这种社会合作形式在多大程度上能改变资本主义的劳动关系和社会关系？即使在网络经济里，大型企业和广大无偿提供信息的网民之间，从信息中获得的经济收益是否对等？这些问题依然有待讨论。

此外，这种社会合作形式需要参与的网民具有一定的物质基础和自由

---

① ［美］凯文·凯利：《必然》，周峰、董理、金阳译，电子工业出版社 2016 年版，第 163 页。
② ［美］凯文·凯利：《必然》，周峰、董理、金阳译，电子工业出版社 2016 年版，第 156 页。
③ ［美］凯文·凯利：《必然》，周峰、董理、金阳译，电子工业出版社 2016 年版，第 159 页。
④ 参见高奇琦《人工智能：驯服赛维坦》，上海交通大学出版社 2018 年版，第 251—276 页。

时间，也需要网民们有自愿参与的公共精神。即使人工智能将来有能力给全人类带来充裕的物质财富，但从现在开始，还是需要公众们一起关注和审视，以确保人工智能被用于造福人类。而克服数字鸿沟、克服公共精神薄弱、促进良好的网络讨论协商等问题，恰是网络公共交往的实践所致力解决的。

由此，如果要继续尝试和发展网络共产主义行动，追求人的发展和社会的发展，那么各种各样的网络公共交往就有必要在日常生活里进行。显然，眼下绝大多数人还需要上班参加劳动，但在业余时间，有条件成为网民的人们依然能够通过各种网络公共交往，发展自身的兴趣和能力，同时追求一定的公共性。在追求成为有自由个性的"自由人"、形成"自由人的自由联合"等方面，网络公共交往可被视为一种网络共产主义行动的尝试。

汪丁丁认为："……我们的思考过程正在融入万维网，正在成为网络的一部分，正在成为万维网生成'知识'的突现过程的一部分，由此生成的知识将不再是'私己'的。风险在于，我们往往不认识那些参与构成我们新知识的网民，正如同他们不认识参与构成他们知识的我们一样。在互相不熟悉的前提下共同生产知识，这是对'道德'的考验，这构成了我的结论：互联网提供了实现自由人的自由联合的最终技术条件，但这一技术条件代替不了自由人的自由联合所需要的道德条件。"①

科学技术不断地发展，即使互联网未必提供了"实现自由人的自由联合的最终技术条件"，但日常生活中网民们的网络公共交往的实践，正是扎根于生活世界的方方面面，致力于追求一些"自由人的自由联合所需要的道德条件"。

三　善用闲暇以提高成为"自由人"的素养

网民通过网络公共交往，善用闲暇时间追求公共性，同时培育自身的德性，有助于在行动中提高自身成为"自由人"的素养和能力。

第一，网民善用闲暇具有一定的可能性。

首先是上网时间的增长。网民的上网时间和各类网络应用的使用时间体现了这一情况。"截至2020年6月，我国网民的人均每周上网时长为28

---

① 汪丁丁：《自由人的自由联合——汪丁丁论网络经济》，鹭江出版社2000年版，第8—9页。

小时"，其中，网络游戏、网络视频（不含短视频）、短视频、网络文学、网络音频和网络音乐类的使用时长占51.8%。[①] 其次，多元的公共领域的出现。[②] 目前网络空间已经出现了多元的公共领域，便于网民们运用闲暇时间，在网络公共交往中追求一定的公共性。根据能力的不同，网民们可或选择通过已有的途径行动，或探索、创新公共交往的途径。

第二，网民善用闲暇的必要性基于网民的义务和提高自身素养的需要。

1. 对于已经具有一定闲暇的网民，拿出部分闲暇时间，进行网络公共交往以追求一定的公共性，这是一种"出于相对优势地位的义务"。

安托万从全球的物质资源有限和公平分配的角度出发，提出："一个人、集团和国家即使以道德手段使自己在世界上处于有利的、强固的和繁荣的地位，他们这样就已经阻碍了其他人或其他民族的经济发展或社会升迁（即使是间接的，因为这个星球上存在的物品是有限的），他们应对后者的匮乏负责并应利用他们所处的较好地位对这种情况加以改正……作为我们行动的结果，即使并未犯有非正义的错误，这种植根于正义的义务仍会存在。"[③] 安托万认为人类对于地球上有限的物质资源，存在"你多我就少"的零和博弈。尽管网络信息的使用，存在非零和博弈的情况（比如某人复制并阅读一本免费电子书，并不会因此减少其他人能够使用这本电子书的机会），但无论如何，毕竟使用网络的人是依托于一定的物资资源和社会环境的。

目前已经具有一定闲暇的网民，依托于自己和其他人共有的社会环境，加上个人努力和一定的运气（天赋、家庭等个人无法选择的因素），具有了使用网络、发展自身的机会。作为人类社会的成员，与其他成员一起维护和改进共同的社会环境，既是网民作为人类社会成员的义务，也是

---

① 关于网民人均每周上网时长当中各类应用的使用时长占比数据，中国互联网络信息中心于2021年2月发布的《第47次中国互联网络发展状况统计报告》没有提供。本书引用了该中心于2020年9月发布的《第46次中国互联网络发展状况统计报告》里的相关数据。中国互联网络信息中心：《第46次中国互联网络发展状况统计报告》，[2021 - 07 - 17]. http：//www.cnnic.net.cn/hlwfzyj/hlwxzbg/hlwtjbg/202009/P020210205509651950014.pdf.

② 请参见第五章第二节，三"网络公共交往产生多元的公共领域"。

③ 转引自［美］德尼·古莱《发展伦理学》，高铦等译，社会科学文献出版社2003年版，第71—72页。

网民保障个体自身发展的需要。由此，具有一定闲暇的网民，应当基于自己相对优势的地位，尽一分力量帮助弱势的其他社会成员，维护和改进共处的社会环境。在这层意义上，闲暇固然是个人所有的，但"善用闲暇"则指向了公共性；也就是说，在网络空间里，网民"善用闲暇"将会借助于形式各异的网络公共交往，在日常生活的行动中追求一定的公共性。

舍基将受教育人口在工作之余的可支配的时间称为"自由时间"（认知盈余，cognitive surplus），主张将全世界的认知盈余看成一种共享的全球资源。他认为，随着网络空间里社会化媒介的发展，我们应当认真地考虑如何使用这些认知盈余，如何设计"新的参与及分享方式"，将全世界的认知盈余投入各项事业，汇集成全球的、大型的创造力。"想象一下，如果我们将全世界受教育者的自由时间看成一个集合体，一种认知盈余，那么，这种盈余会有多大？我们已经忘记了我们的自由时间始终是属于我们自己的，我们可以凭借自己的意愿来消费它们，我们可以通过累积将平庸变成优秀，而真正的鸿沟在于什么都不做和做点儿什么。"①

舍基强调运用认知盈余，并非因为"认知盈余（自由时间）数量多，不用很浪费"。他期望通过社会化网络媒介发挥人的创造力，培育"慷慨的社会文化"、为人的发展创造机会，乃至实现公民价值，改良社会，带来实际的进步。

与其说"将全世界的认知盈余看成一种共享的全球资源"，不如说正是网民们善用闲暇，通过日常生活中的网络公共交往，能够创造出人类共享的一些全球公共资源。所谓"认知盈余"，其实需要网民个体在工作之余进行创造，才得以在"知"和"行"两方面有所"盈余"，从而促进个人和社会的发展。

2. 对于已经具有一定闲暇的网民，拿出部分闲暇时间，进行网络公共交往的实践，既是追求公共性，也是涵养个体的德性，有助于提高自身成为"自由人"的素养和能力。

虽然目前社会的生产力未达到极高度的发展，网民在可支配的时间方面，也未达到共产主义理想的自由人状态，但这不妨碍已经具有一定闲暇

---

① ［美］克莱·舍基：《认知盈余：自由时间的力量》，胡泳、哈丽丝译，北京联合出版公司2018 年版，第 1 页。

的网民利用业余时间，在网络活动中追求一定的公共性。

根据马克思的人的发展理论，即使在共产主义社会，人的发展依然需要每个人努力地自由劳动和实践。人虽有大自然给予的天赋，依然需要后天的努力来成就人的发展。"正是在劳动和实践中，人创造自身、发展了自身、创造了自己的丰富本质，创造了自己的独立和自由，并开辟了自己解放自己的道路。"① 人类自己解放自己的道路虽然漫长，促进人类的自由而全面发展任重道远，却有赖于千千万万人的具体实践。千里之行始于足下。在这层意义上，网民善用闲暇，进行良好的网络公共交往，即是在行动中涵养作为"自由人"的德性，努力提高自身成为"自由人"的素养和能力。

"我实践，故我在；我实践，我发展。"② 如果没有千千万万人追求公共性的良好努力，如果没有广大公众在日常生活中涵养德性的共同学习、探索和创造，人工智能造福人类的目标恐怕难以预期。即使将来人工智能带来全球物质生活的小康，如果人们普遍缺少成为"自由人"的素养和能力，个体和人类恐怕难以获得自身的解放。

第三，网民如何善用闲暇以提高成为"自由人"的素养。

如前文所述，慎独自律、宽容和慎思明辨等德性的培养，使人能够良好地公开运用理性，提高网络公共交往的品质。如果说义务让人觉得严肃而沉重，那么德性的发挥，则涵养人的合宜的道德情感，使人不仅愿意而且乐于致力探索和展开体现实践智慧的行动。尤其在闲暇时间，需要网民自觉地涵养德性，在行动中朝着"自由而全面的发展"的方向提高素养。在此，自由人的素养体现为自愿进行有德性的网络公共交往，主动分享信息、有所创造。

一个进行公共交往的网络群体总是需要有核心成员，推动群体的活动，甚至创造助推的技术、规则或机制。"公共价值和社会价值的创造需要其核心参与团队的承诺和辛勤努力，还要求这些团体进行自我治理并致力于接受那些防止他们受到无关及娱乐元素干扰的限制措施，专注于处理

---

① 董武清：《实践人类学——马克思主义哲学人类学引论》，当代中国出版社 1995 年版，第132 页。

② 袁贵仁、韩庆祥：《论人的全面发展》，广西人民出版社 2003 年版，第 102 页。

复杂的任务。"① 这意味着对核心成员的德性培育提出了更高的要求。核心成员需要更多的努力和尝试，尤其学习组织群体的艺术。同时，其他普通成员在参与网络群体的过程中，乐于进行公开的信息分享，通过适当的途径，可能共同创造出预想不到的丰富内容。

舍基提出"分享"的四种形式：个人分享、公用分享、公共分享和公民分享。个人分享旨在个人获益，影响范围是私人的交往圈。公用分享是在一个团体内进行，不对外开放，获益者局限于特定团体内部。公共分享立足于一个团体，对团体外的人开放。公民分享则一开始就面向全社会，旨在改良社会的某个方面，使参与者所处的社会出现好的变化。舍基认为人们应当更加关注公共分享和公民分享所蕴含的公共价值和公民价值，"不仅因为社会从中受益更多，也因为公共价值和公民价值更难以创造"②。公共分享和公民分享更有益于社会和个人的发展。

从微观角度看，网络公共交往即使从小处着手、在小的群体里行动，但个人微小的行动，在社会化媒体的协助下，通过合适的途径汇聚起来，能够成为大型的创造项目。即使从个人分享出发，高品质的个人分享信息，往往有潜力跨越私人的天地，成为公共分享，在公共领域中展现个人的独特性。

对于善用闲暇，舍基强调"创造"远远优于消费，因为创造需要人发挥自身的潜能，提升人的能力，而非仅仅惰性地接收外在的物质和信息。他指出，在网络中，如果要鼓励广大网民不局限于消费而进行创造，形成"让人愿意参与的环境"非常关键。

慎思网络公共交往，"形成让人愿意参与的网络环境"的创意和活动可能无处不在，以好的方式连接起私人领域和公共领域，能够助推网民公开地运用自己的理性。譬如，阅读（文化消费）这类属于私人的事务，经过有创意的助推设置，以及广大网民发言交流的积累，能够共同创造出一定的"言论系谱的公共性"。当广大网民在阅读 APP 中读书时，借助 APP 提供的评论、记笔记等功能，可以方便地即时写下心得。素不相识的网民

---

① ［美］克莱·舍基：《认知盈余：自由时间的力量》，胡泳、哈丽丝译，北京联合出版公司 2018 年版，第 194 页。

② 参见［美］克莱·舍基《认知盈余：自由时间的力量》，胡泳、哈丽丝译，北京联合出版公司 2018 年版，第 187—190 页。

之间能够进行交流和讨论。在此，网上阅读实际上成为一种网络公共交往的过程。网民们的阅读感受、经验和知识，在这些大大小小的文化公共领域里不断地积累，可能产生思维火花的碰撞。

当网民们在闲暇时间，通过良好的公共交往，从私人领域走出来，一起"形成让人愿意参与的网络环境"时，这种网络时代的伙伴合作模式，也正是网民以实际行动尝试某种"自由人的自由联合"。恰如万维网的发明者蒂姆·伯纳斯－李提出的期望："我对万维网抱有的理想就是任何事物之间都能潜在联系起来。正是这种理想为我们提供了新的自由，并使我们能比在束缚我们自己的等级制分类体系下得到更快的发展。"①

从宏观角度看，立足公共交往伦理，在追求各种公共性的过程中，网民们能够共同创造意义的世界，丰富生活世界的内容。网民通过网络公共交往，将社会中蕴含的善意和资源连接起来，加以合理的运用，从而也指向了行动——共同应对人类共同面临的问题。这种网络公共交往的视野是全球性的，网民在参与的过程中，能够直接地感受世界性的普遍交往。通过意义世界的创造，共同应对人类共同面临的问题，网民们的网络公共交往提高了"自由人的素养"，并探索"自由人的自由联合"的方式，从而有益于人在现代科技时代的发展。

四　营造人类共同的意义世界

前文提到人在科技时代的历史责任，以及网络公共交往促进合作模式公民社会发展的重要性，已经涉及了网络公共交往和人的发展之间的关系。在网络时代，网络公共交往不但是文明化权力系统乃至整个社会的活动，同时也是个体发展自身的重要实践；个体通过公开运用理性，在追求公共性的行动中，将个人的发展和社会的发展紧密地联系起来。

个人的发展总是在社会发展的过程中具体展开的。目前网络空间已经提供了一定的技术条件，能够让抱有相似兴趣以及互相需要的网民们便捷地汇聚起来，进行交流。在普遍联系的基础上，当网民们平等地合作，这意味着他们彼此之间是伙伴合作关系；当网民们合作一起追求某种公共性

---

① ［英］蒂姆·伯纳斯－李、［英］马克·菲谢蒂：《编织万维网：万维网之父谈万维网的原初设计与最终命运》，张宇宏、萧风译，世纪出版集团 上海译文出版社 1999 年版，第 1 页。

时，这种网络时代伙伴合作模式实际上就成为了对"自由人的自由联合"的一种尝试和探索。这种个人之间的伙伴合作，能够给个人的生活和社会带来富有意义的变化：在伙伴合作中，网民们在不同的地方，分享生活的意义，进行追求公共性的协作，有助于实现各自生活的繁荣。

第一，创造人类共同的网上公共信息资源。

根据马克思的人的发展理论，"自由人的自由联合"意味着生产资料为联合体共同所有。当数据成为数字经济时代的生产要素，无论是具有严整结构的结构化数据，还是社交媒体上产生的非结构化数据，都是大数据技术所需的生产资料。如今每个网民既是数据的消费者，也是数据的生产者。"由于社交媒体的出现，全世界的网民都开始成为数据的生产者，每个网民都犹如一个信息系统、一个传感器，不断地制造数据。这引发了人类历史上迄今为止最庞大的数据爆炸。"①

网民们在网络公共交往中制造数据的行动，扩大了数据这一生产资料的公共供给，相当于创造了属于人类共同的网上公共信息资源。结合大数据技术和人工智能的发展来看，对这种公共信息资源的公共使用，将是未来生产力极大提高的信息基础。从这一角度来看，创造人类共同的网上公共信息资源，就成为对"自由人的自由联合"一种实质性的探索和实践。由此，网民们具有这样一种义务：无论自己发布的信息是结构化数据或非结构化数据，尽可能保证数据的质量，提高数据的准确性。这将为发展人类共同的网上公共信息资源贡献力量。

网民们进行的公共交往，我们不仅可以从大数据的角度来探寻公共性意义，还应当立足生活世界，去探寻网络公共交往对于个体生命的鲜活意义。大数据和人工智能作为技术，无论如何强大，毕竟无法替代一个个活生生的人运用自身的潜能、亲身实践，发掘属于自己的生命意义。分享属于每个个体的、鲜活的生命意义，将使得网络公共交往及其追求的公共性葆有源自生活世界的、持续不断的活力。而在这种普遍的交往中，每个个体的视野拓展开来，生命的意义也得以延展。

第二，共同追寻生命的意义。

在探索生命意义的问题上，本书借鉴了弗兰克尔的生命意义理论。

---

① 涂子沛、郑磊编著：《善数者成：大数据改变中国》，人民邮电出版社 2019 年版，第 14 页。

弗兰克尔结合自己在奥斯维辛集中营的亲身经历，创立了意义疗法。他的心理学和伦理学的理论认为，人们发现生命的意义的途径有三种：从事某项工作或事业，进行创造；体验自然、文化或另一个人的独特性，即体验真善美；忍受不可避免的苦难时，采取体现人的尊严的态度。

弗兰克尔认为，每个人对于自己的生命应当负起责任，承担自己独有的使命。"我们说人要担负起责任，要实现生命的潜在意义，是想强调生命的真正意义要在世界当中而不是内心去发现，因为它不是一个封闭的系统。我将这种构成特点表述为'人类存在之自我超越'。它表明了一个事实：人之所以为人，是因为他总是指向某种事物或某人（他自己以外的某人）——不论是作为有待实现的意义还是需要面对的他人。人越是忘记自己——投身于某种事业或献身于所爱的人——他就越有人性，越能实现自己的价值。所谓自我实现，绝不是指某种可以实现的目标，因为人越是追求这个目标，越是容易失去它。换句话说，自我实现可能是自我超越唯一的副产品。"①

借鉴弗兰克尔的理论，生命的意义需要我们在世界里，在和事物、和人的联系里，而不仅仅在个体的内心里发现。如果个人局限于小我，不足以发现生命的意义。相反地，个人越是超越小我的局限，忘我地投入于发现生命的意义的活动，人越能够实现自我超越，实现自己的价值。在个人和世界的联系之中，个人通过有所创造，或体验真善美，或面对不可避免的苦难时展现人类的尊严，从而发现自己独特的生命意义。

前文提及，罗萨在分析如何克服社会加速带来的异化时，提出自我与世界之间，包括和其他人和事物之间形成"共鸣"的重要性。② 这与弗兰克尔强调在个人和世界的联系之中发现生命的意义，相互一致。罗萨认为，个体做自己"真正想做的事"，才能够拥有个体生命中富有意义的时刻，而弗兰克尔则具体指出个人寻找自己独特的人生使命的三种途径。

着眼于全球，当世界上亿万网民们立足于日常生活，追寻各自生命的独特意义，分享相关的信息，包括分享感受、经验和知识——即进行各种

---

① ［美］维克多·E. 弗兰克尔：《活出生命的意义》，吕娜译，华夏出版社 2018 年版，第135—136 页。

② 请参见第四章第二节，四（三）"自省精神与事上磨炼"。

强弱不一的网络公共交往，海量的数字化信息彼此聚合连接起来，这形成一个海量的、人类的网上公共信息资源。而且，这种网上公共信息资源不仅是大数据的公共信息资源库的一部分，还是人类生活世界里宝贵的文化意义系统。

一方面，人类的网上公共信息资源体现了来自世界各地的文化多样性，聚合了丰富多彩的信息，有益于创造。特定信息的具体意义，总是在和其他事物的联系中才能被界定。对于人的创造，信息持续的供给和不断的激励必不可少。当然，人类进行创造还需要直觉和理性。而获得有效的信息是形成理性思考必要的条件，信息的激励则有助于灵感的迸发。当网民们广泛地分享信息，世界各地的人们就有可能凭借各自的视野和所处的语境，进一步阐释自己接收到的信息，并赋予信息更多的意义。这也体现了"全球本土化网民"的含义：网民立足本地，放眼人类的公共的文化意义系统。文化意义系统为激发人的灵感提供了更多的机会——对新信息的诠释，将可能激发新的创造。网民们通过运用网上公共信息资源，分享信息、阐发信息，能够有新的体验和创造，从而拓展自己生命的意义。

另一方面，人类的网上公共信息资源表达了人们多元的需要和兴趣，当相互需求或兴趣相投的人们进行网络公共交往这种网络时代的伙伴合作，激发了社会的活力。目前的网络空间里，相互需要或兴趣相投的个人，已经能够便捷而直接地连接起来。当这种日常的网络连接立足网络公共交往伦理，指向追求各种公共性时，那将意味着网民们在日常生活的方方面面探索各种合作与治理之道。

就个人而言，在网络公共交往中，通过网上公共信息资源，不但能获得更多的信息，而且有助于拓展自身的视野和能力，获得人生重要的体验乃至创造。就社会而言，当千千万万网民在日常生活中，广泛地进行网络时代的伙伴合作——例如对于社会生活各方面的权力的表现进行批判，致力于文明化现代权力系统和社会生活的方方面面；聚合善意和资源进行公益活动——社会所蕴藏的活力将从中涌现。或许，我们对于网络公共交往日常运用的想象力和实践能力，将是今后社会发展和人的发展的一个"瓶颈"。

五 共同应对人类所面临的问题

第一，网民通过网络公共交往营造共同的意义世界，能够增进信息共享，形成网上公共信息资源，促进文明的传播和思想的创造，为应对全球问题提供信息基础。

着眼于全球，世界各地的网民的网络公共交往，能够创造全球性的、对所有人开放的网上公共信息资源。如果这种全球的网络公共交往持续进行，全球的网络公共信息资源库得以持续发展。这种人类共同的网上公共信息资源本身是"信息积累型"的网络公共交往/领域，形成了网络时代人类共同应对全球问题的信息基础。其他类型的网络公共交往/领域，例如"协商共识型"网络公共交往/领域、"公益行动型"网络公共交往/领域，其继续发展均有赖于（包括感受、经验和知识在内的）公共信息的不断积累。

例如，网上各种开放的图书计划，世界各地的网民能够自由地参与进来，作为志愿者为图书计划添加无版权的电子版书籍。通过网上志愿汇集信息的方式，网民个人作为人类社会中的一员，能够在网络空间中一道谋求建立一些全球公共信息资源，至少是知识公共资源。

第二，网民在全球范围内进行网络公共交往，能够形成世界范围的网络公共领域，有助于形成保护人权的全球舆论。

人权作为人之为人应当享有的权利，既是现代国家的公民权利，也是网络空间法治秩序的基础。如果人权缺乏基本保障，特定国家或地区的人们就不可能实现发展，甚至能否生存都堪忧。网民概念本身与人权密不可分。一个人只有在人权获得基本保障，尤其与信息相关的基本权利获得保障的前提下，才能够真正成为网民。因此，对于网民来说，进行网络公共交往是必要的义务，旨在维护自身的公民身份，不论是特定国家的公民身份或是弱意义的世界公民身份。

随着网民们进行广泛的网络公共交往，世界范围的网络公共领域其出现是必然的，即使不是燎原之势，至少出现了位于世界各地的星星之火。着眼于全球，在网民们普遍的公共交往中，人类的共同命运的归属感才能真正形成，进而促进世界范围的网络公共领域的形成。就此而言，全球的网络公共交往在一定程度上塑造了人类成员的归属感，在此基础上，才能进一步促进人们尝试"自由人的自由联合",乃至共同采取行动,以应对人类面临的危机。

新冠肺炎疫情在全球肆虐,使得"人类命运共同体"这个概念具有更加厚重的现实含义。全人类在地球上应当同舟共济——这再也不仅仅是科幻小说的常见主题,也不仅仅是宏大的人文理想,而是现代科技时代背景下,和每一个人类成员性命攸关、无法置身事外的公共交往原则。作为人类社会的成员,网民有义务运用全球的网络公共交往,传播科学的抗疫知识、有效的抗疫经验,形成有益于防控疫情、维护人权的全球舆论。在这样的全球舆论里,各地的有效合作才能真正开展,人类才能共同有效地应对重大的疫情问题。

第三,通过网络公共交往,网民能够放眼全球的公共信息资源,立足本土,共同应对人类共同的问题。

如今,网络空间已经成为全球交往的信息中枢。有关人类共同面对的全球问题的相关信息,世界各地的网民们能够根据自己的需要和兴趣,比较便捷地在国际组织、非营利机构、学术机构等网站或论坛上获取。全球的网络公共交往形成了各种公共信息资源,有益于网民们借鉴关于全球问题的诸多信息以及解决问题的各种研究与经验,结合本地的情况进行创造,提出具有地方特色的解决方案。而一个地方实践的成功经验,也可能启发其他地方的实践。这实际上是在"全球—本土"之间灵活地切换视野。如果网民们留心发挥网络空间的潜能,在各种网络公共交往中,就有可能联合各个地方的善意和资源,找到更多共同应对全球问题的办法。在这个过程中,更多的网民也有可能在网络公共交往的过程中发现机会,发挥潜能,实现自身的发展。

文明化现代权力系统乃至整个人类社会,任重而道远。可是如果人人都置身事外,袖手旁观,那么这个文明目标的实现就更遥不可及。反之,如果更多的人愿意参与,尤其在网络空间这个全球化的信息空间里,网民们广泛进行公共交往,就带来了人类社会文明发展的一定的希望。

但是网民们始终需要留意的是,网络公共交往固然是网络时代公共交往最便捷的一种方式,带来了人的发展和社会发展的新机遇,但它终究依托于数字化信息。即使在大数据和人工智能技术的协助下,网络公共交往可能有更加智能化、人性化的模式,但它终究离不开种种数据。网络空间之外的天地广阔，我们了解的世界依然有限，而人类社会远未臻于完美。正如《大数据时代》的作者谦逊地写道："我们能收集和处理的数据只是世界上极其微小的一部分。这些信息不过是现实的投影——柏拉图洞穴上的阴影罢了。"① 网络公共交往有其局限，因此，将网上和网下的公共交往有机连接起来，始终是必要的。这也提示我们，个体生命的意义追寻、社会的健康发展，始终需要亿万人发挥潜能的亲身实践，而不仅仅是在网络空间中虚拟的实践。

① ［英］维克托·迈尔－舍恩伯格、［英］肯尼思·库克耶：《大数据时代：生活、工作与思维的大变革》，盛杨燕、周涛译，浙江人民出版社 2013 年版，第 247 页。

第六章　网络公共交往的实现途径

网络公共交往作为通过数字化信息进行的网络活动，有其自身难以摆脱的局限。为了实现良好的网络公共交往：一方面，需要国家和社会共同建设完善的制度，既保障网民的权利，同时畅通维护公民权利的各种网络沟通渠道，为相关各方合力解决各种社会问题创造条件；另一方面，需要广大网民立足于有效的权利保护，致力涵养并发挥德性，积极进行网上与网下公共交往的互动。双管齐下，我们才有可能逐渐摆脱网络公共交往的局限，共同创造良好的网络公共领域，以期实现网络善治和国家治理、促进社会的文明发展。

第一节　网络公共交往的局限

网络活动已经成为日常生活中常见的现象，网络公共交往尤其弱网络公共交往经常在网络空间中出现。如果要实现良好的网络公共交往，发挥网络公共交往的积极作用，我们应当正视网络公共交往存在的局限，尽可能扬长避短。

一　数字鸿沟依然存在

在现实社会中，数字鸿沟依然存在，目前使用网络的并非是所有的人，因此网上的公共舆论不等于全体公众的舆论，网络上的公共舆论只是现代社会舆论的一个重要组成部分。

如今，网络逐渐延伸到社会生活的方方面面，网络普及的趋势日渐明朗，使用网络的人数日益增多。但值得注意的是，我国是一个有着 14 亿多人口的发展中大国。① 根据中国互联网络信息中心发布的《第 47 次中国互联网络发展状况统计报告》，截至 2020 年 12 月，在我国 14 亿多人口当中有 9.89 亿网民，仍有 4.16 亿人不是网民。在网民月收入方面，月收入在 0—5000 元之间的占比为 70.7%，月收入在 0—3000 元的占比为51.1%。在网民学历结构方面，初中和小学及以下学历的占比为 59.6%，高中/中专/技校学历的占比为 20.6%，大学专科及以上占比仅有 19.8%。②

　　这些数据深刻地提醒我们：在我国，（硬件方面如基础设施和终端设备短缺造成的）第一道数字鸿沟依然存在；而（经济收入的差异、受教育程度的差异所带来的数字素养方面的）第二道数字鸿沟，也现实地存在着。

　　已有学者提出警示：现在值得关注的问题是网络舆论被当作整个社会民意、网民被误当作社会的全体公众。③ 数字鸿沟依然存在的情况下，网络公共交往即使聚集了全部的网民，也仍然不等于形成了社会中的公众舆论。除此之外，由于网民们是自主上网，对于同一项议题，并不是全体网民都会一起关注。因此，对于网络公共交往/公共领域形成的部分舆论，我们应当给予充分的重视，但有关公共事务的决策却不能完全依赖于此。即使通过大数据技术，能够将网络空间里所有的部分舆论汇集起来，实现网络各处舆论的"透明化"，但有关公共事务的决策仅仅依靠网上的舆论往往是不够的。我们依然需要结合网上和网下的舆情民意，了解没有在网上发出声音的人们的看法，才可能比较全面地了解社会的真实状况。

二　数字化交流的缺点

　　网络公共交往具有数字化特点，但毕竟缺少网下交流具体而生动的因素，而社会生活、国家机构运作总是在网下的世界里真实展开的。数字化

---

① 参见新华网《国务院总理李克强回答中外记者提问（实录全文）》，[2020 - 08 - 09]. http：//www. xinhuanet. com/politics/2020lh/2020 - 05/28/c_ 1210637126. htm.

② 中国互联网络信息中心：《第 47 次中国互联网络发展状况统计报告》，[2021 - 07 - 17]. http：//cnnic. cn/hlwfzyj/hlwxzbg/hlwtjbg/202102/P020210203334633480104. pdf.

③ 参见彭兰《中国网络媒体的第一个十年》，清华大学出版社 2005 年版，第 308 页。

的特点，对于不同的网络公共交往/领域的影响，应当有所区分。从实践效果的角度来看，趋向积极行动的强网络公共交往尤其需要与网下的公共交往衔接起来。

对于弱公共交往而言，数字化特点相对不重要，毕竟在弱公共领域里，网民常常关注的是自由地表达自己的观点，而不注重交流沟通的效果。对于旨在加深认识或达成共识的强网络公共交往，数字化特点的影响更大，如果组织得当，相比网下的交流，依然有其不可替代的优势。例如，通过数字化信息，网民们能够跨越地域，即时便捷地沟通，可交流图文并茂的丰富信息，可容纳众多的讨论，等等。反之，如果组织不当，强网络公共交往也就转变为弱网络公共交往。

不过，对于公共交往，数字化的交流毕竟与面对面的网下沟通不同，二者各有优点和缺点。

首先，不论"增强现实、混合现实、虚拟现实等数字现实技术"[1] 如何发展，面对面的网下沟通中，个体所有感官直接接收的、来自现场的信息，比数字化的交流所承载的信息更丰富。当网民们通过电子设备等媒介与他人互动，能够获得一定的对他人的心理感知，产生仿佛身临其境的"社会临场感"，以及与他人保持联系的"社会连通感"。[2] 但数字化交流中，网民之间依然隔着技术这层"间隔"。这也是为什么我们在网上听优秀的老师授课同样能够接收知识信息，但是亲临现场听讲的魅力却是不同的。因为，来自现场的丰富的信息有助于调动个体内在的各种力量，使个体获得更深刻的体会。同时，好的现场氛围会促使人们愿意融入其中，进行沟通，从而提升公共交往的质量。

其次，人们面对面进行公共交往时所处的社会环境，已经潜在地为人们的交流提供了一定的制度信任。数字化的交流则缺少这种"现成"的社会环境，需要人们付出更多的努力，创造网络空间中的制度信任。

有学者指出："在网络空间中，由于尚未发展出完整而严密的制度

---

① 毛春蕾、袁勤俭：《社会临场感理论及其在信息系统领域的应用与展望》，《情报杂志》2018 年第 8 期。

② 毕晓梅：《"连通感"概念辨析及其对新媒体社交研究与应用设计的启示》，《国际新闻界》2011 年第 11 期。毛春蕾、袁勤俭：《社会临场感理论及其在信息系统领域的应用与展望》，《情报杂志》2018 年第 8 期。

（如法律、规范等）来确保网络秩序，制度信任在网络人际信任中很难发挥应有的作用。在这种情境下，互动双方只能主要通过相互交流，体验被对方支持、尊重和理解，并借助这种相互的社会支持来建立熟悉和亲密的人际关系，在此基础上增加人际信任。"①

尽管信息技术可以不断地改进，以保障网络秩序，但是毕竟第一道和第二道的数字鸿沟依然存在。即便已经发展出比较"完整而严密的制度（如法律、规范等）来确保网络秩序"，但是每一项制度依然需要依靠一个个活生生的人来维系。我们在生活中也需要通过与其他活生生的人打交道，通过具体的人的品质，来间接地感受某项制度的可信任程度。网络空间的公共场所常常有着大量的陌生人，带来了大量的行为不确定性。而现实中的公共空间往往为人们提供了相对熟悉的现实生活环境，以及相对比较有力的社会规范的约束。例如，网上的图书讨论区，可能出现网络陌生人贴出不相干的干扰信息，但是实际生活中的读书讲座，大家能够比较容易地集中谈论话题。当然，这也提醒我们，良好的网络公共交往/领域，是需要更多的努力才能够实现的。

再次，对于趋向积极行动的强公共领域而言，如果没有把网上网下的公共交往衔接起来，恐怕难以获得好的效果。例如，在关于某个公共政策的听证会现场，如果活跃于相关网络公共领域的网民们没能选派出合适代表到现场沟通，或者网络公共交往中产生的建议没能以其他方式提交，则网络公共交往可能会错失影响政策的良机。网上与网下相关的公共交往衔接起来，在相关政策或立法出台之前，有助于集思广益；在相关政策或立法出台之后，则有助于产生利于其实行和改进的网络舆论。

三　网民德性的培育总是"在路上"

培育网民德性总是正在进行中的行动，总是"在路上"。康德早已提出人类进入文明状态、建立"普遍法治的"社会，是一个最为困难的问题。他提醒人们："像从造就人类的那么曲折的材料里，是凿不出来什么

---

① 丁道群、沈模卫：《人格特质、网络社会支持与网络人际信任的关系》，《心理科学》2005年第2期。

彻底笔直的东西的。"① 要培育丰满的网民德性，不但需要良好的网络氛围和环境，还需要网民们广泛的努力，任重而道远。

如果网民仅热衷于宣泄式的弱网络公共交往，那么网上对于生活真正重要的信息（包括有助于实现公共性的信息），反而可能埋没在潮水般的网络信息里。从信息活动的角度来看，提出、寻找、整合、传播那些对于生活真正重要的信息，恰恰是网民德性的体现。

网民们通过融合网上和网下的公共交往实践，才可能比较全面地培养良好的公民德性及其相关的能力。将来，网络空间与网下的社会生活的联系将会更紧密，相应地，网络公共交往也会与网下公共交往更密切地衔接起来。发展衔接网上和网下公共交往的德性和相应的能力，将是未来网络时代里社会发展对于网民的德性与能力的新挑战。

尽管网络公共交往具有一些局限，但在参与网络公共交往的过程中，网民能够逐渐培养现代公民的德性与能力，包括逐渐学习作为公民如何表达自己的观点，学习自我组织的能力，学习参与政策制定与立法的方式等公民教育的重要内容。

如果没有既成的网络公共交往的场所，网民们可依法自主地创造公共讨论的网页甚至网站，让自己合理的观点获得更大的社会影响。如果缺乏好的沟通机制，网民们可依法结合既有的知识和经验，自主地创造公共讨论的程序和方法，以及和大众传媒、相关权力机构沟通的办法。网络空间作为一个全球性的人类信息交流环境，为全球本土化网民的成长，提供了众多的信息资源，以及各地网民交流经验与知识的途径。

显然，并非每个网民需要样样精通，但参与学习、实践强网络公共交往的过程，将会让网民们逐渐提高法治观念、了解民主的运作过程，提高公民意识的同时提高公民行动的能力。并且，公民行动的网上网下链接，将有助于迅速链接起多方面的社会资源，群策群力提出解决各类社会问题的建议，推动政策制定与相关立法，进而对具体实施过程进行舆论监督。

良好的网络公共交往是有待网民通过学习、努力实践，才可能实现的。强网络公共交往/领域更需要网民们共同努力创造。倘若个体网民耽于网络上的娱乐，或者止步于弱公共交往/领域，如暴民般地发泄不满，

---

① ［德］康德：《历史理性批判文集》，何兆武译，商务印书馆1990年版，第11页。

或者如犬儒般地挑剔而随波逐流，却疏于实践创造良好的强网络公共交往/领域，那么，改善现状的可能性将从何而来？

对于网络公共交往/领域，我们应当努力扬长避短，融合网上和网下的公共交往，才能够逐渐发展一个富有活力的、健康的社会主义公民社会（现代民间组织和民间关系）。一方面，网上和网下的公共交往的融合，也就是网上网下公共领域的融合，在和现代权力系统的良好互动中，将促进网络善治和国家治理。另一方面，这些实践行动同时也是网民个体培养公民德性及其能力的过程，有助于网民在网络时代里获得个人的发展。

第二节　实现网络公共交往的途径

近年来，我国网民已经表现出进行网络公共交往的热情。网络公共领域的出现和网络舆论的发展，有利于促使政府向服务型政府的转型。但问题也随之而来。网民的公共交往如何超越情绪的宣泄，持续有效地参与公共议题、解决问题？对网络公共交往伦理及实践机制的积极探索，将有助于建立公民主动参与、与现代权力系统良好沟通的机制。这也是实现国家治理现代化的重要方面。

如果说前一章探索网络公共交往的德性，是着眼于个体，侧重从微观上探索网络公共交往的实现途径，那么下面则尝试从宏观的角度来探索网络公共交往的实现途径，尤其探索国家和社会如何形成网上网下相联结、维护公民权利的支持系统。

一　建设应对网上突发公共事件的常规制度的重要性

张淑华通过分析 2007 年的"山西黑砖窑事件"，提出一个具有代表性的、我国网民通过网络公共领域维护权利的模式："当事人提供线索，提出权利维护的要求——媒体披露报道、代言进行呼吁——网友高强度关注，形成舆论焦点——媒体的新一轮集中报道——广泛民意达成，引起高层关注并进行批示——进入政府日程，行政程序启动——解决问题。"[①]

这是一个我们在生活中多次见到的、应对网上突发公共事件的、维护

① 张淑华：《网络民意与公共决策：权利和权力的对话》，复旦大学出版社 2010 年版，第 75 页。

权利的模式。在这个模式里，问题的最终解决来自体制外的力量和高层权力的介入，而不是通过"正常的公民权利表达和维护的体制内渠道"。[①] 对于非常吸引公众注意力的公共议题，这个模式一再重演，解决了一些问题，也推动了一些变革。

然而，这个维护权利的模式不具有普遍性，并且让社会所付出的代价太大，不宜普及。应当正视的是，这一常见模式具有特别的"示范"作用：似乎人们只有把诉求"发到网上去"、"闹出动静"，得到舆论关注、高层关注之后才能解决。这种人治思路和做法，虽然对解决一些突发的网上公共事件有效果，却并非法治所追求的目标。这既说明维护权利的常规渠道存在一些问题，也反映人们已经发现了网络公共交往/领域的力量。

首先，这个维护权利的模式通常是因为事态严重才吸引了媒体和公众的注意力，对于当事人来说，往往付出了沉重的代价。例如曾经发生的"开胸验肺""锯腿自救"等悲剧。当下，网民们很容易看到，在热门论坛上、热门网帖或热门微博的回帖等各种网络公共领域里，经常会有人贴上维护权利的诉求或求助的信息。这些信息不论真伪，往往不被理会。即使是真的维权或求助信息，比起热门的信息，却无法吸引网民们的注意力，虽然那些信息对当事人非常重要，却淹没在海量的网帖里。显然，上述解决突发公共事件的模式在这里并不适用。

此外，值得慎思的是：如果那些淹没在网络中的、真实的求助信息没有得到重视，是否会发展成严重的事件，成为下一个突发的网络公共事件？为了避免伤害，这些信息也应当得到关注和鉴别。大数据技术在这里应当发挥作用，时时了解、汇总各个地区的网上求助信息。防微杜渐总是比亡羊补牢好。

其次，这个维护权利的模式依靠的是人治而不是法治，具有不稳定性。诸多维护权利的公共议题原本可以依法通过各种基层的常规渠道进行沟通，并在基层得到妥善解决，而非指望"高层关注"。如果这样的模式一再出现，说明某些基层的制度执行出现了问题——在当事人最初提出维护权利的诉求时，如果常规渠道一直是畅通有效的，问题不至于累积到最后在网络空间中成为焦点。

---

① 张淑华：《网络民意与公共决策：权利和权力的对话》，复旦大学出版社 2010 年版，第 76 页。

再次，这个维护权利的模式容易将弱网络公共交往/领域从社会的"泄压阀""预警器"变成社会矛盾的"引爆器"，却忽略了强网络公共交往/领域具有汇聚社会的善意和资源的作用，并且，强网络公共交往/领域需要网民们积极行动，一起努力追求公共性，而非停留于宣泄情绪。

有学者分析道："在中国网络治理实践中，网络事件通常被视为社会秩序的主要威胁，从而形成了一种'以事件为中心'的治理模式。同时，由于中国改革深水区与网络社会的'相遇'，使现阶段中国网络事件表现出高频率和高烈度的特征。从冲突论的理论模型来看，中国网络事件高频率、高烈度的基本特征使网络事件失去了'社会安全阀'的作用，并导致社会信任体系的撕裂。就治理效果而言，目前的网络治理存在一种治理结构上的错位，即'以平息事态为标志'的形式绩效无法解决社会信任体系的撕裂。因此，'以事件为中心'的治理模式需要进行两个方面的变革：在治理理念及其目标定位上，用'以避免社会撕裂为核心'的实质绩效取代'以平息事态为标志'的形式绩效；在治理措施上，从侧重于技术手段的信息阻断干预机制转变为侧重于制度化建设的信息披露干预机制。"[①]

如果要避免社会信任体系的撕裂，除了需要现代权力系统形成"制度化建设的信息披露干预机制"[②]，保障公众对公共事件的知情权；同样重要的是我们能否通过在网络公共领域的信息披露、公共讨论和跟进，着力推进制度建设和法治的进步，使得当事人在问题出现之初就有畅通的常规渠道，通过合法的制度程序去寻求帮助、解决问题。另外，网络公共交往的

---

① 张兆曙认为："网络事件主要是指社会性的网络事件（即带有社会、经济和政治要求的网络群体性事件），而不是文化意义上的网络事件。……网络事件的事件性、群体性和公共性分别意味着某种程度的混乱、较大规模的网民参与和较严重的社会影响。"张兆曙：《以事件为中心：中国网络治理的基本模式》，《浙江学刊》2019 年第 3 期。

② 张兆曙指出："信息披露的干预机制并不是简单地通过技术手段干预信息流动和信息传递，而是在确保民众对公共事件知情权的前提下，从信息流动和信息传递的源头进行干预，主要通过组织力量以及技术手段的辅助对公共事件中信息披露的方式、过程和标准进行规范和约束，推动公共事件信息披露的制度化建设。在信息披露的干预机制中，首先是在组织层面建立信息披露的责任机制，即从组织上界定公共事件的责任主体，及其及时、客观、公正和充分地进行信息披露以满足民众对公共事件知情权的义务；其次是在信息披露的方式上形成逆向思维的表达机制，避免本位主义、带有官僚色彩或者非人性化的信息披露方式激化矛盾；再次是从制度上建立信息披露的事后追责机制，对于在公共事件的信息披露中隐瞒事实、推卸责任和激化矛盾的行为进行事后追责，避免在维持稳定的名义下以不恰当的方式加深信息披露中的信任危机。"张兆曙：《以事件为中心：中国网络治理的基本模式》，《浙江学刊》2019 年第 3 期。

丰富性，使得网络公共领域不仅仅是社会的泄压阀，还可能是社会团结的黏合剂。如果妥善发挥网络公共领域汇聚社会的善意和资源的作用，寻找帮助当事人的多种途径或长效办法，也有助于消解一些社会矛盾的"引爆条件"。

令人担忧的是，随着一个网络新闻热点接着下一个网络新闻热点出现，网民们目不暇接。许多网络新闻热点风头过后，不了了之。正如"锯腿自救"的当事人郑先生曾向媒体表达的那样："怕自己的事降温。降温对他意味着，像他锯掉腿之前，只能躺在床上等死。"① 由此可见，上述模式的最后阶段即"解决问题"阶段，依然是个薄弱的环节。"解决问题"的阶段更需要网络公共领域的跟进，不仅仅是弱网络公共领域，还需要考虑强网络公共领域的作用；需要督促制度的落实，针对这些重大的公共议题，在相关制度上作出改进，以避免类似事件今后再发生。

如何通过发挥网络公共领域的作用，改进常规渠道，从而有效地解决社会生活中存在的一般问题？网民、网络公共交往/领域和权力系统之间的常规沟通机制、常态化的制度建设，依然有待探索。下面将从联结公民维护权利的网上网下渠道、建设网上公众参与的途径等方面加以分析。

二　联结公民维护权利的网上网下渠道，畅通常规渠道

运用网络公共交往/领域，发挥网络舆论的监督作用，处理焦点公共事件，固然非常重要。但同样不容忽视的是，畅通公民平时维护权利的常规渠道，将矛盾和问题在发生的初期，加以缓和并妥善解决。

对于公民的申诉或救助，制度的设置应当是多渠道的，具体的程序应当方便公民操作，制度的运作应当自觉置于舆论的监督之下。不论是政府还是公民，需要共同努力通过多方面的措施，保障制度的有效运作。否则，类似"访民报社门口集体喝农药"② 这类新闻，将可能重演。这一事件在网上曝光后，曾经成为舆论焦点，迅速得到了处理，但对于当事人、对于政府公信力、对于社会心理的伤害都是巨大的。值得注意的是，在这

---

① 张永生：《锯腿等死者郑艳良的医保与依靠》，[2020 - 08 - 09] . http：//epaper. bjnews. com. cn/html/2013 - 10/21/content_ 472409. htm.

② 白阳：《29 次信访为何没能阻止矛盾激化？ ——"访民报社门口集体喝农药"事件追踪》，[2020 - 08 - 09] . http：//www. gjxfj. gov. cn/gzyw/2014 - 07/29/c_ 133517407. htm.

一事件的背后，当事人曾就危旧片区改造工程的拆迁补偿过低，至少29次通过写信、走访和网上投诉等方式正常信访，却没能解决问题。日积月累，矛盾最终走向激化。

面对复杂的社会矛盾和利益诉求，如何建设有效的常态沟通和博弈的平台？如今人们已经看到了网络公共领域的力量，发展网络公共领域，使之与既有制度链接起来，这将是一个切入点。我国如何通过网络公共交往领域改进既有常规渠道、增强既有常规渠道的活力？下面将从几个方面来分析。

（一）信访渠道网上网下联动，完善配套的制度设置

信访是我国公民常用的维护权利的途径。一方面是因为信访途径比较方便，另一方面还因为目前我国的法治建设有待完善，如打官司的成本高、判决"执行难"等问题存在，不少公民趋向选择信访。

随着互联网的迅猛发展，信访正处于信息化的发展过程中。早在2013年7月1日，我国国家信访局门户网站网上投诉全面放开。当天上午因为访问人数太多，该网站曾被挤瘫。① 这体现了网民们公共参与的热情。互联网传递信息的迅捷能力、强大的互动性，正促使既有的常规信访渠道进一步信息化。这些信息系统有助于公民便捷地向政府表达诉求、反映问题，及时了解事情的处理进展。

但是仅有信息化的信访系统是不够的。一些公共危机事件的出现显示了，信访系统应当有基层配套的制度设置，才能够切实解决当事人的问题。尤其对于信访中最重要的问题处理阶段，负责信访的政府部门应当和其他部门形成联动机制。例如，形成"党委政府统一领导、信访部门组织实施、职能部门联合会诊，发挥信访联席会议的作用"② 的制度，协同政府各个部门的力量，有效地解决问题。与此同时，通过信息技术手段促进信访的公开透明，促使政府部门主动提高工作效能。不仅需要网上公开信访的办理过程，还应当设置公民的网上评价系统，并由负责监察的政府部

---

① 陈小二：《信访局网站被挤瘫背后的民情民意》，［2020 - 08 - 09］．http：//www.chinanews.com/gn/2013/07 - 02/4992648.shtml.

② 参见欧阳梦云《"阳光信访"让群众监督权力》，［2020 - 08 - 09］．http：//www.gjxfj.gov.cn/gzyw/2014 - 05/04/c_ 133307714.htm. 陈国强：《实现从网上到网下的联动》，《经济日报》2014年5月4日第8版。

门，对于办结率、推诿、网络评价等情况进行重点监察和问责。①

　　另一方面，除了政府部门自身的自我监督之外，来自网络舆论的外部评价和监督也必不可少。从 2010 年出现网民"微博问政"开始，微博这类便捷的数字化信息交流方式作为网络公共领域的一种类型，促使政府工作人员转变思路形成与公民互动的观念，逐渐习惯于回应网络公共领域。甚至出现了"上访不如上网"这样的看法。其实"上网"无法取代信访，应对网上公共危机事件的特殊模式也不适用于一般的问题。关键是把信访渠道和网络公共领域链接起来，增加公民和各级政府之间的沟通了解，促进信访的公开透明，以便及时地、合法地、合理地解决问题。

　　我们已经看到了各种网络公共领域的出现，比如允许回复的网络媒体、网上论坛、公开的博客、微博、微信等。网民们在网络公共领域里的发言热情，已经促使政府部门网站上开设留言互动栏目，尤其主动开微博、微信与网民交流。留言栏互动、政务微博等做法，不仅是政府服务在网上的延伸，而且，如果网民自主发言讨论，各种大大小小新的网络公共领域就产生了。网民与政府部门、网络公共领域与政府部门之间的距离变得更近。政府部门及时回应这些网络公共领域，解答网民的疑问并解决问题，能够在增进政府和网民、媒体互动沟通的同时，进一步提升政府的公信力。

　　从这个角度来看，服务型政府的转型需要政府各部门主动链接网络公共领域，越主动接受网民的监督，也越能够提高行政效能，及时解决问题。类似"访民报社门口集体喝农药"的事件，如果在基层就能够妥善解决，也不至于发酵成全国瞩目的突发公共事件。

　　（二）建设网上网下联动的社会工作系统

　　为了建设公民维护权利的网上网下畅通渠道，在建设服务型政府的同时，还应当努力建设社会工作的职业系统。社会工作是运用专业知识和技能助人自助、解决社会问题的职业。政府购买社会工作服务，社会工作者为有需要的人提供专业的服务，这是实现社会工作的一种通常的方式。政府购买社会工作服务也是政府有关部门发动社会力量，通过专业人士解决社会问题的重要做法。广大社会工作者以专业知识和技能，为众多需要帮

---

　　①　参见张军、马跃明《以前上访，现在"上网"》，《今日浙江》2011 年第 23 期。

助的人提供服务，对社会的稳定发挥重要的作用。

社会工作是社会支持系统的重要组成部分。和信访相比，社会工作比较柔性。在信访中，政府按照法律法规行事，比较刚性。如果按照当时法律法规无法解决当事人的问题，或者办事人员推诿，或者办事人员对行政自由裁量权使用不当时，此时信访的"刚性"特点容易导致公民产生求告无门的痛苦。倘若问题总是得不到解决，痛苦长年累积，不但对于信访当事人的心理健康非常不利，而且增加了社会的风险。倘若有的当事人失去生活信心甚至铤而走险报复社会，将会造成更多家庭的痛苦。例如 2013年厦门公交车纵火案等恶性案件背后，往往隐藏着和信访的刚性特点相关的问题，也表明基层对于社会工作系统的迫切需要。

比较完善的刚性的信访渠道和相对柔性的社会工作系统同时存在，公民们将会多一些获得帮助的渠道，众多的困难和矛盾有望在基层合理解决。在社会工作中，社会工作者不但运用专业知识包括心理学知识来帮助案主，还注重寻找体制内外的多种资源，为案主提供帮助。在我们的日常生活中建立起社会工作服务网络，积极充分地发展各种社会组织，由此，当一个人遇到自己难以解决的困难时，除了信访，还可以直接在所住社区里向社会工作者寻求专业的帮助，也有更多的可能获得其他社会组织的帮助。

在我国，社会工作还处于起步阶段，不少公众对这个职业还很陌生。根据《社会工作专业人才队伍建设中长期规划（2011—2020 年）》："实施社会工作服务人才职业能力建设工程，每年培训 10000 名取得助理社会工作师、社会工作师和高级社会工作师职业水平证书人员。到 2020 年，实现所有在岗社会工作服务人员系统接受良好的专业教育和培训。"① 2021年，"全国社会工作专业人才总量达到 157.3 万人，其中持证社会工作者 66 万人；注册志愿者人数超过 1.92 亿人。"② 到 2025 年，"社会工作专业人才总量"目标值将达到 200 万人。目前，一方面是社会工作者、社会工作组织的培育还在起步阶段。另一方面，对于社会工作，"政府购买、定

---

① 民政部职业技能鉴定指导中心：《社会工作专业人才队伍建设中长期规划（2011—2020年）》，[2020 - 08 - 09]．http：//jnjd. mca. gov. cn/article/zyjd/zczx/201301/20130100406268. shtml.

② 民政部：《民政部 国家发展和改革委员会关于印发〈"十四五"民政事业发展规划〉的通知》，[2021 - 07 - 17]．http：//xxgk. mca. gov. cn：8011/gdnps/pc/content. jsp？id =14980&mtype=4.

项委托、合同管理、评估兑现的公共服务新机制"还在发展过程中。

我国社会工作包括网络社会工作正处于发展阶段，但其重要性和社会的需求已经显露出来。在网络公共领域，许多诉求正以各种网上发言的方式出现。如果只是让众多寻求帮助的网上发言在网上信息的海洋里沉下去、无人关注，或者简单地删帖或压制，这些做法将会在无形中增加社会的风险。

网络公共领域作为社会泄压阀，让问题呈现出来而后加以疏导，这是非常必要的。漠视或掩盖的做法或许能够暂时让网络公共领域看起来一时清净，但已经存在的问题和矛盾却可能会在基层累积起来，甚至最后酿成公共危机事件。

2011年江西抚州钱某连环爆炸案是一个典型的案例。2011年5月26日，钱某在抚州市检察院、临川区行政中心、临川区药监局旁制造了三起爆炸，两名保安被炸死，多人受伤。在这个案件发生之前，钱某因房屋拆迁安置补偿标准过低而申诉。十年之间，他通过司法、信访、网络求助等多种途径，均未能有效地解决问题。钱某2006年在败诉后偶尔发网帖投诉。2010年下半年，他在天涯、新浪和人民网注册实名微博，发布他的遭遇，转发微博，关注并发信息给名人微博，但这些做法均未能引起足够的关注。然而，"事发后第三天，钱某的微博账号被删前，粉丝数暴涨至3万"[①]。关注来得太迟，这种突发的危机事件的代价太沉重。

无论如何，滥杀无辜是严重的违法犯罪行为。但在这个案例中，从社会工作的角度来看，当事人十年的申诉、信访、网上求助过程中，始终没能有社会工作者的介入，当事人也没能获得来自社会支持系统的有效帮助。这种情况对当事人的心理极为不利，也明显增加了社会的风险。可以预见，如果没能建立起系统的社会工作体系，有效地衔接起网上网下的社会，将来可能会有类似的诉求出现在网上，也可能会有网民继续模仿前述的、并不具有普遍性的公共事件模式。

从落实道德实践的角度来看，为了给有需要的人提供帮助，将矛盾有效地化解在基层，从而降低社会的风险，我们需要建立起社会工作系统，

---

① 凌子梦：《江西抚州爆炸案调查 疑犯遭强拆上访十年无果》，［2020－08－09］. http：//www.mzyfz.com/html/752/2011－06－17/content－83102.html.

连接起网上网下的社会。至少有两项任务是比较迫切的：

一方面是增强社会工作者的数字素养。数字素养不仅包括通过信息技术获取、管理、评价和创造信息的能力，与他人沟通的能力，还包括恰当使用信息技术的能力，以及能够引导人思考的批判意识及能力。[1] 社会工作者的数字素养不仅包括网络礼仪，还包括掌握一定的信息技术知识。尤其在网络公共交往中，社会工作者的数字素养还体现在具有比较丰富的网络活动经验，善于整合虚拟的网络空间背后的社会网络和资源，从而实现专业助人的目标。[2]

另一方面是增进各种社会工作组织的信息化和透明化。类型各异的社会工作组织首先可以主动通过网络公共交往，在网络公共领域发言，和公众交流，倡导社会工作的价值观。其次，社会工作组织应以公开透明的运行机制，在网上公开工作流程与财务状况，接受社会舆论的监督，争取公众的信任。进而逐渐建立起各地网上的社会工作系统，将其和网下的社会工作密切联结起来。在各地已有的社会工作组织的网站、微博、QQ 群、微信等网络交流方式的基础上，不断地完善其功能，更多地开展与案主直接互动的网络社会工作。"在网上虚拟社会中及时发现并关心帮助需要关心的网民"[3]，及时给予帮助和心理上的支持，这既是社会的迫切需要，也是社会工作职业在网络时代需要努力的方向。

常态化信访渠道的改进和社会工作系统的完善是帮助公民维护权利、获得帮助的重要途径。政府、社会工作组织主动关注、链接网络公共领域，增加与公众的互动，与公众沟通、商议如何解决问题，并在舆论监督下，提高服务的水平——这将有利于公民维护权利及时获得帮助，从而在基层有效地化解各种矛盾。

（三）结合网络公共领域的发展，改进人大代表的网上履职方式

通过人大代表，公民能够反映诉求与问题，寻求帮助，维护自己的权利。网络公共领域的蓬勃发展，已经推动不少人大代表通过 QQ、微博、

---

① Megan Poore，"Digital Literacy：Human Flourishing and Collective Intelligence in a Knowledge Society"，*Australian Journal of Language & Literacy*，2011，34（2）：20 - 26.

② 参见宣兆凯、尹秀云主编《社会工作伦理》，教育科学出版社 2015 年版，第 235—240 页。

③ 曾庆斌：《发展网络社工 助力虚拟社会管理》，［2020 - 08 - 09］. http：//www. citygf. com/FSNews/080/55/02/201108/t20110802_ 1984017. html.

微信等网络交流方式，在网上与公民沟通。譬如，早在 2012 年全国人大召开时，人民网已经设置了人大代表微博议政平台，众多人大代表在微博上发言，与网民即时互动。人大代表们的政务微博一时成了吸引网民注意力的新事物。这是一种新的网络公共领域类型，网民在政务微博上和人大代表直接交流，表达观点和建议。而在人大闭会期间，有些人大代表业已使用自己的微博和网民互动，征求意见、建议，[①] 这是人大代表在网络公共领域上进行网络公共交往、履行职责的途径。

　　人大代表和选民之间如何形成良好的网上沟通，如何有效地解决选民提出的问题？人大代表和选民如何实现网络公共交往、共同创造大大小小的、良好的网络公共领域？

　　以微博为例，为了管理好以代表身份开设的微博，人大代表应开放微博评论功能，坦诚地接受网民的意见、建议甚至批评。在代表微博上，人大代表应注意自己是以人大代表的公共身份发言，在传递信息给网民的同时，应正确地处理网民的意见与诉求。对于来自所属选区网民的诉求，人大代表应仔细了解情况，根据解决问题的法定程序转给相关政府部门，而后跟进协商、监督办理结果。与此同时，人大代表还应当和网民保持沟通，及时反馈信息。[②]

　　对于网民来说，与人大代表的网上的交流沟通、反映问题，是一个逐渐理性地表达诉求的过程。当遇到棘手的问题和困难时，人们难免有时情绪化。人大代表应注意掌握沟通的技巧并加以回应，而选民也应尽可能理性地表达诉求。在这个过程中，因为沟通的目标旨在解决问题，而不仅仅是道出看法，因此，网民实际上是进入一个强网络公共领域进行网络公共交往。

　　除了网上的沟通之外，问题的解决最终还需要落实在网下的社会生活中。为了更好地发挥人大代表的作用，我们应当探索在全国各个社区里，逐渐广泛地建立起人大代表工作站，人大代表定期到工作站和选民们交流，从而方便社区居民直接与人大代表联系。由于我国的人大代表不是专

---

　　① 春晓、赵建波：《驻临沂全国人大代表邹兵开微博网上询民意》，［2020 - 08 - 09］. http：//linyi. iqilu. com/lyyaowen/2014/0225/1882587. shtml.

　　② 刘能：《人大代表如何办好"微博"》，《人民政坛》2012 年第 10 期。

职担任的，也可由若干热心居民担任社区的联络员，汇总、反映居民的各种诉求，与所在选区的人大代表保持联系，并与相关部门沟通解决问题。

建设社区里的人大代表工作站这一平台，人大代表将能够在闭会期间依法履行职责，选民们也容易找到代表反映问题。显然，这样的平台在网络时代，很容易会延伸到网上，创造出属于特定社区的网络公共领域。对于社区居民反映的问题，各个社区的联络员以及其他热心居民和所在选区的人大代表可以通过开展座谈、调研等多种方式，集思广益，总结公民们的诉求，与各个有关政府部门保持沟通以解决问题。

如果某个社区里的民间精英热心参与，可能以其"理性维权、法治维权的理念和长期热心公益事业积累起来的社会资本以及较为成熟的博弈技巧"①，引导公民们理性地、有策略地参与社区治理。如果某个社区缺乏成熟的民间精英，人大代表工作站的运作，应当在社区里逐渐形成理性维权、依法维权的观念，增强公民们参与社区治理的能力。

如果有了人大代表工作站这样的常规机制支持，再将人大代表的微博、微信等网上沟通途径，与网下的人大代表工作站衔接起来，一方面方便网民咨询、反映问题、解决问题，另一方面网民和人大代表的沟通才可能落到实处。将来，网上网下的多种渠道应当进一步整合，以方便公民在基层反映问题、解决问题，从而在基层缓解社会矛盾、在问题起初就妥善加以处理。

在网络空间中，我们还应当逐步探索网上公众参与的常态化制度。在政策或立法出台之前，负责制定政策、起草议案的机构，应当依法常规地广泛地征求民意，以集思广益。除了已有的各种信息互动媒介，包括网站、电子邮箱、微博、微信等网络交流方式之外，可探索通过大数据技术综合民意，探索网络会议、网上的座谈会、听证会等方式，邀请相关的各方、感兴趣的网民参与。应当多管齐下，促使网上公众参与成为常态的制度。

（四）共同创造网络公共领域，连接相关各方以追求公共性

2020年新冠肺炎疫情突然来袭，在武汉市的疫情最严峻的日子里，我

---

① 邹树彬、张旭光：《权益性参与的理性运作：对"月亮湾人大代表工作站"实践的考察》，《深圳大学学报》（人文社会科学版）2008年第6期。

国的强网络公共交往/领域格外活跃，并且饱含同胞守望相助之情。当时，在武汉市发生医疗挤兑的情况下，社交媒体例如新浪微博迅速开设了新型肺炎求助信息的栏目，并由相关政府部门设置专门的通道与求助者进行核实和对接。来自世界各地的网民纷纷行动，或捐款、或提供帮助的信息、或帮忙转发信息、或通过网下的各种渠道提供物质帮助。

这些行动体现强网络公共交往/领域追求"言论系谱的公共性"和"实践系谱的公共性"的一种"帮助模式"：社交媒体主动开设（直接连接政府部门以及社会各界的）网络公共领域——网民当事人实名发布信息求助——相关的政府部门联系网民当事人，网下开展行动——网络公共领域里的信息反馈。

除了社交媒体主动开创对接相关各方的网络公共领域，网民们在社交媒体也主动开辟新的网络公共领域，体现了另一种"帮助模式"：网民当事人在社交媒体实名发布信息求助——其他网民转发信息、或提供帮助信息——连接其他能够提供帮助的各方（政府、个人、社会组织和企业等）——帮助方联系当事人网民，网下开展行动——网络公共领域里的信息反馈。

有的社交媒体中的公众人物（网络语言称为"大V"）则以自己的影响力，通过来自五湖四海的网络支持者（网络语言称为"粉丝"）的力量，分工合作，迅速汇集物资并送往武汉的医院。这体现了网络公共领域中核心成员的作用，以及网民们团结协作的精神。

信息公开和透明、分工明确、注重实效（实实在在地帮助当事人），使得强网络公共交往/领域的帮助模式行动高效。实践表明，经过政府、网民、社会组织和企业的共同努力，强网络公共交往/领域的确能够实现，并且它具有迅速汇集社会中的善意和资源、解决问题的作用，成为社会有机团结强有力的黏合剂。由此看来，各种网络主体（包括政府、个人、社会组织和企业等）均能开展网络公共交往，开辟某个网络公共领域，关键在于所创造的网络公共交往/领域是否有效地连接相关各方，是否有适当的组织方式，以及是否体现了一定的公共性。网络公共交往/领域的关键在于其是否实现了形式和内容方面的公共性。

网络公共交往/领域具有相对扁平化的直接对接功能。在平时的日常生活中，包括政府各部门在内的现代权力系统，应继续探索更多人性化的做法来实现"直接对接",帮助有需要的公民,与网民一道为创造服务型政府、实现国家治理而共同努力。

除了对接"帮助"之外,对于网络公共交往/领域的预警作用,我们同样需要探索更好的"对接"机制。此次新冠肺炎疫情警示我们:公共信息的公开和透明,科学地依法处理问题,是防范危机的重要措施。例如,在公共卫生方面,如果来自基层一线的预警信息,能够通过某个扁平化的网络公共交往/领域,信息直接对接国家疾控中心的高级别专家,将有助于我们及时防范各种传染病。当网络公共领域的预警作用、帮助作用得到良好的发挥,它必然不会是社会矛盾的"引爆器",而是团结社会的黏合剂。

三　网民进行网络公共交往的积极实践

以国家的力量为主导,国家和社会共同建设各种网上网下公共交往的常规渠道与制度,能够为网民进行网络公共交往提供系统性的支持;而网民们自身发挥主观能动性,才能使得各种渠道与制度真正运作有效。各种常规渠道、常态化制度的建设和良好运作,需要亿万具有公共交往德性的网民的共同实践。因此,网民的公民教育应当在社会里普遍展开,以促进公民们"全球本土化网民"的视野拓展,培育网民的德性与相应能力。在初等、中等和高等教育中,我们应当逐渐开展结合国际理解教育的数字素养教育。不仅教育各层次的学生了解基本的网络道德,而且还应结合议事规则的教育,逐渐培育学生们的网络公共交往德性与能力。

在国家和社会不断完善网民权利的系统性支持的同时,网络媒体应当继续广开言路,鼓励网民们进行网络公共交往,积极联系网上和网下的公共领域,从而培养网民在公共领域中进行理性讨论、合理组织讨论和积极行动等公民德性与能力。[1] 宏观来看,网络公共交往的实践不限于政治公共领域,而应当面向现代权力系统,在各种类型的网络公共领域中广泛地进行,从而有益于促进现代权力系统文明运作和社会生活的文明发展。[2] 通过广泛的网络公共交往实践,立足于法治的公共交往伦理、参与国家治

---

[1]　请参见第四章"网络公共交往的德性要求"。
[2]　请参见第五章"网络公共交往的实践目的"。

理的公民意识将在所有网络主体中普及开来，于日常生活中潜移默化、深入人心。

　　网民积极实践网络公共交往（尤其强网络公共交往），不断创造和改进网络公共领域，这是一个可能实现的理想。人类社会的文明发展总是建立在肯定并发挥个体潜能的基础之上。正如弗兰克尔所言："一个人只有拥有更广阔的视野、更远大的理想，才能发挥出真正的潜能，否则他最终所能实现的潜能只能低于应达到的水平。如果我们要发挥人类最大的潜能，首先必须相信它的存在，不管是在形而上的层面上，还是在现实的层面上……"① 进行个体和群体的启蒙，培育良好的网上生活方式、参与形成文明有效的国家治理，促进现代权力系统文明运作和社会的文明发展——网络空间既是网民们运用想象力的空间，也是网民们实践网络公共交往、促进个人、现代权力系统和社会文明发展的领域。

　　在网络公共交往中追寻实践的智慧，形成有德性的网络生活方式，是现代科技时代每个网民所面临的挑战。千里之行，始于足下。在各种网络公共领域中，当网民们依托系统的权利保障，积极开展网络公共交往，涵养公民的德性，在实践中提高公民的能力，联结网上网下的公共交往/领域——在广大网民的共同努力下，网络善治才可能实现，从而改进国家治理，成就生机勃勃的、文明的现代网络社会。

---

① ［奥］维克多·弗兰克尔：《何为生命的意义》，郑琛译，天地出版社2020年版，第16页。

参考文献

一　著作

《大学中庸译注》，王文锦译注，中华书局 2008 年版。

《黄帝内经》上（素问），姚春鹏译注，中华书局 2010 年版。

《礼记》，陈澔注，金晓东校点，上海古籍出版社 2016 年版。

《马克思恩格斯选集》第 3 卷，人民出版社 2012 年版。

《诗经》，邓启铜注释，东南大学出版社 2015 年版。

《荀子新注》，楼宇烈主撰，中华书局 2018 年版。

《周易》，郭彧译注，中华书局 2010 年版。

陈共德：《互联网精神交往形态分析》，博士学位论文，中国社会科学院，
　　2002 年。

陈鼓应注译：《庄子今注今译》，商务印书馆 2016 年版。

陈来：《儒学美德论》，生活·读书·新知三联书店 2019 年版。

陈真：《当代西方规范伦理学》，南京师范大学出版社 2006 年版。

邓晓芒：《康德伦理学：解读、研究与启示》，北京出版集团、文津出版社
　　2020 年版。

段伟文：《网络空间的伦理反思》，江苏人民出版社 2002 年版。

甘绍平：《人权伦理学》，中国发展出版社 2009 年版。

高奇琦：《人工智能：驯服赛维坦》，上海交通大学出版社 2018 年版。

高兆明：《制度伦理研究》，商务印书馆 2011 年版。

郭湛主编：《社会公共性研究》，人民出版社 2009 年版。

郭忠华、刘训练编：《公民身份与社会阶级》，江苏人民出版社 2008 年版。

何飞：《罗伯特议事规则实践指南：如何进行高效沟通和科学决策》，百花
　　洲文艺出版社 2018 年版。

胡发贵：《儒家朋友伦理研究》，光明日报出版社 2008 年版。

胡泳：《众声喧哗：网络时代的个人表达与公共讨论》，广西师范大学出版社 2008 年版。

蒋永福：《信息自由及其限度研究》，社会科学文献出版社 2007 年版。

金周英：《人类的未来》，湖南科学技术出版社 2019 年版。

寇延丁、袁天鹏：《可操作的民主：罗伯特议事规则下乡全纪录》，浙江大学出版社 2012 年版。

郎景和：《一个医生的故事》，北京联合出版公司 2015 年版。

雷毅：《人与自然：道德的追问》，北京理工大学出版社 2015 年版。

李佃来：《公共领域与生活世界——哈贝马斯市民社会理论研究》，人民出版社 2006 年版。

李晓辉：《信息权利研究》，知识产权出版社 2006 年版。

李义天：《美德伦理学与道德多样性》，中央编译出版社 2012 年版。

李永杰：《现代社会组织与社会和谐发展》，社会科学文献出版社 2014 年版。

梁漱溟口述：《这个世界会好吗：梁漱溟晚年口述》，东方出版中心 2006 年版。

梁涛、斯云龙编：《出土文献与君子慎独——慎独问题讨论集》，漓江出版社 2012 年版。

廖申白：《交往生活的公共性转变》，北京师范大学出版社 2007 年版。

林火旺：《正义与公民》，吉林出版集团有限责任公司 2008 年版。

刘丹鹤：《赛博空间与网际互动——从网络技术到人的生活世界》，湖南人民出版社 2007 年版。

刘曙辉：《宽容：如何在差异中共存》，上海三联书店 2013 年版。

刘玮：《公益与私利：亚里士多德实践哲学研究》，北京大学出版社 2019 年版。

刘宗周：《刘宗周全集》第 3 册语类，浙江古籍出版社 2012 年版。

陆贾、刘安、扬雄、王充、荀悦、桓宽：《诸子集成》第 7 卷，团结出版社 1996 年版。

罗亮：《网络空间的民主生活实践：民主视野下的网络公共领域及其治理研究》，中国社会科学出版社 2017 年版。

孟威:《媒介伦理的道德论据》,经济管理出版社 2012 年版。

彭兰:《中国网络媒体的第一个十年》,清华大学出版社 2005 年版。

彭立群:《公共领域与宽容》,社会科学文献出版社 2008 年版。

强昌文:《权利的伦理基础》,安徽人民出版社 2009 年版。

任丑:《人权应用伦理学》,中国发展出版社 2014 年版。

邵燕君主编:《破壁书:网络文化关键词》,生活·读书·新知三联书店 2018 年版。

宋增伟:《制度公正与人性完善》,中国社会科学出版社 2010 年版。

童世骏:《批判与实践:论哈贝马斯的批判理论》,生活·读书·新知三联 书店 2007 年版。

童伟华:《法律与宽容》,社会科学文献出版社 2008 年版。

涂子沛、郑磊编著:《善数者成:大数据改变中国》,人民邮电出版社 2019 年版。

汪晖、陈燕谷主编:《文化与公共性》,生活·读书·新知三联书店 2005 年版。

王淑华:《互联网的公共性》,社会科学文献出版社 2014 年版。

邬焜、[法]布伦纳、王哲等:《中国的信息哲学研究》,中国社会科学出 版社 2012 年版。

邬焜:《信息认识论》,中国社会科学出版社 2002 年版。

邬焜:《信息哲学——理论、体系、方法》,商务印书馆 2005 年版。

吴又可:《温疫论译注》,曹东义译注,中医古籍出版社 2004 年版。

熊威:《网络公共领域研究》,中国政法大学出版社 2016 年版。

杨伯峻译注:《论语译注》,中华书局 1980 年版。

杨伯峻译注:《孟子译注》(简体字本),中华书局 2008 年版。

杨仁忠:《公共领域论》,人民出版社 2009 年版。

俞可平:《论国家治理现代化》,社会科学文献出版社 2015 年版。

张淑华:《网络民意与公共决策:权利和权力的对话》,复旦大学出版社 2010 年版。

郑磊:《开放的数林:政府数据开放的中国故事》,上海人民出版社 2018 年版。

周建武编著:《科学推理:逻辑与科学思维方法》,化学工业出版社 2017

年版。

朱鑫灏：《网络公民社会研究》，中国社会科学出版社 2014 年版。

［奥］维克多·弗兰克尔：《何为生命的意义》，郑琛译，天地出版社 2020 年版。

［澳］露丝·韦津利：《脏话文化史》，颜韵译，文汇出版社 2008 年版。

［德］哈尔特穆特·罗萨：《加速：现代社会中时间结构的改变》，董璐译，北京大学出版社 2015 年版。

［德］哈特穆特·罗萨：《新异化的诞生：社会加速批判理论大纲》，郑作彧译，上海人民出版社 2018 年版。

［德］汉斯·约纳斯：《技术、医学与伦理学：责任原理的实践》，张荣译，上海译文出版社 2008 年版。

［德］康德：《道德形而上学原理》，苗力田译，上海人民出版社 1986 年版。

［德］康德：《道德形而上学》（注释本），张荣、李秋零译注，中国人民大学出版社 2013 年版。

［德］康德：《历史理性批判文集》，何兆武译，商务印书馆 1990 年版。

［德］康德：《永久和平论》，何兆武译，上海人民出版社 2005 年版。

［德］马克思、恩格斯：《共产党宣言》（纪念马克思诞辰 200 周年多语种珍藏版），中央编译出版社 2018 年版。

［德］伊丽莎白·诺尔－诺依曼：《沉默的螺旋：舆论——我们的社会皮肤》，董璐译，北京大学出版社 2013 年版。

［德］尤尔根·哈贝马斯：《公共领域的结构转型》，曹卫东等译，学林出版社 1999 年版。

［德］尤尔根·哈贝马斯：《交往行动理论·第二卷——论功能主义理论批判》，洪佩郁、蔺青译，重庆出版社 1994 年版。

［德］尤尔根·哈贝马斯：《交往行为理论·第一卷——行为合理性与社会合理化》，曹卫东译，上海人民出版社 2004 年版。

［德］尤尔根·哈贝马斯：《交往与社会进化》，张博树译，重庆出版社 1989 年版。

［德］尤尔根·哈贝马斯：《在事实与规范之间：关于法律和民主法治国的商谈理论》修订译本，童世骏译，生活·读书·新知三联书店 2011

年版。

［法］史怀哲：《敬畏生命：史怀哲自传》，杨巍译，江苏凤凰文艺出版社
　　2017 年版。

［古希腊］亚里士多德：《尼各马可伦理学》，廖申白译注，商务印书 2003
　　年版。

［古希腊］亚里士多德：《政治学》，颜一、秦典华译，中国人民大学出版
　　社 2003 年版。

［加］沃尔夫 – 迈克尔·罗思、［美］安杰拉·卡拉布列斯·巴顿：《科学
　　素养的反思》，张锋、李水奎译，上海交通大学出版社 2018 年版。

［美］E. 博登海默：《法理学：法律哲学与法律方法》，邓正来译，中国政
　　法大学出版社 2004 年版。

［美］戴维·迈尔斯：《社会心理学》第 11 版，侯玉波、乐国安、张智勇
　　等译，人民邮电出版社 2016 年版。

［美］恩格尔哈特：《生命伦理学的基础》，范瑞平译，湖南科学技术出版
　　社 1996 年版。

［美］汉娜·阿伦特等：《〈耶路撒冷的艾希曼〉：伦理的现代困境》，孙传
　　钊编译，吉林人民出版社 2003 年版。

［美］汉娜·阿伦特：《人的境况》，王寅丽译，上海人民出版社 2009
　　年版。

［美］亨利·罗伯特：《罗伯特议事规则》，袁天鹏、孙涤译，格致出版
　　社、上海人民出版社 2015 年第 11 版。

［美］凯斯·R. 桑斯坦：《信息乌托邦：众人如何生产知识》，毕竞悦译，
　　法律出版社 2008 年版。

［美］凯斯·桑斯坦：《网络共和国：网络社会中的民主问题》，黄维明
　　译，上海人民出版社 2003 年版。

［美］凯文·凯利：《必然》，周峰、董理、金阳译，电子工业出版社 2016
　　年版。

［美］克莱·舍基：《人人时代：无组织的组织力量》，胡泳、沈满琳译，
　　浙江人民出版社 2015 年版。

［美］克莱·舍基：《认知盈余：自由时间的力量》，胡泳、哈丽丝译，北
　　京联合出版公司 2018 年版。

［美］兰·费雪：《完美的群体：如何掌控群体智慧的力量》，邓逗逗译，浙江人民出版社 2013 年版。

［美］劳伦斯·莱斯格：《代码》，李旭等译，中信出版社 2004 年版。

［美］劳伦斯·莱斯格：《思想的未来：网络时代公共知识领域的警世喻言》，李旭译，中信出版社 2004 年版。

［美］理查德·塞勒、卡斯·桑斯坦：《助推：如何做出有关健康、财富与幸福的最佳决策》第 3 版，刘宁译，中信出版社 2018 年版。

［美］理查德·斯皮内洛：《铁笼，还是乌托邦——网络空间的道德与法律》，李伦等译，北京大学出版社 2007 年版。

［美］罗伯特·K. 默顿：《社会理论和社会结构》，唐少杰、齐心等译，译林出版社 2006 年版。

［美］曼纽尔·卡斯特：《网络社会的崛起》，夏铸九、王志弘等译，社会科学文献出版社 2006 年版。

［美］尼古拉斯·卡尔：《浅薄：你是互联网的奴隶还是主宰者》，刘纯毅译，中信出版社 2015 年版。

［美］帕甘·肯尼迪：《想象思维：为什么有人想到了你想不到的》，杨清波译，中信出版社 2018 年版。

［美］特雷尔·拜纳姆、［英］西蒙·罗杰森：《计算机伦理与专业责任》，李伦、金红、曾建平、李军译，北京大学出版社 2010 年版。

［美］托马斯·斯坎伦：《宽容之难》，杨伟清、陈代东等译，人民出版社 2008 年版。

［美］维克多·E. 弗兰克尔：《活出生命的意义》，吕娜译，华夏出版社 2018 年版。

［美］维纳：《人有人的用处：控制论和社会》，陈步译，商务印书馆 1978 年版。

［美］吴修铭：《注意力经济：如何把大众的注意力变成生意》，李梁译，中信出版社 2018 年版。

［美］杨国斌：《连线力：中国网民在行动》，邓燕华译，广西师范大学出版社 2013 年版。

［美］约翰·菲尼斯：《自然法与自然权利》，董娇娇、杨奕、梁晓晖译，中国政法大学出版社 2005 年版。

［美］约翰·罗尔斯：《正义论》修订版，何怀宏、何包钢、廖申白译，中国社会科学出版社 2009 年版。

［日］大前研一：《专业主义》，裴立杰译，中信出版社 2010 年版。

［日］佐佐木毅、［韩］金泰昌主编：《社会科学中的公私问题》，刘荣、钱昕怡译，人民出版社 2009 年版。

［英］丹尼尔·博尔：《贪婪的大脑：为何人类会无止境地寻求意义》，林旭文译，机械工业出版社 2013 年版。

［英］蒂姆·伯纳斯－李、［英］马克·菲谢蒂：《编织万维网：万维网之父谈万维网的原初设计与最终命运》，张宇宏、萧风译，世纪出版集团上海译文出版社 1999 年版。

［英］约翰·密尔：《论自由》，许宝骙译，商务印书馆 1959 年版。

［英］尼克·史蒂文森编：《文化与公民身份》，陈志杰译，吉林出版集团有限责任公司 2007 年版。

James Slevin：《网际网路与社会》，王乐成等译，弘智文化事业有限公司 2002 年版。

Karen Mossberger, Caroline J. Tolbert, Ramona S. McNeal, *Digital Citizenship*：*The Internet*, *Society*, *And Participation*, Cambridge, Mass.：MIT Press, 2008.

二　论文

毕晓梅：《"连通感"概念辨析及其对新媒体社交研究与应用设计的启示》，《国际新闻界》2011 年第 11 期。

曹荣湘：《数字鸿沟引论：信息不平等与数字机遇》，《马克思主义与现实》2001 年第 6 期。

车英、欧阳云玲：《我国舆论的民族特性初探》，《武汉大学学报》（哲学社会科学版）2005 年第 5 期。

陈徽：《意志自律与慎独——兼论中西文化的交融》，《安徽大学学报》（哲学社会科学版）1999 年第 6 期。

储成君：《当代中国网络公共领域的现实境遇与发展思路》，《安庆师范大学学报》（社会科学版）2017 年第 1 期。

段凡：《论权力应是公权力》，《武汉大学学报》（哲学社会科学版）2012 年第 5 期。

傅永军：《公共领域与合法性——兼论哈贝马斯合法性理论的主题》，《山东社会科学》2008 年第 3 期。

李大光：《国际公众科学素养问卷修改的争论》，《科学》2012 年第 4 期。

李大勇：《谣言、言论自由与法律规制》，《法学》2014 年第 1 期。

李洁：《论互联网在中国社会公共领域形成中的作用》，《今传媒》2011 年第 8 期。

李伟波：《微媒体视域下的儒家"慎独"思想》，《北京青年政治学院学报》2013 年第 4 期。

李洋：《转型期中国社会戾气的成因探析》，《内蒙古社会科学》（汉文版）2016 年第 6 期。

刘凤景：《"法无禁止即自由"的中国意义》，《山东社会科学》2014 年第 8 期。

刘可文、蒋晓丽、李晓蔚：《论"网络戾气"的表征与根治》，《编辑之友》2015 年第 5 期。

刘能：《人大代表如何办好"微博"》，《人民政坛》2012 年第 10 期。

刘子潇：《微博建构公共领域的实践困境》，《传媒》2018 年第 2 期。

马军：《中国网络公共领域构建初探》，《前沿》2015 年第 4 期。

毛春蕾、袁勤俭：《社会临场感理论及其在信息系统领域的应用与展望》，《情报杂志》2018 年第 8 期。

牛耕：《一枚币值 40 万元，居民楼里在挖矿》，《财经天下》2021 年第 7 期。

彭兰：《群氓的智慧还是群体性迷失：互联网群体互动效果的两面观察》，《当代传播》2014 年第 2 期。

邱雨、申建林：《参与、建构与治理：网络公共领域的政府之维》，《电子政务》2019 年第 2 期。

宋志国：《网络公共领域公民政治参与研究》，《人民论坛》2015 年第 21 期。

孙立明：《公民权利意识的兴起：一项主要基于互联网的观察》，《中央社会主义学院学报》2010 年第 3 期。

孙立平、王汉生、王思斌、林彬、杨善华：《改革以来中国社会结构的变迁》，《中国社会科学》1994 年第 2 期。

谈火生、吴志红：《哈贝马斯的双轨制审议民主理论》，《中国政协理论研究》2008 年第 1 期。

王丽娟、丁桃：《理性的缺失——试议在博客社区中建构公共领域的现实障碍》，《新闻传播》2007 年第 9 期。

王凌、肖婕芳：《网络公共领域话语建构的道德困境与对策》，《宁夏社会科学》2017 年第 5 期。

王绍光：《政治文化与社会结构对政治参与的影响》，《清华大学学报》（哲学社会科学版）2008 年第 4 期。

魏新东、许文涛、汪凤炎：《智慧推理：概念、测量、影响因素及展望》，《心理科学》2019 年第 2 期。

熊培云：《社会戾气的文化解读》，《中国图书评论》2011 年第 8 期。

许英：《互联网·公共领域与生活政治——刍议数位民主》，《人文杂志》2002 年第 3 期。

杨东柱：《如何过一种理性的生活——论哈贝马斯对生活世界的合理化构建》，《理论界》2016 年第 7 期。

杨念群：《"地方性知识"、"地方感"与"跨区域研究"的前景》，《天津社会科学》2004 年第 6 期。

俞可平：《让国家回归社会——马克思主义关于国家与社会的观点》，《理论视野》2013 年第 9 期。

俞可平：《中国公民社会：概念、分类与制度环境》，《中国社会科学》2006 年第 1 期。

张军、马跃明：《以前上访，现在"上网"》，《今日浙江》2011 年第 23 期。

张兆曙：《以事件为中心：中国网络治理的基本模式》，《浙江学刊》2019 年第 3 期。

赵勤：《从公民言论自由到国际互联网"临界信息"管理》，《网络安全技术与应用》2002 年第 4 期。

赵政宁、朱成庆：《非法挖矿的侦查分析——以门罗币为例》，《数码设计》（下）2020 年第 2 期。

郑先伟：《警惕挖矿木马攻击！高校超算系统应密切注意》，《中国教育网络》2020 年第 6 期。

郑云翔、钟金萍、黄柳慧、杨浩：《数字公民素养的理论基础与培养体
  系》，《中国电化教育》2020 年第 5 期。

朱彩霞：《网络——中国公民意识崛起的动力》，《理论导刊》2009 年第
  12 期。

朱锋刚：《论大数据时代的儒家慎独工夫何以可能》，《人文杂志》2016 年
  第 10 期。

朱贻庭：《"源原之辨"与"古今通理"》，《探索与争鸣》2015 年第 1 期。

邹树彬、张旭光：《权益性参与的理性运作：对"月亮湾人大代表工作站"
  实践的考察》，《深圳大学学报》（人文社会科学版）2008 年第 6 期。

［美］皮帕·诺里斯：《公民参与、信息贫困与互联网络》，莫非编译，
  《马克思主义与现实》2001 年第 6 期。

［希腊］菲利蒙·皮奥尼迪斯：《密尔对表达自由的辩护及其当代意义》，
  张兴富译，《现代哲学》2004 年第 3 期。

Alexey Salikov, "Hannah Arendt, Jürgen Habermas, and Rethinking the Public
  Sphere in the Age of Social Media", *Sociologiceskoe Obozrenie*, 2018, 17 (4).

Charles Ess, "Democracy and the Internet: A Retrospective", *Journal of the Eu-
  ropean Institute for Communication and Culture*, 2018, 25. (Special SI).

Cristina Hennig Manzuoli, Ana Vargas Sánchez, Erika Duque Bedoya. "Digital
  Citizenship: A Theoretical Review of the Concept and Trends", *Turkish On-
  line Journal of Educational Technology*, 2019, 18 (2).

James H. Moor, "Just Consequentialism and Computing", *Ethics and Informa-
  tion Technology*, 1999, 1 (1).

James H. Moor, "Reason, Relativity, and Responsibility in Computer Ethics",
  Computers and Society, 1998, 28 (1).

Kenichi Ohmae, "Managing in a Borderless World", *Harvard Business Review*,
  1989, 67 (3).

Megan Poore, "Digital Literacy: Human Flourishing and Collective Intelligence
  in a Knowledge Society", *Australian Journal of Language & Literacy*, 2011,
  34 (2).

Michael Searson, Marsali Hancock, Nusrat Soheil, Gregory Shepherd, "Digital
  Citizenship Within Global Contexts", *Education and Information Technologies*

2015，20（4）．

Nathan Eckstrand，"Complexity，Diversity and the Role of the Public Sphere on the Internet"，*Philosophy and Social Criticism*，2019，46（8）．

Rafael Capurro，"Ethical Challenges of the Information Society in the 21st Century"，*International Information & Library Review*，2000，32（3）．

Roland Robertson，"Globalisation or Glocalisation?"，*Journal of International Communication*，2012，18（2）．

Scott Wright，John Street，"Democracy，Deliberation and Design：The Case of Online Discussion Forums"，*New Media and Society*，2007，9（5）．

三　电子文献类

Richard Barbrook. The Hi－Tech Gift Economy，［2020－08－09］. http：// subsol. c3. hu/subsol_ 2/contributors3/barbrooktext2. html.

Wikipedia. Glocalization，［2020－08－09］. http：//en. wikipedia. org/wiki/ Glocalization.

白阳：《29 次信访为何没能阻止矛盾激化？——"访民报社门口集体喝农药"事件追踪》，［2020－08－09］. http：//www. gjxfj. gov. cn/gzyw/ 2014－07/29/c_ 133517407. htm.

陈小二：《信访局网站被挤瘫背后的民情民意》，［2020－08－09］. http：// www. chinanews. com/gn/2013/07－02/4992648. shtml.

春晓、赵建波：《驻临沂全国人大代表邹兵开微博网上询民意》，［2020－ 08－09］. http：//linyi. iqilu. com/lyyaowen/2014/0225/1882587. shtml.

葛熔金：《温州农民工致信铁道部：网络购票对我们不公平》，［2020－ 08－09］. http：//finance. sina. com. cn/consume/20120105/074611130 304. shtml.

中国青年网：《联合国报告：新冠疫情抹去十年全球发展成果》，［2021－ 07－14］. http：//news. youth. cn/gj/202107/t20210708_ 13079659. htm.

朱旌、汪璐：《联合国报告：最不发达国家 62% 人口过着无电生活》， ［2021－07－14］. https：//www. sohu. com/a/206147986_ 120702.

民政部职业技能鉴定指导中心：《社会工作专业人才队伍建设中长期规划 （2011—2020 年）》，［2020－08－09］. http：//jnjd. mca. gov. cn/article/

zyjd/zczx/201301/20130100406268. shtml.

凌子梦：《江西抚州爆炸案调查 疑犯遭强拆上访十年无果》，［2020 - 08 - 09］. http：//www. mzyfz. com/html/752/2011 - 06 - 17/content - 83102. html.

欧阳梦云：《"阳光信访"让群众监督权力》，［2020 - 08 - 09］. http：//www. gjxfj. gov. cn/gzyw/2014 - 05/04/c_ 133307714. htm.

全国人大信息中心：《中华人民共和国民法总则》，［2020 - 08 - 09］. http：//www. npc. gov. cn/npc/xinwen/2017 - 03/15/content_ 2018907. htm.

上海热线：《国际环境日，蚂蚁森林绿色能量榜发布，请为每克"绿色能量"点赞》，［2020 - 08 - 09］. https：//rich. online. sh. cn/content/2020 - 06/05/content_ 9578058. htm.

新华网：《国务院总理李克强回答中外记者提问（实录全文)》，［2020 - 08 - 09］. http：//www. xinhuanet. com/politics/2020lh/2020 - 05/28/c_ 1210637126. htm.

曾庆斌：《发展网络社工 助力虚拟社会管理》，［2020 - 08 - 09］. http：//www. citygf. com/FSNews/080/55/02/201108/t20110802_ 1984017. html.

张永生：《锯腿等死者郑艳良的医保与依靠》，［2020 - 08 - 09］. http：//epaper. bjnews. com. cn/html/2013 - 10/21/content_ 472409. htm.

中国互联网络信息中心：《第23次中国互联网络发展状况调查统计报告》，［2020 - 08 - 09］. http：//www. cnnic. cn/hlwfzyj/hlwxzbg/hlwtjbg/201206/t20120612_ 26714. htm.

中国互联网络信息中心：《第46次中国互联网络发展状况统计报告》，［2021 - 07 - 17］. http：//www. cnnic. net. cn/hlwfzyj/hlwxzbg/hlwtjbg/202009/P020210205509651950014. pdf.

中国互联网络信息中心：《第47次中国互联网络发展状况统计报告》，［2021 - 07 - 17］. http：//cnnic. cn/hlwfzyj/hlwxzbg/hlwtjbg/202102/P020210203334633480104. pdf.

中国政府网：《六部门联合发布互联网危险物品信息发布管理规定》，［2020 - 08 - 09］. http：//www. gov. cn/xinwen/2015 - 02/16/content_ 2820248. htm.

后　记

　　难忘多年前最初接触互联网，在学术网站上读到康德的名篇《什么是启蒙》，眼前一亮、激动不已的时刻。也许那时，探索网络时代的生命意义，这一心念已悄然涌现。

　　这本书是国家社科基金一般项目"中国语境下的网络公共交往伦理研究"（15BZX093）的研究成果，也是我长期思考网络伦理的阶段性总结。感谢郑珠仙教授、刘新玲教授、赖淑芳、周谟鋈、陈红霞、张文、乐容胜和詹鋬等老师对我的帮助和支持！感谢各位匿名的专家！他们犀利的建议促使我进一步完善内容，明确后续研究的具体方向。期望抛砖引玉，为促进我国网络伦理研究朝着纵深细化的方向发展尽一分力。

　　感谢华东师范大学朱贻庭教授、赵修义教授、崔宜明教授、北京师范大学宣兆凯教授、美国南康涅狄格州立大学 Terrell Ward Bynum 教授多年来的教诲、鼓励和帮助！

　　长年在外求学、工作，感谢我的父亲童华联、母亲陈梅卿、姐姐童默的鼓励和支持！感谢崔云、朱尧耿、常云、徐先艳、杜锦、姚珏、李瑾、曹鑫、叶梅、曹莉、于峰、符彬、刘艳梅、刘颖、王玉琼、何海琳、张华、甘萌雨、申佳陶、胡金耀等老友的关心和支持！网络带来美好际遇，诚挚交往在岁月中凝结成深情厚谊。感谢我的姑姑童美云，表兄及姐妹：吴少锋、吴少晖、周睿璇、梁熹的关心和支持！感谢黄悦桐、姚心迪、邹乐然、吴旖珂、孙玮晨！网络时代"数字化移民"与"数字化土著"一起体会网络空间带来的影响，这是件让人好奇而又有趣的事。

　　中国社会科学出版社田文老师为本书的出版付出辛勤劳动，在此谨致谢忱！

童　谨

2021 年 9 月于榕城